La philosophie est une réflexion pour qui toute matière étrangère est bonne, et nous dirions volontiers pour qui toute bonne matière doit être étrangère.

Georges Canguilhem

l’empathie

histoire d’une idée
de Platon au posthumain

dans la même collection

Pierre Cassou-Noguès, *Une Histoire de machines, de vampires et de fous*, 2007.

Guillaume le Blanc, *Les Maladies de l'homme normal*, 2007.

Jean-Michel Salanskis, *Territoires du sens*, 2007.

Alexandru Dragomir, *Banalités métaphysiques*, 2008.

Mauro Carbone, *Proust et les idées sensibles*, 2008.

Olivier Schefer, *Variations nocturnes*, 2008.

Alexandru Dragomir, *Cahiers du temps*, 2010.

Christophe Genin, *Kitsch dans l'âme*, 2010.

Roberto Diodato, *Esthétique du virtuel*, 2011.

Mauro Carbone, *La Chair des images : Merleau-Ponty entre peinture et cinéma*, 2011.

Michel Malherbe, *D'un pas de philosophe en montagne*, 2012.

Pietro Montani, *Bioesthétique. Sens commun, technique et art à l'âge de la globalisation*, 2013.

Jean-Philippe Pierron, *Mythopées. Un portrait de la modernité tardive*, 2014.

Marc Berdet, *Chiffonnier de Paris. Walter Benjamin et les fantasmagories*, 2015.

Michael J. Sandel, *Contre la perfection. L'éthique à l'âge du génie génétique*, 2016.

Andrea PINOTTI

l'empathie

histoire d'une idée de Platon au posthumain

Traduit de l'italien par Sophie Burdet

VRIN

Matière Étrangère

Titre original : *Empatia. Storia di un'idea da Platone al postumano*,

Directeurs de collection :
Bruce Bégout et Étienne Bimbenet

Imprimé en France
ISSN 1961-8336
ISBN 978-2-7116-2707-3
www.vrin.fr

prologue

La plus belle métempsychose : se voir renaître dans l'autre[1].
Johann Wolfgang Goethe

« Mets-toi donc à ma place ! » Combien de fois l'avons-nous entendu dire ; combien de fois l'avons-nous exigé des autres. Combien de fois avons-nous cru y parvenir ; combien de fois avons-nous dû renoncer et reconnaître qu'on n'y arrive pas. « Empathie » est le mot qui désigne cet effort, ce désir, ce besoin ; un mot pour cette victoire et cette défaite.

Histoire complexe que celle de l'empathie. De la chose elle-même, et du terme qui la définit. Ou plutôt, des termes. Et des choses. Mieux vaut parler au pluriel, puisque l'empathie se dit en bien des modes, en de nombreux modes qui se réfèrent à une constellation d'expériences parfois si différentes les unes des autres qu'on désespérerait presque de pouvoir les rapporter toutes à un dénominateur commun. Savoir se mettre à la place des autres donc, ou dans leurs chaussures comme préfèrent le dire les anglais (*to be in someone's shoes*) : si l'on y parvient, alors on sait empathiser[2], on est doué d'empathie, on a une personnalité empathique, on est disposé empathiquement.

1. J.W. Goethe, *Maximes et Réflexions*, trad. fr. P. Deshusses, Paris, Payot & Rivages, 2001, p. 44.

2. Dans ces pages, nous utilisons les néologismes – si tant est qu'ils en soient encore – tels que « empathiser », « empathisation », « empathique », « empathisable », « empathisant », « empathisé »... Ces termes, calqués sur l'italien, entendent marquer la dimension actantielle de l'empathie propre à la conception de l'auteur ici. Nous ne saurions donc recourir à des périphrases induisant une passivité telles que « éprouver de l'empathie », etc. (NdT)

Jusqu'ici (c'est-à-dire dès lors que le terme empathie, faisant désormais partie du langage ordinaire, est devenu une expression d'usage courant) les théories, les modèles, les auteurs, à tout prendre, tombent d'accord, et ce depuis longtemps. L'essence de la question était déjà bien connue depuis Platon : son rhapsode Ion sait que s'il pleure en même temps qu'il déclame ses poésies, il réussira à faire pleurer le public qui s'identifie à lui. Et à la fin, il rit parce qu'il empoche l'argent des auditeurs finalement satisfaits d'avoir souffert avec lui. Aristote l'aurait dit concernant le théâtre : le spectateur qui assiste aux représentations de situations émotionnellement intenses (homicides, parricides, matricides et infanticides, suicides et autres horreurs) s'identifie au héros tragique, souffre et pâtit avec lui, s'émeut de son destin, éprouve de la pitié pour ce qui lui arrive et de la terreur, à imaginer qu'il pourrait lui arriver la même chose, si jamais il se trouvait dans les mêmes circonstances.

Comment fait-on pour empathiser, si tant est qu'on y parvienne ? Voilà une autre histoire : ici commencent les problèmes. S'agit-il d'une opération mentale ou corporelle ? Consciente ou inconsciente ? Intentionnelle ou involontaire ? Directe ou indirecte ? Rationnelle ou instinctive ? Logique ou émotive ? Innée, héréditaire ou acquise ? Est-ce un talent, un don, ou une habileté que l'on peut apprendre et développer ? Est-ce un droit, un devoir, un plaisir ? Et ces « autres » avec lesquels, si nous en sommes capables, nous empathisons en nous mettant à leur place : qui sont-ils ? D'autres comme nous, donc des êtres humains, en général ? Ou bien n'empathise-t-on de préférence qu'avec nos frères de sang ? Qu'avec des personnes du même sexe que nous ? Du même âge ? De la même ethnie ? Qui parlent notre langue, qui ont la même couleur de peau que nous ? Qui font le même métier que nous ? Qui partagent avec nous la même passion pour un type de musique, de sport, de lecture ? Qui appartiennent à la même classe sociale, et ont reçu la même éducation que nous ? Ne serait-ce pas plutôt le contraire qui est vrai ? C'est-à-dire que l'on empathise avec l'autre précisément parce qu'il est distinct de nous, différent, hétérogène ? Les vieilles questions, les mêmes et les contraires, soulevées par les premiers philosophes grecs – le même aime-t-il le même ? Les contraires s'attirent-ils ? – se présentent ici de nouveau dans toute leur féconde charge interrogative.

Toujours, ces « autres » ne sont-ils justement qu'humains ? L'empathie est-elle vraiment une affaire qui se ne déroule qu'entre êtres humains, aussi semblables ou dissemblables soient-ils ? Est-elle une expérience limitée à celle que la philosophie appelle intersubjectivité, la sphère des relations entre sujets ? Ou, nous arrogeant le privilège exclusif de l'expérience empathique, ne réitérons-nous pas là le péché qui tient dans la tendance millénaire à nous penser comme étant au sommet de la pyramide de la création, en tant qu'entités spéciales, pourvues de compétences et habiletés dont sont privés les autres règnes naturels – animal, végétal, minéral –, règnes avec lesquels nous partageons en réalité beaucoup du point de vue évolutif et phylogénétique ? Ne devrions-nous pas être plus modestes, et accepter au moins l'hypothèse que l'empathie puisse être aussi recherchée là où, à première vue, nous ne nous attendions pas à la trouver : entre les souris, les moisissures, les fleurs et les cailloux ? Car nous interagissons continuellement avec le grand monde du non-humain : il n'y a évidemment ni mystère ni faute, à ce que nombre d'entre nous se sentent plus liés affectivement à un animal, ou même à une chose (une chambre, une machine, un paysage) qu'à une personne. Pourquoi donc ne devrions-nous pas, je ne dis pas tenir pour acquise, mais du moins vérifier la possibilité d'empathiser avec de tels êtres ? Et la perspective qu'ils empathisent entre eux, et avec nous ?

Que dire, ensuite, du posthumain ? De ceux qui viennent « après » nous, non pas « en-dessous » toutefois, mais en un certain sens « au-dessus » ? C'est au moins à partir des années 1940 (soit de la fondation, par l'intermédiaire de Norbert Wiener, de la cybernétique comme discipline étudiant l'interaction entre l'homme et la machine et explorant sur le mode comparatif les procédures de contrôle automatique tant organiques, tel que le système nerveux, qu'inorganiques, tels que les dispositifs robotiques), que le développement exponentiel des bien nommées intelligences artificielles et des biotechnologies a profondément changé le statut de l'« être humain », en implémentant sa capacité opérationnelle grâce à des prothèses toujours plus sophistiquées qui, du fait du progrès parallèle des nanotechnologies, tendent à devenir petit à petit plus puissantes et plus petites. Bientôt, nous ne les porterons plus *sur* nous (comme les lunettes, le téléphone ou l'iPod), mais *en* nous, comme une partie constitutive de notre propre corps. La domotique, qui nous permet de contrôler les fonctions de la « maison intelligente » – le chauffage, le lave-vaisselle, le système d'alarme, les stores – avec ses écrans tactiles, ses dispositifs à reconnaissance vocale, et jusqu'aux implants sous-cutanés de puces électroniques avec système d'identification à radiofréquence (Rfid), est déjà une réalité. Une réalité que la science-fiction a brillamment prédit dans la littérature et au cinéma, nous rendant toujours plus familiers avec les célèbres figures de cyborg, ces organismes cybernétiques plus tout à fait humains, mais pas encore inhumains. Un exemple, paradigmatique, parmi d'autres : dans son roman de 1968, *Les Androïdes rêvent-ils de moutons électriques*, Philip K. Dick avait imaginé le destin qui aurait été celui d'un groupe de redoutables Nexus-6, le 3 janvier 1992 dans une mégalopole multiraciale et postatomique. Ces Nexus-6 sont des androïdes capables de prestations physiques et intellectuelles bien supérieures à celles des pauvres humains affaiblis par l'holocauste nucléaire, et traqués par un chasseur obstiné chargé de les « retirer ». *Blade Runner*, le film qu'en tira Ridley Scott en 1982 – sans, comme il convient, y rester fidèle (à partir de la transposition du scénario dans un Los Angeles de 2019, ce qui constituait de toute façon un après-demain) –, les a gravés une fois pour toutes dans notre imaginaire collectif. Cependant, on oublie que le roman et le film, chacun à leur manière, tournent autour de l'instance de l'empathie : entre hommes et hommes, hommes et animaux, hommes et androïdes, androïdes et androïdes, androïdes et animaux (animaux véritables et animaux droïdes, bien sûr). Et cela suffit à inscrire, de plein droit, le monde posthumain (ainsi que le monde postanimal) parmi les points à l'ordre du jour dans l'agenda d'une recherche sur l'empathie.

Ces idées seulement esquissées – il s'agira d'ailleurs de les mettre à l'épreuve au cours de ces pages –, suffisent à entrevoir toute la complexité du problème que le recours à une expression apparemment sans conséquence « se mettre à la place des autres », peut facilement cacher, même involontairement. C'est un ensemble de questions, à première vue très diverses, qui émerge sur le fil reliant le passé de Platon au futur prédit par *Blade Runner*. Questions qui ont été chaque fois rapportées (légitimement ou non, c'est ce qu'il nous faudra précisément découvrir) au dénominateur commun qu'est l'empathie. « Empathie » fait office de terme générique pour toute une trame de filiations catégorielles qui incluent des termes qu'on ne peut que partiellement lui superposer comme projection, transfert, association, expression, animation, anthropomorphisation, vivification, fusion… Empathiser signifie s'identifier, revivre, compatir, consentir, imiter intérieurement, sympathiser… Si une telle constellation protéiforme atteste d'une part de la grande ductilité de la notion d'empathie, elle risque d'autre part d'en rendre les contours flous jusqu'à l'indistinction. Au point qu'il y a eu, et qu'il y a encore, ceux qui en contestent la pertinence et l'utilité pour la compréhension de notre expérience de l'autre et des choses, et ceux qui nient que quelque chose de démontrable et de délimitable corresponde bien au terme.

Dans l'histoire des idées, l'empathie n'a pas eu la vie simple : son succès lui a attiré des critiques sévères et parfois féroces, qui l'ont souvent fait passer des feux de la rampe aux oubliettes. Après de premières apparitions timides dans l'Allemagne protoromantique de la fin du XVIIIe siècle, à partir des années 1870, l'*Einfühlung* (ainsi la langue allemande dit-elle empathie) se renforce, pour devenir, entre les XIXe et XXe siècles, un véritable « Sésame ouvre-toi » rendant possible l'apparition de toute une série de problèmes relatifs à notre expérience des choses (notamment les choses belles de la nature et de l'art), et à notre relation aux autres.

Au cours de ces deux premières périodes, l'empathie parlait essentiellement allemand. Démarra une troisième période, quand en 1909, l'*Einfühlung* fut traduite par *empathy*, années dominées par les recherches en psychologie menées dans le monde anglo-saxon (dominée au point qu'aujourd'hui en Allemagne, on préfèrerait presque s'aligner sur l'anglais, *Empathie*, cela sans doute pour prendre des distances prudentes par rapport au précédent modèle, bienheureux mais controversé, datant du siècle dernier). Dans les années 1930, le terme est désormais d'usage courant dans le vocabulaire de la psychologie, et, en 1934, le *Journal of Experimental Psychology* présentait un dispositif photographique révélant des réactions empathiques à un niveau moteur. Avec les années 1950 et la grande confiance dans les tests, l'empathie se prête de bon gré à ce qu'on la mesure et qu'on l'applique. Pas moins de deux articles dans un même numéro du *Journal of Applied Psychology* (année 1952) présentent des résultats relatifs à l'administration d'un « *Empathy Test* » : le premier prouve la corrélation entre empathie et capacité de leadership chez un champion appartenant aux agents des *Trade Unions* de Chicago ; le second mentionne une correspondance entre le score élevé au test et le succès dans les affaires chez trente-deux vendeurs d'automobiles. S'ensuivit une production fleuve d'études de psychologie qui explorèrent l'empathie sous tous les angles, examinant les analogies et les différences entre des expériences proches, mais non superposables, comme la sympathie et la contagion émotionnelle, la fusion affective et la prise en considération du point de vue d'autrui.

À partir de la moitié des années 1990, on découvre, d'abord chez les macaques puis chez l'homme, une population particulière de neurones visuo-moteurs dans le cortex cérébral assignée à l'élaboration d'informations concernant les comportements d'autrui (les désormais célèbres « neurones miroirs »). Cela oblige quiconque se préoccupe d'intersubjectivité – en philosophie, en sciences humaines, en sciences naturelles – à se confronter à ce nouveau paradigme, centré sur l'hypothèse d'un corrélat neuronal de l'empathie, et donc sur l'idée d'une base biologique de la socialité. Voilà la quatrième période – neuroscientifique – de l'empathie, très controversée, que ce soit du fait des accusations de réductionnisme positiviste que la philosophie et les sciences humaines ont adressé aux neurosciences, ou du fait de la discussion animée autour de la nature et du rôle des neurones miroirs animant le même milieu scientifique. Période que nous vivons encore.

Un rapide coup d'œil à n'importe quel catalogue en ligne – une bonne bibliothèque ou une librairie en ligne – suffit pour constater le grand nombre de titres sortis ces dernières décennies sur le thème : outre les champs traditionnellement étudiés de la constitution de l'intersubjectivité (au sens tant philosophique que psychosociologique) et de l'expérience des arts, on trouve des recherches spécifiques sur le rôle crucial que joue l'empathie dans des domaines très hétérogènes : psychologie évolutive et sciences de l'éducation ; éthique et sciences politiques ; linguistique, sciences de la communication et théorie des médias ; *cultural studies* et *gender studies* ; clinique médicale et métiers du *care* ; sciences juridiques, criminologie et victimologie ; (neuro) économie et marketing ; théologie et théorie des religions. Ne manque pas non plus à l'appel l'empathie dans l'histoire de l'esclavage et dans l'histoire de la pornographie. Cette liste, bien que brouillonne et sans doute incomplète, donne toutefois une idée de l'étendue du territoire et des horizons que nous nous apprêtons, je ne dis pas à explorer en long et en large, mais du moins à sonder à coups de rapides carottages. La notion d'empathie recommence à exercer de nos jours une attraction impressionnante, au point même de pousser, ces derniers temps, l'économiste Jeremy Rifkin à parler d'une *Empathic Civilization*, et le primatologue Frans de Waal d'un *Age of Empathy*. Pour le premier, la clé de compréhension de l'essence authentique de la nature humaine, c'est l'*homo empathicus*, et non pas l'*homo homini lupus*. Pour le second, l'*homo* est *empathicus* parce que l'est, bien avant lui, le singe qui est en nous.

Les effets s'en sont fort ressenti, notamment en stimulant une grande quantité de publications New Age, parapsychologiques et parareligieuses. Être empathique est devenu un slogan, ou mieux, un devoir, un *must* pour le bien-être physique et intérieur de l'individu ainsi que pour le développement harmonieux de la société. Et comporte des effets subtilement anxiogènes ou culpabilisants : « Ai-je été suffisamment empathique aujourd'hui ? Je dois m'efforcer de l'être plus demain. » C'est devenu un autre devoir, oscillant entre l'impératif moralisant et la demande d'améliorer sa propre aptitude à vivre (*life skill*), qu'il faudra ajouter à la longue et oppressante liste qu'on trouve sous ce titre inquiétant : « Travailler sur soi-même ». Je ne m'occuperai pas ici de ces sujets d'actualité, qui mériteraient pourtant une analyse spécifique pour en déceler les idéologies sous-jacentes et le sens intime de cette promesse de bonheur parfait qui s'appuie sur le développement des capacités empathiques. Je regarderai plutôt vers la littérature philosophique et scientifique, sans pour autant confronter en leurs détails les nuances de tel ou tel modèle théorique, posé pour rendre compte de tel ou tel aspect particulier de l'expérience empathique. Je tenterai plutôt de cartographier les thèmes et problèmes que l'on associe habituellement à l'expérience de l'empathie, me gardant autant que possible de tomber dans les « ismes », avançant à l'horizontal entre les diverses disciplines, et suggérant, à la verticale, de possibles parcours d'approfondissement dans la bibliographie placée en fin de chaque paragraphe.

Cela ne signifie pas que je m'en tiendrai à une position neutre – par ailleurs impossible. Au contraire, le volume s'articule autour de deux parties principales – *Toi et moi, nous et les autres* et *Nous et les choses* –, à partir desquelles je compte retrouver et réactualiser de manière explicite une tendance qui était le fait des premiers théoriciens de l'empathie, de leur style de pensée, nonobstant les différences individuelles. Cette tendance qui s'est perdue ou a été marginalisée dans la production pourtant si riche de ces dernières décennies, est celle-ci : parler non seulement de personnes, mais aussi de choses; ne pas réduire le phénomène empathique à une exclusivité interrelationnelle entre sujets, mais l'ouvrir à notre rapport aux objets. Et, pourquoi pas, l'ouvrir au rapport que les objets entretiennent entre eux. S'associant en idée à cet intérêt pour la vie des choses qui a animé quelques récentes orientations de la recherche en philosophie, ce livre veut réagir contre une illégitime pan-humanisation et une excessive personnalisation de l'empathie qu'ont en commun aussi bien les recherches neuroscientifiques et cognitives, que la théorie de l'esprit. Ainsi, colonnes en enfilades, couleurs joyeuses, sons menaçants et paysages mélancoliques entreront à bon droit dans ces pages. De même qu'y entreront ces choses particulières que sont les œuvres d'art. Pourquoi donc? Est-ce parce que l'empathie peut nous aider à distinguer – c'est là le supplice et le délice de la théorie de l'art au moins depuis Duchamp – une simple chose d'un objet artistique ? Disons-le maintenant, à cette fin, l'empathie ne nous servira de rien. C'est plutôt l'histoire même de cette idée qui nous montre comment les protagonistes de sa période la plus heureuse, c'est-à-dire entre les XIXe et XXe siècles, ont élaboré leurs propositions théoriques guidés qu'ils étaient par l'expérience de l'objet artistique comme par un solide fil conducteur, capable de servir d'*exemplum* de la vitalité autonome de la chose aussi bien que de notre rapport émotionnel à celle-ci.

Mais l'esthétique, on le sait, ne se confond pas *eo ipso* avec la philosophie de l'art : elle est, comme son nom l'indique, théorie de l'*aisthesis*, de la sensibilité, de la corporéité. Sous la question battue et rebattue de l'opposition entre études du cerveau et études de l'esprit (*Brain* vs *Mind*), il me semble apercevoir le risque d'un réductionnisme partagé par ces deux camps, réductionnisme qui, précisément et malencontreusement, disqualifie le rôle du corps. De ce corps que nous sommes et que nous avons, dans ses rapports aux autres corps, animés et inanimés, organiques et inorganiques. Un corps qui sent, et qui ne coïncide totalement ni avec le cerveau ni avec l'esprit. Ce sera donc d'un point de vue avant tout *esthésique* (au sens originaire de l'*aisthesis*, expérience du sentir compris comme sensation et comme sentiment) que nous regarderons les constellations multiformes des phénomènes empathiques. Cheminant ainsi, nous tenterons de réentendre un écho du terme grec antique *empatheia*, qui venait désigner l'affection du corps, de la chair.

Un dernier mot sur la méthode avant de commencer. C'est une chose de retrouver les premiers théoriciens de l'*Einfühlung*, à cheval entre les XIXe et XXe siècles. Mais, quel rapport avec Platon ? En d'autres termes, si le *terminus technicus* « *Einfühlung* » n'est apparu en Allemagne qu'à la fin du XVIIIe siècle, et que la première occurrence d'« *empathy* » n'est relevée qu'en 1909, une recherche, ayant pour sous-titre « histoire d'une idée », peut-elle se permettre de partir de la Grèce antique pour arriver aux scenarii préfigurés par *Blade Runner ?* Ne serions-nous pas en train de commettre un flagrant délit d'anachronisme ? Que « *empathy* » soit un vocable forgé au moyen d'un calque sur le grec « *empatheia* », ne peut ici nous venir en aide dès lors qu'un tel terme n'était pas spécifiquement employé pour renvoyer au type d'identification que la modernité a désigné comme empathique. Une histoire des idées qui se respecte ne devrait-elle pas rigoureusement reconstruire la parabole d'un concept depuis le moment où ce concept a été circonscrit, fixé et porté à l'expression linguistique en un mot ? Contre cette acception étroite d'histoire des idées, je voudrai en défendre ici une déclinaison élargie : je ne parlerai évidemment pas d'Aristote, de Vico ou de Hume, comme de théoriciens de l'empathie au sens strict. Et, je chercherai aussi à ne pas tomber dans les écueils incertains de la logique des précurseurs. Il n'en reste pas moins que je me permettrai de renvoyer à leurs pages chaque fois que j'y trouverai la description des phénomènes qu'aujourd'hui, ayant la possibilité de recourir à ce terme, nous définirons *après-coup* comme « empathiques ». C'est ainsi que, *mutatis mutandis*, nous nous accordons de caractériser comme « impressionniste » le traitement du bas-empire romain des espaces architectoniques, bien que le terme ne soit apparu qu'en 1874 pour définir un courant de la peinture française. De même, nous parlons bien du style « expressionniste » de Grünewald, alors que le vocable n'a été forgé qu'en 1901. Il s'agira donc d'une tentative d'histoire des idées élargie, qui s'autorisera un usage modéré de l'anachronisme rétroscopique.

Remerciements : L'histoire de l'empathie condensée dans ce livre s'est nourrie, au cours des années, de la fréquentation d'amis et de collègues dont les réflexions sur le thème, sous la forme de discussions orales ou de pages écrites, sont tributaires. J'exprime donc ma gratitude à Chiara Cappelletto, Mauro Carbone, Pietro Conte, Vincenzo Costa, Daniela Ferrari, David Freedberg, Mildred Galland-Szymkowiak, Vittorio Gallese, Maurizio Guerri, Gabriele Scaramuzza, Carlo Severi, Antonio Somaini.

Avertissement : Les sections intitulées « Pour approfondir » présentent une sélection de textes traitant des thèmes abordés. Ces suggestions ont été modifiées, relativement à l'édition italienne, et s'adressent spécifiquement au lectorat français.

première partie

toi et moi, nous et les autres

chapitre 1
comment autrui peut-il exister ?

le goût des fraises

Nous sommes parmi les autres, c'est certain. Et nous sommes si nombreux, même quand nous sommes seuls, ou solitaires. Comme le souligne Aristote en ouverture de sa *Politique*[1], nous sommes de par notre constitution des animaux sociaux, « politiques » : enclins à nous regrouper en communauté. *Que cela soit possible*, le simple fait que, bon an mal an, nous y réussissions l'atteste. Certes, les choses ne sont pas si simples : incompréhensions, méprises, tensions, conflits surgissent. Entre particuliers et entre communautés. Mais de telles difficultés se créent justement sur la base d'un terrain commun partagé : l'intersubjectivité, l'interrelation entre sujets. *Comment cela est possible*, voilà une toute autre affaire. À en croire les écrits des philosophes, psychologues, sociologues, neuroscientifiques qui ont cherché à en rendre compte, il semblerait que ce *comment* soit une affaire terriblement complexe. Au point que spontanément on se demande : est-ce vrai que je mets en œuvre toutes ces procédures sophistiquées, que j'active toutes ces opérations compliquées quand je serre la main à un inconnu rencontré dans une fête, quand je discute avec un ami dans un bar, quand je tiens ma fille dans mes bras ? Serait-ce un excès de spéculation ou une maladie professionnelle que de chercher le pourquoi et le comment de choses aussi simples ?

1. Aristote, *La Politique*, trad. fr. J. Tricot, Paris, Vrin, 1995, 1253a.

Et pourtant, le fait *que* nous soyons plus ou moins tous capables d'interagir avec les autres ne nous dispense pas en soi de chercher à comprendre *comment* nous nous y prenons. Il n'est, bien sûr, pas nécessaire de le savoir, tout comme il n'est pas nécessaire de connaître la grammaire et la linguistique pour prendre la parole, ni connaître l'orthopédie pour marcher. Mais, si nous voulons découvrir quelles sont les conditions de possibilité de notre faire et de notre vivre ensemble, alors, cette littérature (philosophique, psychologique, sociologique, neuroscientifique) devient un parcours obligatoire, un devoir. Et un plaisir aussi, s'il est vrai qu'il est fascinant de parcourir les grands-routes, les déviations, les impasses que la pensée occidentale a suivis pour rendre compte d'une chose aussi simple en apparence que notre être ensemble.

Comme il arrive toujours quand il s'agit d'interroger ce qui en apparence est évident et banal pour se révéler par la suite extrêmement compliqué, c'est vers la philosophie qu'il convient de se tourner. Et regarder, en particulier, ce tournant anthropologique promu au Ve siècle avant J.-C. par la sophistique qui marque un changement d'horizon par rapport aux travaux jusqu'alors plutôt concentrés sur la physique des éléments naturels. Prenons, à titre paradigmatique, l'un des sophistes les plus subtils et puissants de l'époque, Gorgias. Dans son traité *Sur le non-être ou sur la nature*[1], était déjà posé, dans toute sa clarté dramatique, le problème qui préoccupera des siècles entiers de générations de philosophes. En trois coups habiles et ironiquement destructifs, Gorgias met hors-jeu la philosophie de l'être de ses ennemis Éléates, affirmant que l'être n'est pas ; même s'il était, il serait inconnaissable ; et, si seulement il était connaissable, il serait incommunicable. Ne nous intéresse ici ni la première proposition, de nature ontologique, ni la deuxième, de portée gnoséologique. Nous intéresse plutôt la troisième. Car, en admettant d'abord que l'être existe, et ensuite que je puisse le connaître, je ne pourrais jamais le communiquer à une autre personne et le partager

1. Gorgias, « Sur le non-être et sur la nature », dans *Penseurs grecs avant Socrate*, Paris, Garnier Flammarion, 1964.

avec elle, chacun d'entre nous étant enfermé dans une bulle individuelle et hermétique d'où il est impossible de sortir, et qui constitue sa sphère hautement privée, impénétrable par quiconque. Nous sommes donc des monades sans fenêtres, pour reprendre la formule forgée plusieurs siècles après par Leibniz. Chacun de nous est un *solus ipse*, un être solipsiste. Comment puis-je savoir que le goût de cette fraise qui fond sous ma langue est le même que celui que sent mon voisin, assis à table avec moi, qui mange le même plat ? Je peux bien m'avancer à faire l'hypothèse d'un dieu qui, d'en haut, nous regarde d'une perspective neutre capable d'assurer que ce que je sens comme goût de fraise est ce que mon voisin de table sent comme goût de cerise, et vice-versa. Sans avoir recours à la connaissance de ce dieu, pourrions-nous jamais le savoir ? Non, devrions-nous ne manger plus que des fruits rouges toute notre vie.

Tout cela ne s'arrange pas quand les machines viennent s'en mêler, comme le montre bien le film *Matrix*. Alors qu'il prend son petit-déjeuner, un mélange de protéines, acides aminés, vitamines et minéraux dont le goût lui rappelle celui du sarrasin bouilli, Mouse se demande : « Comment font les machines pour savoir quel goût avait le sarrasin bouilli ? Hein ? Peut-être qu'elles se sont trompées, et si ce que je prends pour le goût de sarrasin bouilli était en fait, que sais-je, de l'avoine, ou du thon… Après tu te demandes tout un tas de trucs. »

Et pourtant, n'en déplaise à Gorgias et Mouse, notre vie intersubjective fonctionne : tant bien que mal nous nous comprenons. Et si, quand vient le soir, nous sommes gros de quelques ennuis et de quelques coups durs dus à des frictions interpersonnelles, nous avons aussi notre lot de satisfaction. Nous nous comprenons, c'est-à-dire que nous sommes capables de comprendre que ces autres, là dehors, avec qui nous nous entretenons de manière directe ou indirecte, sont ce qu'ils sont, font ce qu'ils font, parce qu'ils ne sont pas de simples choses, mais bien des corps animés ni plus ni moins que nous le sommes nous-mêmes. Que font les sujets ? Ils ont la tête pleine de pensées (quelquefois au petit bonheur la chance, d'autres fois prises dans des raisonnements plus ou moins corrects), ils nourrissent des désirs et des craintes, ils éprouvent des sentiments positifs et négatifs, ils s'agitent et s'ennuient. Mais comment se peut-il qu'entre sujets nous nous comprenions ?

Un philosophe averti en matière de subjectivité, Emmanuel Kant, dut admettre que « quand on veut se représenter un être pensant, force est de se mettre soi-même à sa place [1] ». Par la suite, on a appelé « empathie » le fait de se mettre à la place d'un autre. Où est le problème ? Nous le disent les deux termes que notre culture a choisis pour nommer l'empathie : comme le grec *empatheia* (composé de *en*, dans, et d'un dérivé de *pathos*, affect), l'allemand *Einfühlung* est, lui aussi, formé d'un préfixe *ein*, qui indique le « dedans », l'intérieur, et de *Fühlung*, le *feeling* anglais, l'émotion. Ce « dans », ce « dedans », fait problème dès lors que quand je me trouve en face d'une autre personne, tout ce dont je dispose (du moins, à ce qu'il semble) est son « dehors », tout ce qui se trouve de l'autre côté de sa peau. Je vois son visage, ses yeux qui clignent, les rides qui sillonnent son front, les traits qui plissent ses lèvres. J'entends sa voix de stentor, chaude, plaintive, perçante, métallique ; je regarde ses mains gesticuler lentement suivant des courbes souples, ou bien dessinant des lignes brusques et anguleuses. Je vois son dos tenu bien droit ou un peu voûté, ses épaules recroquevillées ; sa posture élégante ou négligée, sa démarche libre et dégingandée, ou bien gauche et embarrassée. Il est une chose que nous réussissons plutôt bien – et sans efforts d'interprétation particuliers – : c'est de voir tous ces éléments comme *exprimant immédiatement* – point sur lequel Max Scheler [2] a beaucoup insisté – un « dedans », une âme (ou bien, pour le dire de façon moins impérieuse, un caractère, une personnalité, exprimant tant des traits stables et permanents qu'un état d'âme passager et contingent, tant des « passions » régulières que des « affects » temporaires, pour reprendre la terminologie kantienne). Ces clins d'œil qu'il adresse *sont* l'ironie typique de Paolo ; ces rides *sont* l'inquiétude de Stéphanie

1. Kant, *Critique de la raison pure*, trad. fr. A. Renaut, Paris, Garnier Flammarion, 2001, p. 367.

2. M. Scheler, *Nature et formes de la sympathie*, trad. fr. M. Lefebvre, Paris, Petite Bibliothèque Payot, 2003.

quant aux résultats d'un examen ; cette gestuelle raide, qui contraste tant avec sa souplesse habituelle, *est aujourd'hui* l'anxiété nerveuse et déroutante de Marco ; déprimé comme il l'est, il est naturel que Lucas rentre la tête dans les épaules ; et Catherine, autrement si sûre d'elle, marche l'air embarrassé à cause d'un défaut malvenu à ses chaussures. Certes, je peux me tromper, mais je peux aussi, partant de cette capacité fondamentale que j'ai à saisir l'expression, corriger le tir par la suite, et améliorer mon interprétation de l'autre.

Ce qui est certain, c'est que, quand nous saisissons l'autre dans son expressivité (soit tout le temps), nous n'allons pas feuilleter un manuel de sémiotique corporelle, cherchant au chapitre « Plissures des lèvres » ce qui correspond au sens intérieur de l'article « Pli à la commissure de la bouche indiquant un doute ». Autre chose certaine : chacun de ces signes (épaules et plissures, rides et gestes, yeux et voix) n'est pas observé en soi, pris isolément des autres, mais il est saisi de manière holistique, dans le contexte de l'autre comme un tout. Et le signe de ce particulier, cet irréductible autre, ce signe de Giovanni, dont la bouche se plisse, vers le bas, prend un sens absolument différent de la même plissure apparaissant dans certaines circonstances sur la bouche de Béatrice.

Je me trouve ici devant une circularité physiognomonique caractéristique : je comprends tous ces éléments externes et corporels grâce à l'interprétation que j'en fais comme exprimant un dedans : dedans qui ne m'est accessible que d'un dehors. Comme dirait un logicien, l'*explicans* (le dedans) dépend de son *explicandum* (le dehors), qui devient à son tour *explicans* de l'*explicans*. Ce qui serait pour la logique cercle vicieux, serpent qui se mord la queue, est dans les affaires humaines (comme l'a efficacement souligné Georg Simmel à propos de notre façon de comprendre les portraits de Rembrandt [1]), la règle vertueuse c'est-à-dire précisément ce qui arrive continuellement et qui rend possible cette chose si simple et si complexe à la fois qu'est vivre parmi les autres, en en comprenant l'expressivité constitutive.

1. G. Simmel, *Rembrandt*, trad. fr. S. Muller, Saulxures, Circé, 1994.

Mais, si expression, *expressio*, est « pressurage », extraction d'un dedans, ce que semble nous réclamer l'empathie n'est-ce pas plutôt le contraire, ce qui serait ne pas s'arrêter au dehors, même résolument entrer au-dedans de ce dedans ? Se mettre à la place des autres, *dans* leur peau, s'identifier : ces façons de parler du langage courant, en leur apparente et anodine familiarité, nous aideront-elles à voir clair dans une tâche difficile, peut-être impossible ? C'est notoire, l'intériorité d'un autre n'est pas pour moi directement accessible. Et, quand dans une opération à cœur ouvert un chirurgien ouvre un thorax, ou une boîte crânienne pour retirer une tumeur, ce n'est bien sûr pas là qu'il trouve l'anxiété, la mélancolie, l'ironie. Quand nous demandons : « à quoi penses-tu ? », « qu'est-ce qui te passe par la tête ? », nous posons ces questions justement parce que nous ne savons pas lire dans les pensées. À moins que… ?

Maxi et la question de la croyance

Lire dans les pensées : *mind reading*, comme le dit l'anglais dans la littérature de la théorie de l'esprit (*Theory of Mind*). Pour comprendre ce qui est en jeu, allons voir Maxi, un personnage inventé il y a maintenant vingt-cinq ans par deux psychologues, Heinz Wimmer et Josef Perner [1]. L'expérience conçue par ces chercheurs consiste à montrer à un groupe d'enfants le poupon Maxi en train de mettre un morceau de chocolat dans un endroit *x*. Puis, Maxi sort de la pièce, et pendant son absence, sa mère déplace le chocolat le rangeant dans un autre endroit *y*. Maxi revient et veut en manger. On demande alors aux enfants d'indiquer où il cherchera le chocolat. Le résultat de l'expérience montre que les enfants de moins de 4-5 ans environ (avec quelques variations individuelles), indiquent l'endroit où le chocolat se trouve réellement, là où la mère l'a rangé. Au-delà de cet âge en revanche, les enfants savent répondre correctement que Maxi

1. H. Wimmer, J. Perner, « Beliefs about Beliefs : Representation and Constraining Function of Wrong Beliefs in Young Children's Understanding of Deception », *Cognition*, n° 13, 1983.

cherchera là où il croit qu'il est resté, c'est-à-dire dans le buffet où il l'a lui-même rangé. Pour l'enfant, admettre chez Maxi cette croyance signifie être parvenu à se mettre à sa place, oubliant temporairement ce qu'il sait de l'état effectif des choses pour suivre le point de vue du poupon. L'enfant réussit alors à prédire correctement le comportement du poupon : il *pense* donc que Maxi ira chercher le chocolat là où il *croit* qu'il se trouve, même s'il *sait* que le chocolat n'y est plus. On peut compliquer l'expérience en en faisant une version compétitive et une coopérative : dans la première, on introduit le frère de Maxi, auquel Maxi dira un mensonge, craignant qu'il ne lui prenne le chocolat, (« il est en *y* », la croyant en *x*) ; dans la seconde version, le grand-père arrive, auquel Maxi dira la vérité (« il est en *x* », la croyant en *x*). Ce sont deux énoncés qui sont pour le premier vrai, voulant être faux, pour le second faux, voulant être vrai.

Nous n'examinerons pas ici dans le détail les résultats de l'expérience, les conséquences qu'en tirent Wimmer et Perner, les objections de leurs critiques concernant la tranche d'âge (selon les deux psychologues entre 4 et 6 ans) dans laquelle se développe effectivement la capacité d'attribuer à l'autre une croyance fausse. Les différences individuelles et contextuelles dûment mises à part, de même les résultats divergents selon les types de tests administrés, soulignons surtout le fait qu'à un certain stade du développement infantile s'acquiert la capacité d'attribuer à l'autre non seulement un désir (ici de chocolat), mais aussi une croyance fausse, c'est-à-dire une représentation subjective erronée d'une réalité objective. Savoir se mettre à la place de Maxi – donc empathiser avec lui – signifie savoir où il ira chercher le chocolat d'après sa propre vision du monde, ou, tout du moins, ce petit bout de monde composé de la chambre, le buffet, le chocolat et de son envie de le manger. Grandir implique aussi, entre autres choses, savoir faire cela.

Mais comment tout cela est-il possible? Pour rendre compte d'une opération que nous réalisons facilement et quotidiennement comme celle qui occupe Maxi avec son chocolat, un raisonnement de type logique (une inférence théorétique du type : si *a* alors *b* ; mais *a*, donc *b*) est-il, ou non, préalablement nécessaire ? Si vous répondez plutôt oui, alors vous embrassez la « théorie de la théorie ». Si vous êtes plus enclins à penser que non, c'est que vous êtes pour la « théorie de la simulation ». Théorie de la théorie (*theory theory*) et théorie de la simulation (*simulation theory*) sont les deux modèles principaux et concurrents élaborés dans le cadre de la théorie de l'esprit pour expliquer comment nous comprenons l'autre, ses pensées et ses actions, ses intentions et ses croyances, et donc aussi la croyance de Maxi dans sa croyance. Nous les présenterons ici schématiquement, sans entrer dans leurs nuances et hybridations.

Comment la théorie de la théorie – défendue par Jerry Fodor [1], entre autres – expliquerait-elle le comportement de Maxi, qui va chercher son chocolat dans le mauvais buffet ? Et bien, elle aurait recours à une chaîne d'inférences qui pourrait se dérouler comme suit : Maxi se voit mettre le chocolat dans le premier buffet, *donc* Maxi croit que le chocolat est dans le premier buffet (croire que *a*, du fait que l'on a vu que *a* est une croyance perceptive) ; Maxi ne voit pas la mère changer le chocolat de place et le mettre dans le second buffet (il ne voit pas que *non-a*, *donc* il n'a aucune raison de croire que *non-a*) ; Maxi revient avec une envie de chocolat et croit qu'ouvrir le premier buffet est un bon moyen pour satisfaire son désir, par conséquent il ouvrira ce buffet-là et non le second buffet (il veut *x*, et croit que *y* est un bon moyen pour obtenir *x*, donc il fera *y*). L'enfant capable de résoudre un problème de fausse croyance (et nous, les grands, avec lui) sait se mettre à la place de Maxi en anticipant correctement son comportement parce que – pour en rester à la théorie de la théorie – nous sommes des animaux rationnels logiciens qui, face à l'autre, face à ses intentions et actions, argumentons au moyen d'une série de « si… alors ».

En revanche, la théorie de la simulation – inaugurée au milieu des années 1980 par Robert Gordon [2], et soutenue par Alvin Goldman [3],

1. J. Fodor, *A Theory of the Child's Theory of Mind*, « Cognition », 44, 1992, 3, p. 283-296.

2. R.M. Gordon, *Folk-Psychology as Simulation*, « Mind and Language », 1, 1986, 2, p. 158-170.

3. A.I. Goldman, *Simulating Minds*, Oxford, Oxford University Press, 2006.

entre autres – repousserait une telle chaîne d'inférences logiques, les jugeant trop riches, dispendieuses, antiéconomiques dans notre commerce avec les autres. Elle leur préfèrerait un modèle plus pauvre et plus modeste d'intersubjectivité, fondé non seulement sur l'imitation et l'imagination, mais aussi sur la conviction qu'en tant qu'êtres humains, au-delà des différences individuelles, nous sommes tous pourvus d'un esprit opérant sur un mode similaire dans des circonstances similaires. En tant que sujet, je ne me limite pas à percevoir que les choses sont comme ci, je peux aussi imaginer qu'elles puissent être comme ça. Et imaginer comment en conséquence je me comporterais : j'élargis le monde réel vers des mondes possibles. À simuler en moi l'autre personne, je comprends ce que je ferais si j'étais en lui, comme si j'étais lui : dans le fait d'empathiser avec l'autre, il n'en va pas tant d'un « si… alors », mais d'un « comme si ».

Un enfant qui apprend à résoudre un problème de fausse croyance, comme celui de Maxi, ne fait pas augmenter ses capacités logico-inférentielles, et n'affine pas sa propre théorie sur le mode de fonctionnement de la psychologie d'autrui. Il s'agit plutôt pour lui de grandir dans la faculté imaginative qui lui permet de se mettre à la place des autres, ce qu'il expérimente du reste sans cesse dans le jeu fictionnel (« on dirait que je serais un pirate et toi une princesse »), qui est une véritable gymnastique de simulation. Pour en revenir à notre personnage, « on dirait que je serais Maxi » devient la clé, pour la théorie de la simulation, pour comprendre la capacité à prédire que Maxi ira chercher le chocolat dans le premier buffet.

La théorie de la théorie est, pour ainsi dire, « froide » du point de vue de la température égologique de par son orientation totale vers l'autre sujet, et vers son esprit dont elle essaie de comprendre l'opérativité conceptuelle en termes de chaînes d'arguments logico-inférentiels. Plus « froide », du moins, que la théorie de la simulation qui est plutôt égocentrée, dès lors que cette dernière joue toutes ses cartes sur la capacité du moi à s'imaginer, sur le mode du possible, à la place de l'autre. En cela, la théorie de la simulation apparaît plus « chaude », puisqu'elle rend aussi compte du pourquoi, quand je comprends l'autre, je ne me limite pas à une prise de conscience abstraite en en restant à un niveau conceptuel, mais je peux aussi me sentir impliqué au plan émotionnel. Pourtant, à y bien regarder, un tel égo-centrisme est, dans le même temps, un dé-centrement du moi, puisque je dois mettre de côté mes croyances pour endosser celles d'autrui : l'enfant confronte sa propre croyance avec celle de Maxi, différente de la sienne; il admet celle de Maxi, imaginant ce qu'il ferait s'il était à sa place; enfin, il attribue à Maxi la fausse croyance.

Le statut actuel de l'art dans le débat de la théorie de l'esprit n'est certainement pas polarisé sur les positions pures de la théorie de la théorie en un point extrême, et de la théorie de la simulation à l'extrême opposé, comme nous l'avons exposé schématiquement plus haut. Sont à l'œuvre entre les deux pôles diverses tentatives d'hybridation et de concessions réciproques sur quelques points spécifiques de la modélisation théorique. Toutefois, il semble qu'on puisse établir la distinction sur un point : les théoriciens de la simulation sont, il est vrai, prêts à admettre que, tandis que je comprends l'autre, je finis par recourir *aussi* à une argumentation à caractère logico-inférentiel. Cette argumentation se réfère à un système de connaissances conceptuelles portant sur la manière de fonctionner de l'esprit d'autrui (par exemple quand je confronte analytiquement mes croyances avec les croyances de l'autre, ou quand je tire des conclusions de cette confrontation, attribuant à l'autre une fausse croyance). Cependant, ils ne peuvent pas renoncer au fait que d'abord et avant tout le processus de compréhension n'est rendue possible ni par des opérations logico-inférentielles, ni par des opérations argumentativo-propositionnelles, mais bien par des opérations simulativo-imaginatives (quand je revêts, à la première personne, la perspective de l'autre et que je me mets justement à sa place).

Avant de quitter la théorie de l'esprit (provisoirement seulement, nous la retrouverons plus tard), interrogeons-nous : Tout cela, est-ce véritablement de l'« empathie »? Pouvoir prévoir ce que fera Maxi avec son chocolat signifie réellement empathiser déjà avec lui? N'employons-nous pas un terme un peu trop fort pour une opération souvent bien peu émouvante comme l'attribution d'une fausse croyance ? Ne serions-nous pas ici bien loin de cette idée de l'empathie comme compassion, au sens de capacité de pâtir en même temps que l'autre, de jouir avec lui, de souffrir avec lui ? Loin de cette idée de partage profond des émotions, de ce *pathos* qui, littéralement, résonne dans le mot même ? En étudiant ladite *folk psychology* (soit cet ensemble d'aptitudes interprétatives et cognitives, et cet appareil de notions psychologiques que sont les pensées, les intentions, les croyances dont est pourvue la psychologie populaire, c'est-à-dire la psychologie naïve, propre au sens commun, et non pas celle fondée sur une compétence disciplinaire spécifique), les théoriciens de l'esprit se montrent toutefois convaincus qu'il faudra commencer par ces opérations élémentaires pour comprendre comment elles peuvent permettre des compréhensions de niveau beaucoup plus complexe, comme celle par exemple de la solidarité que je peux ressentir devant la victime d'un génocide. C'est en ce sens – et nous le verrons mieux plus loin – qu'a été proposée, dans la continuité de ces travaux, une distinction entre une *empathie de base* (*basic*) et une *empathie reconstructive* (*re-enactive*) : si, avec la première, je peux reconnaître, selon une perception directe, que l'autre est énervé, c'est avec la seconde que je chercherai à saisir *pourquoi* il est énervé, refaisant et réactualisant en moi-même les raisons de son humeur, et reconstruisant le contexte qui l'aura provoquée. Demeure, toutefois, l'impression que l'approche de la théorie de l'esprit tend à privilégier le moment cognitif plutôt que le moment affectif et émotionnel, et conçoit l'*empatheia* essentiellement comme un *enlogos*, c'est-à-dire comme une entrée dans la dimension cognitivo-discursive de l'autre.

reflets

Mais, serions-nous allés un peu trop haut ? Descendons donc là où il n'y a ni raisonnements, ni discours, pas même de perceptions, rien que processus chimiques et impulsions électriques. Pénétrons dans le cerveau et dans ses replis, où bouillonne un échange ininterrompu de substances et d'incessantes osmoses, et nous trouverons peut-être la réponse à ce que nous cherchons : le fondement.

Comme nous l'avons déjà laissé entendre, le développement considérable des neurosciences au cours de ces dernières années a, sinon déterminé, du moins contribué pour une large part et de façon décisive à la renaissance de l'empathie, à l'émergence d'un nouvel âge d'or après celui qui eut lieu entre les XIXe et XXe siècles.

Ce processus correspond du reste parfaitement à l'évolution d'un cadre de référence encyclopédique et épistémologique plus global : en effet, la recherche scientifique sur le cerveau semble avoir hérité des questions et des tâches un temps attribuées à la philosophie et à la théologie (l'âme) d'abord, puis à la psychologie (la psyché). Comprendre qui nous sommes, ce qu'est l'homme, où se trouve le noyau intime de notre individualité, sont des questions qu'on posera plus volontiers aujourd'hui au neuroscientifique qu'à toute autre figure professionnelle. Songeons simplement au fait que, bien que n'ayant aucunes compétences neuro-anatomiques spécifiques, il est clair que je préfèrerais, en cas de greffe nécessaire, accueillir le rein ou le cœur d'un autre, plutôt que son cerveau. Pourquoi cela? Parce que, même si nous n'y connaissons pas grand-chose, nous sommes enclins à penser qu'il n'est pas un organe comme les autres. Grâce à notre *f que olk neurology* du sens commun (qu'il faudrait d'ailleurs systématiquement étudié à la manière de la *folk psychology*) qu'attise une attention des médias toujours croissante pour tout ce qui porte le préfixe « neuro- », nous regardons les neurosciences, avec confiance, comme la sphère des réponses ultimes. Même le monde scientifique extra-neurologique est irrésistiblement attiré par ce noyau moteur, au point que, ces dernières années, se sont rapidement formées une neuroesthétique et une neuroéthique, une neuroéconomie et une neurothéologie, poussant certains critiques à parler d'une véritable « neuro-manie ».

La notion d'empathie est devenue partie intégrante et force motrice puissante de ce processus culturel. L'histoire commence à l'université de Parme, au début des années 1990 [1]. Lors d'une série d'expériences menées sur des cerveaux de macaques, l'équipe de

1. G. Rizzolatti, C. Sinigaglia, *Les Neurones miroirs*, Paris, Odile Jacob, 2008.

Giacomo Rizzolatti isola une population particulière de neurones dans la partie rostrale du cortex prémoteur ventral (aire F5). Il s'agit de neurones hautement spécialisés, dits « canoniques », qui déchargent ou font feu (*fire*, comme disent les neurologues selon un langage militaire) lors de mouvements finalisés de la main ou de la bouche du macaque : certains sont prêts à saisir, d'autres à lacérer, d'autres encore à prendre en main et ainsi de suite, et ils ne s'activent qu'à l'occasion du mouvement spécifique codés par ces neurones. De tels neurones vont ainsi constituer une sorte de vocabulaire de l'agir préhensif dans ses diverses déclinaisons, et informent sur le caractère saisissable d'un objet. Ce vocabulaire sera perfectionné petit à petit par l'apprentissage, par les succès ou les échecs des innombrables actions réalisées pour prendre une chose, et permettra l'élaboration progressive d'un système de classification codifiée des diverses catégories du saisissable.

Un tel vocabulaire s'activera aussi bien à l'occasion d'actions effectivement réalisées par le macaque, qu'à l'occasion de la simple observation d'un objet donné qui ne serait suivie d'aucune préhension effective. Toutefois, ces neurones ne sont pas exclusivement des neurones visuels, puisqu'ils ne s'activent pas seulement lors de l'observation de l'objet, mais aussi à l'occasion de mouvements finalisés de préhension exécutés les yeux fermés. Ils se situent dans les aires pré-motrices et codifient la représentation d'une action, qu'elle soit exécutée ou non, qu'elle reste en puissance ou qu'elle devienne acte.

Qu'advient-il quand sont en jeu non pas les relations entre un individu et un objet, mais bien les relations entre un individu et un autre individu ? Et, plus particulièrement, entre un individu observant d'autres individus en train d'agir ? Les recherches ont mis en évidence qu'un autre groupe de neurones (les désormais célèbres neurones miroirs ou *mirror neurons*), dans une région de F 5 proche des neurones canoniques, décharge quand un singe observe un autre singe, ou un être humain, saisir un objet, *comme si* lui-même était en train de faire l'action. On connaissait déjà les neurones sélectifs qui, chez le macaque, s'activent quand il reconnaît une main ou un visage. Mais, les neurones miroirs, eux, se caractérisent par le fait qu'ils s'activent aussi bien à l'occasion d'une action de saisie effective réalisée par le macaque lui-même, qu'à l'occasion d'une saisie qu'il observe mais qui est réalisée par l'un de ses congénères.

C'est grâce au recours à des technologies sophistiquées de *brain imaging* fonctionnel, qui permettent de « voir » (ou mieux, de visualiser) ce qui se passe dans le cerveau *in vivo*, qu'on a pu constater chez l'homme aussi ce système de miroir neuronal (MNS : *mirror neurons system*), de sorte que, quand nous observons une action, les même circuits neuronaux s'activent que ceux qui feraient feu si nous étions nous-mêmes en train de la réaliser. Je comprends le sens du geste de l'autre parce que mon système nerveux réagit *comme si* c'était moi qui le réalisais. Cette structure du « comme-si » est conditionnée par le patrimoine des compétences motrices de l'individu ; les neurones miroirs s'activent plus intensément si j'observe l'autre réaliser un geste que je sais moi-même faire et que j'ai fait à plusieurs reprises, geste qui appartient donc à mon encyclopédie motrice personnelle.

Du point de vue de l'histoire des idées et de l'histoire des sciences, il n'est pas anodin qu'au moment où l'équipe de Rizzolatti travaille sur les neurones miroirs, mais y parvenant par d'autres voies, le neurologue Antonio Damasio élabore l'hypothèse de l'*as-if body loop* (circuiterie somatique du comme-si, exposé dans *L'Erreur de Descartes*[1]), circuit en vertu duquel notre cerveau nous amène à faire comme si nous éprouvions effectivement un état corporel ou émotionnel donné, qu'en réalité nous ne faisons qu'imaginer. Dans *Spinoza avait raison*[2], qui consacre un paragraphe spécifique à la question de l'empathie, Damasio reconnaîtra explicitement cette convergence, suggérant que l'expérience empathique, rendue possible par les dynamiques neurales de reflet, pourrait être comprise comme une modalité de son circuit du comme-si. L'activation de ce circuit produit alors des cartes somato-sensibles qui seraient à même de faire éprouver au corps un état différent (celui d'autrui) de celui existant effectivement,

1. A. Damasio, *L'Erreur de Descartes*, Paris, Odile Jacob, 2006.
2. A. Damasio, *Spinoza avait raison*, Paris, Odile Jacob, 2003.

c'est-à-dire à même de mettre le corps en condition pour simuler et imiter l'autre.

Dans l'équipe de Rizzolatti, Vittorio Gallese[1] est le chercheur qui s'est le plus intéressé au développement des implications philosophiques et épistémologiques de la découverte des neurones miroirs. La possibilité même de l'empathie comme expérience intersubjective complexe reposerait sur le fonctionnement des *mirror neurons* comme étant leur base neurale propre. Nous comprenons les autres et nous réussissons à nous mettre à leur place *parce qu'*un groupe de nos neurones décharge, quand nous voyons les autres en train d'agir, *comme si* nous-mêmes étions en train de réaliser telles et telles actions. Cette dernière hypothèse s'accorde évidemment bien plus au modèle de la théorie de la simulation qu'avec celui de la théorie de la théorie (il s'agit d'*agency*, d'actions réelles et virtuelles, et de perceptions en vue d'actions possibles, non pas d'inférences logiques et d'argumentations propositionnelles), au point que ce même Gallese parle expressément d'une « simulation incarnée » (*embodied simulation*).

Mais comment faut-il comprendre la notion de « base neurale » ? En quel sens nous faut-il interpréter ce *pourquoi ?* C'est ici, au fond, le point le plus délicat de la question, philosophiquement parlant ; et il faut dire que nombreuses ont été les voix à s'élever du banc des philosophes pour crier au réductionnisme. Réductionnisme signifie, en fait, soutenir que *x* n'est rien d'autre que *y*. Dans le commerce peu simple entre sciences de la nature et sciences de l'esprit (la science aussi a ses problèmes intersubjectifs) – le XIXe siècle les nomme ainsi mais la tension entre elles était déjà palpable du temps de Galilée et de Locke – l'étiquette, ou plutôt le stigmate de « réductionnisme » est souvent accompagné de l'adjectif « positiviste », pour indiquer, au-delà de la destination spécifique de la pensée qui porte ce nom, une attitude qui tend à rapporter tout l'intelligible à ce qu'on peut en perceptions produire et en nombres mesurer (poids, longueur,

1. V. Gallese, « The "Shared Manifold" Hypothesis », *Journal of Consciousness Studies*, 8, 2001, 5-7, p. 33-50.

capacité et ainsi de suite). Dans le cas qui nous occupe, si le principe réductionniste était valable, cela signifierait que notre expérience intersubjective, sous ses mille facettes possibles – qui vont du fait de bâiller quand on voit autrui bâiller à la symbiose profonde entre une mère et son nouveau-né – ne serait au fond rien d'autre qu'une décharge électro-chimique de neurones, celle même que nous avons en commun avec les macaques. J'empathise avec toi *parce que* les résultats d'expérience en laboratoire attestent que certains sels de mon cerveau ont dépassé une certaine limite. Mais, ne serait-ce pas plutôt l'inverse qui est vrai ? Certains sels de mon cerveau ont dépassé une certaine limite *parce que* je suis en train d'empathiser avec toi. *Mutatis mutandis*, cela rappelle l'épineuse question qui oppose les psychothérapeutes à la pharmacologie psychiatrique : suis-je déprimé parce que j'ai peu de sérotonine dans le cerveau, ou bien ai-je peu de sérotonine dans le cerveau parce que je porte un grand deuil ?

Est-il vraiment correct de poser la question ainsi ? N'est-ce pas la réduire de façon caricaturale au dilemme de l'œuf et de la poule ? Comme tient à le souligner Gallese, les neurones miroirs n'empathisent rien du tout, du fait tout simplement qu'ils ne sont pas des personnes. Ils ne savent rien des actions, intentions, croyances, émotions ; ils ne connaissent qu'échanges de sodium et de potassium, et impulsions électriques. Ils fournissent au sujet un mécanisme de simulation direct, automatique, non-prédicatif et non-inférentiel [1]. Les décharges transmises aux électrodes enregistrées en laboratoire, les activités neurales visualisées grâce aux techniques de *brain imaging* (qui, on ne le répètera jamais assez, ne montrent pas de façon immédiate ce qui est en train de se passer dans notre tête, comme pour l'offrir entièrement à notre perception optique, mais sont une réélaboration en formes et couleurs de données traitées selon des échelles et des paramètres établis par le chercheur, et donc filtrées par une interprétation qui reconstruit autant qu'elle construit l'activité

1. V. Gallese, « La Simulation incarnée et son rôle dans l'intersubjectivité », P. Attigui, A. Cukier (éd.), *Les Paradoxes de l'empathie. Philosophie, psychanalyse, sciences sociales*, Paris, Éditions du CNRS, 2011, p. 49-72.

cérébrale, au point qu'on a parlé d'un *brain imagining*), ne sont pas *purement et simplement* des empathisations. De là à l'empathie personnelle, le chemin est très long : il convient d'intégrer de tels éléments dans une plus vaste et complexe théorie des relations interpersonnelles, à laquelle Gallese a donné le nom de « hypothèse de la multiplicité partagée » (*shared manifold hypothesis*). Celle-ci prévoit trois niveaux ascendants : un plan *sub-personnel*, constitué des circuits neuronaux du système de neurones miroirs décrit ci-dessus ; un plan *fonctionnel*, relatif aux routines de simulation des processus « comme-si » ; un plan *phénoménologique*, qui rend possible, à partir de la saisie d'une ressemblance substantielle saisie entre moi et les autres, la véritable expérience intersubjective. Il est vrai que, chez Gallese, les renvois à la tradition phénoménologique sont très fréquents – à Edmund Husserl, à son école et à ses plus ou moins fidèles continuateurs, le premier Merleau-Ponty, au point d'en arriver à souhaiter non pas la réduction de la phénoménologie à une neurophénoménologie, mais bien une prise de conscience phénoménologique des neurosciences.

appariements

Que trouvent les neurosciences dans la phénoménologie ? Et celle-ci se réjouit-elle de recevoir tant d'attention ? D'emblée, on répondrait un non radical : rien de plus éloigné de l'approche phénoménologique qu'une étude neuroscientifique. Pour la simple raison que quand j'ai affaire avec une autre personne, les neurones miroirs ne se voient pas (ni les miens, ni les siens) : ils ne sont pas des phénomènes. À la fin du XIXe siècle, Husserl inaugura une entreprise philosophique qui s'est ensuite déployée au cours du XXe siècle en de multiples directions, plus complexes les unes que les autres, et qui fleurissent encore aujourd'hui. La raison d'être de cette entreprise réside dans la volonté de se tenir loin du scientisme et de son opposé le culturalisme, en matière de compréhension de notre expérience dans ses divers aspects (notre expérience de l'autre y compris). Le premier et dernier sens de notre être dans le monde, et par là de notre vivre parmi et avec les autres, ne peut être ramené ni à la biologie (qui s'occupe de rechercher les bases naturelles, physico-chimiques qui rendraient possibles ce vivre en-deçà des différences individuelles, sociales, culturelles et jusqu'aux différences animales), ni à l'anthropologie culturelle (engagée dans l'exploration des infinies variétés historico-culturelles parmi lesquelles s'est manifestée la relation à l'autre). Ni nature, ni culture mais plutôt *phénomène* : comme le dit le terme même de « *phénoméno*logie », il convient de partir des phénomènes, de ce qui apparaît, de ce qui se manifeste, et laisser de côté toutes nos théories et savoirs acquis sur le monde (c'est la fameuse mise entre parenthèses, ou *époché*, suspension du jugement) pour nous préparer à décrire le mode dans lequel ces phénomènes, en leurs structures de base, se donnent.

Empirisme, donc, par ce rappel à l'*empiria*, à l'expérience directe. Mais idéalisme également, parce que ce fait-ci, pris dans son empirique donnabilité, n'est jamais que *ce* fait : il entrouvre un niveau structurel, éidétique, dont ce phénomène singulier est une manifestation exemplaire. Aucune table n'est jamais que cette table, mais en même temps idée ou *eidos* de l'être-table. L'expérience, comme l'avait suggéré Goethe avant Husserl, est seulement une moitié de l'expérience : l'autre moitié est constituée précisément des essences idéelles, qui ne demeurent pas dans le monde intelligible de Platon, mais imprègnent le monde des phénomènes comme étant leurs trames structurelles immanentes.

Cela dit, qu'en faire relativement à notre problème, l'empathie dans notre rapport à autrui ? C'est un fait avéré que, dans ses pages consacrées à la compréhension de l'expérience intersubjective, Husserl a eu largement recours au terme *Einfühlung* (rendu dans certaines traductions par « intropathie [1] »). Nous devons donc apprendre avant tout à poser les bonnes questions, celles qui nous rendront prêts à adopter une attitude phénoménologique devant le problème de

1. E. Husserl, *Idées directrices pour une phénoménologie et une philosophie phénoménologique pures*, livre II : *Recherches phénoménologiques pour la constitution*, trad. fr. É. Escoubas, Paris, P.U.F., 1982 ; *Sur l'intersubjectivité, I et II*, trad. fr. N. Depraz, Paris, P.U.F., 2001.

l'autre : comment l'autre m'est-il donné ? À quelles conditions puis-je dire que je suis en face d'un autre ? Quels vécus émergent de ma conscience quand je me rends compte que je suis en présence d'une autre personne, et non simplement d'une pierre ou d'un parapluie ? Comme il arrive toujours quand on s'interroge sur les conditions de possibilité, on se place au niveau que la philosophie appelle « transcendantale ».

Pour comprendre comment nous pouvons avoir un autre, comment celui-ci peut devenir pour nous un phénomène, Husserl nous propose une expérience de pensée : la fiction du solipsisme. Faisons comme si les autres n'existaient pas, comme s'il n'y avait que moi seul, *solus ipse*, la monade leibnizienne. Ce n'est pas un hasard si le fondateur de la phénoménologie nous propose ce jeu dans la ve de ces *Méditations cartésiennes*[1]. Descartes ne nous avait-il pas enseigné que l'on pouvait douter de tout (et donc douter aussi de l'existence des autres autour de nous, puisqu'il se pourrait que ce ne soit que des automates sous les chapeaux et autres manteaux) sauf du fait même que nous doutions ? L'expérience a donc une histoire prestigieuse. Voyons où elle nous mène.

Il n'y a donc plus personne d'autre que moi, je reste seul, je suis réduit à moi-même, au corps que j'ai et que je suis : je me regarde, je me vois bouger une jambe, je sens que ma jambe bouge même si je ne la regarde pas. J'ai conscience de mes états corporels grâce à la proprioception, soit la perception de moi-même. Je ne suis pas à moi-même un simple corps physique (*Körper*), mais bien corps vivant, corps propre (*Leib*). Je vois aussi d'autres corps à côté de moi, certains immobilisés, d'autres en mouvement : des pierres qui roulent, par exemple. Mais je suis *Körper*, je ne les sens pas bouger comme si je bougeais moi-même. Pourtant, parmi ces corps, certains attirent mon attention : ils sont différents des pierres, ils ne se meuvent pas comme des pierres, mais semblent en revanche se mouvoir comme moi. Une pierre n'a pas l'intention de tomber. Moi, j'ai l'intention

1. E. Husserl, *Méditations cartésiennes*, trad. fr. G. Peiffer et E. Levinas, Paris, Vrin, 2008.

d'aller d'ici à là, je suis poussé à me mouvoir pour boire un verre parce que j'ai soif. Comment puis-je dire que, parmi tous ces corps, certains ne sont pas de simples *Körper*, mais d'autres corps vivants comme je le suis à moi-même ? Ceux-là me ressemblent. Ils vont vers leurs verres comme je vais vers le mien. Ce n'est pas moi qui établis une telle ressemblance, qui la construis, mais plutôt elle qui incontestablement se révèle, apparaît, exactement comme, dans un groupe de figures les plus anguleuses apparaissent entre elles semblables, analogues, et diffèrent des plus arrondies. Et ce qui se ressemble s'assemble, excluant ce qui diffère. Voilà donc que, à partir de cet appariement (*Paarung*) par analogie et similitude, se forme en moi la conscience d'un corps qui est une autre personne comme moi. Non pas une simple chose physique, mais un corps animé, pourvu d'âme, de psyché, de conscience, d'intentions (et par conséquent, et selon toutes probabilités, de pensées, de désirs, d'émotions, de passions, tout comme j'en suis pourvu moi-même), un corps à partir duquel le monde environnant s'ordonne selon un « ici », qui est, cependant, pour moi un « là-bas ».

Certes, je ne peux pas être à l'intérieur de lui, dans son esprit pour ainsi dire : je ne peux qu'imaginer ce qui lui passe par la tête à partir de ses comportements. Je pourrais dire qu'il agit comme ci *parce qu'*il pense et croit et éprouve comme ça. Il n'y a que moi à être présent à moi-même de façon immédiate et directe, dans ce que je pense et sens et crois (Husserl appelle cela la sphère primordiale ou monadique) : je ne connais que de façon médiate sa sphère primordiale, par l'aperception de son corps. Sans quoi, lui et moi serions une seule et même chose. Et, je peux certes me tromper : notamment si je lui attribue une intention acariâtre et sarcastique alors qu'il ne fait que jouer d'une ironie bienveillante ; ou si je crois qu'il va chercher un verre pour boire, alors qu'il compte le casser pour me couper la gorge ensuite. Mais, je peux aussi me reprendre, et substituer l'intention juste à celle que j'avais imaginée par erreur, précisément parce que l'autre, lui aussi, agit selon des intentions et des motivations.

Parvenir à la dimension intersubjective permet d'obtenir une série de résultats notables, dont le premier est l'*objectivité* : être en capacité d'affirmer qu'un fait est objectivement, qu'une réalité est effectivement objective, et qu'elle ne relève pas d'une illusion personnelle ou d'un fantasme privé, est bien quelque chose qui ne provient que de l'accord intersubjectif, de la convergence de plusieurs sujets sur un même point. L'objectivité est à juste titre non-subjectivité, non pas simple subjectivisme, mais inter-subjectivité. On pressentira aisément l'impact de la constitution d'un tel statut objectif sur une série de questions cruciales, comme la différence entre réel et irréel, vrai et faux, droit et tordu, bon et mauvais, et ainsi de suite.

Comment cela m'est-il possible ? Je ne me suis pas mis à raisonner, à construire une chaîne complexe d'inférences logiques fondées sur des propositions du type « si… alors ». Je saisis l'autre corps dans son être qui exprime immédiatement un dedans, « comme si » il s'agissait de moi. Enfin, est-il bien vrai que je mette en œuvre tout ce procédé – que nous n'avons fait que reconstruire schématiquement ici –, chaque fois que j'ai affaire à autrui ? Suis-je donc toujours contraint de repartir à zéro, de mon grade-zéro, de reprendre *du début* les mouvements du *solus ipse* que je suis, pour réussir, après m'être apparié par analogie, à ouvrir péniblement une fenêtre qui me permettra, si ce n'est de regarder à l'intérieur de l'autre monade, tout du moins d'admettre qu'il existe autour de moi des monades faites comme je suis fait moi-même ? Qu'existent non seulement l'ego que je suis, mais aussi des alter ego ? À s'appuyer sur ces soupçons, on pourrait accuser Husserl de solipsisme égologique, mais cela signifierait perdre de vue que ce parcours est une fiction heuristique conçue pour explorer une genèse non temporelle de l'altérité : il s'agit d'une abstraction légitime, faite pour isoler, au sein de l'attitude réflexive, les différentes modalités de constitution du sens, relatives à l'expérience de l'autre, à partir de la sphère primordiale de mon « dedans ». Si, de cette façon, l'intersubjectivité advient, pour ainsi dire, en dernier lieu, on doit reconnaître, enfin, que ce qui est ultime pour le *solus ipse* comme personnage de la fiction méthodologique, est néanmoins premier en soi ; reconnaître que l'expérience concrète de notre être au monde est aussi *depuis toujours* expérience de l'autre ; qu'elle est *dès maintenant* expérience intersubjective. Nous sommes donc originairement immergés dans une pluralité sociale, et c'est pourquoi nous sommes aussi nombreux, même en étant seuls, quand nous nous parlons à nous-mêmes, dans ledit dialogue intérieur (faisant appel à des mots, même muets, que nous n'avons pas inventé nous-mêmes, mais que nous partageons avec une communauté de parlants).

je sens que tu sens que je sens

À bien y regarder, le problème semble donc fondamentalement renversé dès lors qu'on l'observe sous l'angle de la phénoménologie : une fois posée l'intersubjectivité originaire et constitutive, la question n'est plus tant celle du « comment puis-je vivre avec autrui ? », mais bien « comment puis-je vivre seul ? ». Pour jeter un pont vers ce territoire inconnu et tout à explorer que constitue l'autre, je ne peux me poser moi-même comme point de départ. Et vice-versa, c'est à partir du vivre parmi les autres, du partage de ce même milieu qui voit se déployer nos vies, nos projets existentiels, nos actions quotidiennes – la *Lebenswelt*, pour reprendre un terme husserlien, le « monde de la vie » – que les individualités singulières se peuvent circonscrire.

C'est par la saisie de toi qui me saisis que je parviens à m'appréhender moi-même comme quelqu'un qui est comme toi et qui regarde le monde de sa perspective comme tu la regardes de la tienne. Ainsi, tous deux (et avec tous les autres), nous nous faisons points de vue sur le même monde, dont nous recueillons des aspects toujours partiels. Mais ce que Husserl appelle « commerce avec d'autres *ego* » ne se limite pas à une telle prise de conscience : cela implique aussi un effet de miroir réciproque des consciences. De sorte que si, par exemple, je sens mon corps révéler à l'autre mon état d'âme malgré ma tentative, vaine, de le dissimuler par un discours, le fait de percevoir dans ses yeux qu'il a remarqué ma situation émotive amènera à un conditionnement tout autre de mon comportement, qui à son tour influencera le comportement de l'autre, et ainsi de suite à l'infini. On fait l'expérience d'une relation continue de réflexion réciproque, qui peut se compliquer *en abyme* par celle que le psychologue Theodor

Lipps désigne de façon suggestive comme « multiplication des miroirs [1] ». Dès lors, on pourrait dire que la situation si bien campée par les deux conjoints Bonetti du film *Je sais que tu sais* (Alberto Sordi et Monica Vitti) constitue un cas extrême et élaboré sous la forme dramatique, de l'influence quotidienne et mutuelle des savoirs qui se jouent entre soi et l'autre – qui est aussi cause réciproque d'affects (« Je sens que tu sens que je sens ») – véritable structure de l'intersubjectivité.

Mais cette con-science et ce con-sentir ne peuvent aboutir à l'indistinction entre Moi et Toi, sous peine d'annulation de cette expérience de l'altérité. Si vraiment empathie signifie identification à l'autre, la notion en dit trop et trop peu à la fois. Trop peu, parce qu'elle considère l'alter ego loin de l'ego, séparé de lui par un abysse au-dessus duquel il faudrait jeter un pont (oubliant ainsi que nous vivons dans un environnement structurellement intersubjectif et que nous-mêmes sommes de par notre constitution intersubjectifs). Trop, parce qu'une fois jeté, ce pont pourrait permettre non seulement de réduire la distance entre les deux, mais même de l'annuler, rendant possible une identification à l'autre. Je ne suis, pourtant, jamais l'autre. Je ne vis pas ce qu'il vit comme je me vis moi-même, je ne suis pas dans sa tête, et je ne peux réellement entrer en rapport avec lui qu'à la condition qu'il reste lui, et moi moi. Dans la perspective phénoménologique donc, l'intersubjectivité est une dialectique soi-autre qui se fait tension entre distance et proximité et dans laquelle on ne trouve ni étrangeté totale ni fusion totale. En ce sens, l'alter-ego-logie est bien *ego*logie (puisque je dois m'en remettre à mes expériences vécues pour comprendre comment m'est donnée l'expérience d'un alter ego), mais aussi *alter*ologie (puisque l'autre doit rester tel et ne se fondre pas avec moi).

Nous pouvons alors, si besoin, nommer empathie l'expérience de l'autre, à condition que nous préservions l'intersubjectivité originaire et l'altérité de l'alter ego. Voilà des points arrêtés sur lesquels la

1. T. Lipps, *Leitfaden der Psychologie, dritte, teilweise umgearbeitete Auflage*, Verlag von Wilhelm Engelmann, Leipzig, 1909, p. 222-241.

tradition phénoménologique a maintes fois insisté. Et ce même à travers les déclinaisons spécifiques proposées par tel ou tel auteur, restant plus ou moins fidèle à la position du fondateur de l'école Husserl, et parfois en désaccord manifeste avec lui. Sur l'altérité de l'alter ego, se rejoignent tous ses élèves ayant le plus travaillé sur le thème de l'empathie. Édith Stein – qui y consacre sa thèse de doctorat [1] – confirme que l'*Einfühlung* n'est pas seulement fondatrice de l'expérience du Toi, mais bien du Moi lui-même, dans son rapport au corps propre, expression de l'âme. On pourrait donc dire que l'empathie est à la fois *principium dividuationis* et *individuationis*. Et elle l'est par son enracinement profond dans la corporéité vivante du *Leib*. Dans l'expérience empathique, par exemple quand je me rends compte de la joie d'autrui et que j'en suis ému, je ne vis pas cette joie comme un vécu originaire qui me serait propre (c'est en effet le vécu originaire d'autrui, qui est autre que moi), et cependant, je me trouve à côté de ce vécu. Dans mon vécu non-originaire se manifeste un vécu originaire qui est précisément le sien. L'empathie est bien cette expérience *sui generis*, et si Dieu lui-même voulait saisir mon vécu affectif, il devrait faire preuve d'empathie pour y accéder, dès lors que ce vécu mien et n'est pas sien.

Max Scheler [2] s'accorde aussi sur le fait que comprendre l'empathie comme identification, c'est-à-dire comme annulation de la différence entre autrui et moi, ne peut en aucune manière rendre compte de notre expérience de l'étranger, ni sous l'angle de la prise de conscience du statut affectif d'autrui, ni sous celui du sentir avec lui. Insistant sur la centralité des « phénomènes d'expression » (nous percevons la pudeur dans un rougissement, la joie dans un rire, et cela immédiatement, sans recourir à des inférences logiques), Scheler observe que pour me tourner vers le sentiment d'autrui sous la forme de la participation affective, je dois déjà avoir connaissance de son état affectif, sachant bien qu'il est sien, et qu'il ne migrera pas en moi

1. É. Stein, *Le Problème de l'empathie*, trad. fr. M. Dupuis, Paris-Toulouse, Ad Solem-Le Cerf-Éditions du Carmel, 2012.

2. M. Scheler, *Nature et formes de la sympathie*, trad. fr. M. Lefebvre, Paris, Petite Bibliothèque Payot, 2003.

ni ne produira en moi un sentiment réel. Alfred Schütz, l'élève de Husserl qui a le plus développé la méthode phénoménologique vers une sociologie transcendantale, notamment dans son essai de 1932 sur le monde social [1], compte parmi les postulats qui rendent possible la compréhension du comportement d'autrui comme agir sensé, la non-accessibilité directe aux vécus de l'alter ego, rejetant par là les interprétations de l'*Einfühlung* qui l'admettent comme processus d'identification.

Quant à l'intersubjectivité originaire, au § 26 d'*Être et Temps* consacré à la coexistence des autres, Heidegger veut protester vigoureusement contre l'idée de jeter des ponts entre soi et les autres tel que semble le suggérer le phénomène « catalogué, d'une manière qui n'est pas vraiment heureuse [2] » *Einfühlung*. En effet, se rapporter à l'autre n'est pas rendu possible par une projection du Soi en un double de soi-même, et l'empathie ne fonde pas du tout la coexistence, mais elle est, au contraire, rendue possible par cette coexistence, dès lors que l'existence, comme être-au-monde, est déjà depuis toujours avec les autres. Par la suite dans *Vérité et Méthode* [3], Gadamer aurait repéré chez Husserl, malgré tous ses efforts transcendantaux, un préjugé ontologique : j'appréhende l'autre d'abord comme objet de ma perception, puis, par l'*Einfühlung*, cet objet devient un sujet, un Toi. Mais, que cet objet devienne sujet ne permettra jamais vraiment de rendre compte de l'autre, qui dépendra toujours aussi de mon acte constitutif.

Dans le champ de la phénoménologie française, nous retrouvons des thématiques analogues dans les réflexions sur le sens de l'altérité de Merleau-Ponty dans sa *Phénoménologie de la perception*. Dans la vision que j'ai de moi-même doit déjà être ébauchée ma nature d'autre pour l'autre, tout comme sa nature de moi est déjà préfigurée dans

1. A. Schütz, *Der sinnhafte Aufbau der sozialen Welt, eine Einleitung in die verstehende Soziologie*, Wien, J. Springer, 1932.

2. M. Heidegger, *Être et Temps*, trad. fr. F. Vezin, « Bibliothèque de philosophie », Paris, Gallimard, 1986, p. 124.

3. H.G. Gadamer, *Vérité et Méthode*, P. Fruchon, J. Grondin et G. Merlio (éd.), Paris, Le Seuil, 1996.

ma vision de l'autre. Les « Pour Soi » (moi pour moi, et l'autre pour lui-même) doivent se découper sur un fond de « Pour les Autres » (moi pour lui, lui pour moi). Le problème de l'existence d'autrui pour moi, note Merleau-Ponty, ne se présente qu'aux adultes : les enfants ignorent tout de la subjectivité privée, et vivent dans un monde qu'ils croient accessible à tout un chacun. Et, afin que puisse exister pour l'adulte un monde unique et intersubjectif, il faut bien que « les enfants aient en quelque façon raison contre les adultes [1] ». Mais, cela n'implique aucune identification : mon ami Paul souffre parce qu'il a perdu sa femme. Je souffre parce qu'il souffre. Ces deux situations ne sont pas superposables. Dans les développements ontologiques de la pensée merleau-pontienne, l'*Einfühlung* devient en définitive une caractérisation de la « chair » comme tissu de partage entre mon corps et le monde, ainsi que le montrent les notes de son dernier texte resté inachevé *Le Visible et l'Invisible*[2].

De son côté, Sartre, qui affronte dans *L'Être et le Néant* l'« écueil du solipsisme [3] », s'en prend aux théories modernes de l'empathie et de la sympathie, certes sophistiquées dans leur description de notre façon de nous rendre présents aux autres, mais incapables de ramener la question à son authentique racine : l'autre comme totalité, dont l'existence en reste, pour ces théories, à un stade purement conjectural. (Rappelons toutefois que, bien des années plus tard, dans la préface à l'impressionnante étude qu'il consacra à Flaubert, *L'Idiot de la famille* (1971-1972), Sartre semble enclin à se permettre ce qu'il avait refusé aux psychologues, confessant avoir initialement voulu s'occuper de Flaubert parce qu'il se sentait un compte à régler avec lui. Par la suite, pourtant, il écrit : « mon antipathie première s'est changée en empathie, seule attitude requise pour comprendre [4] ».)

C'est précisément vers Sartre (notamment ses pages célèbres sur le regard que l'autre me porte et la honte que je ressens de devenir

1. M. Merleau-Ponty, *Phénoménologie de la perception*, Paris, Tel-Gallimard, 1976, p. 408.

2. M. Merleau-Ponty, *Le Visible et l'Invisible*, Paris, Tel-Gallimard, 1979.

3. J.-P. Sartre, *L'Être et le Néant*, Paris, Gallimard, 1943, III, 1, p. 261-271.

4. J.-P. Sartre, *L'Idiot de la famille, I-II-III*, Paris, Gallimard, 1971-1972, préface, p. 8.

objet à ses yeux), mais aussi vers Hegel et sa dialectique du maître et de l'esclave, et vers Marx et sa lutte des classes, que Paul Ricœur se tournera, notamment dans l'article de 1954 *Sympathie et Respect*, puis dans son ouvrage de 1990 *Soi-même comme un autre*[1]. Il adresse aux théories phénoménologiques de l'empathie (Husserl) et de la sympathie (Scheler) une série d'objections radicales venues d'une déception fondamentale que Ricœur avait d'abord ressentie vis-à-vis de la phénoménologie. Avant tout, il rejette une constitution de l'altérité qui, étant égocentrée c'est-à-dire portée sur le terrain des actes et des vécus du moi, ne peut jamais vraiment atteindre l'autre. En second lieu parce que la phénoménologie pêche par excès d'irénisme, et est ingénument encline à faire de la manifestation d'empathie et de sympathie à l'autre une relation positive, omettant de prendre en compte l'opposition des consciences, et leur conflit, ce qui constitue cette dimension négative de l'intersubjectivité qu'ont si bien décrite dans leurs travaux Hegel, Marx et Sartre. Ricœur oppose à tout cela une éthique kantienne du respect, capable de préserver la distance entre moi et l'autre par rapport d'une part à mes projections illégitimes et aux « empiètements de ma sensibilité indiscrète[2] » qui me porteraient à réduire l'autre à moi, et d'autre part, aux fusions ou identifications qui me conduiraient à me perdre en lui.

Emmanuel Levinas, qui avait notamment traduit en français dans ses jeunes années les *Méditations cartésiennes* de Husserl, se montre tout autant préoccupé par la question de la pensée de l'autre et par le problème de sa reconnaissance, et part lui aussi d'une base phénoménologique. Dans *Entre nous*[3] (1991), il reconnaît aux « philosophes de l'*Einfühlung* » – jamais si bien identifiés –, la conscience que l'expérience des autres ne s'obtient pas par simple variation du soi et de sa projection vers l'extérieur, mais constitue une rencontre qui s'apparente à l'inauguration d'une nouvelle aventure

1. P. Ricœur, *Soi-même comme un autre*, Paris, Le Seuil, 1990.

2. P. Ricœur, « Sympathie et respect », *À l'école de la phénoménologie*, Paris, Vrin, 1987, p. 277.

3. E. Levinas, *Entre nous. Essais sur le penser-à-l'autre*, Paris, Grasset, 1991.

amoureuse. L'empathie ne peut être réduite au fait de savoir que le corps de l'autre est habité de pensées et d'affects. Je suis moi et je fais ce que je fais, dans l'optique lévinassienne, non pas tant sur la base de ce que je suis et peux en propre, mais en vertu de ce que je réponds à l'autre, qui alors me constitue. Le mouvement n'est donc pas un élan de moi à l'autre, mais bien de l'autre à moi. Dans *Totalité et Infini* (1961), il écrivait : « C'est seulement en abordant Autrui que j'assiste à moi-même [1]. » Et la rencontre avec l'autre n'est pas fusion, mais traumatisme, fracture, irruption, que je vis essentiellement dans l'expérience de son visage.

Le temps des différends, des déchirures, des conflits et des tensions n'est donc pas à exclure de la dimension de l'expérience de l'autre, mais au contraire doit être considéré dans toute sa puissance constitutive et structurante. À bien réfléchir sur les rappels opportuns que Ricœur et Lévinas nous adressent en ce sens, il apparaît clair que trop souvent la notion d'empathie a été confondue, à brûle-pourpoint et hors de tout esprit critique, avec celle de relation harmonieuse, pacifique et sereine, alors que – et Theodor Lipps le savait bien, lui, l'un des théoriciens les plus emblématiques de l'*Einfühlung* dont nous aurons à nous occuper – l'empathie peut également s'envisager sous la forme négative de l'hostilité et de la menace.

Avec Levinas, le parcours inauguré par la phénoménologie sur le terrain de l'intersubjectivité semble dériver jusqu'à se renverser : désormais, hors du discours phénoménologique *stricto sensu*, sa proposition d'inverser le mouvement (non plus du soi à l'autre, mais de l'autre à soi), semble toutefois en avérer l'authentique intention : celle de distinguer dans le *solus ipse* une pure fiction méthodologique, et, par contre dans l'intersubjectivité et le vivre ensemble, la dimension originaire de l'humain.

1. E. Levinas, *Totalité et Infini. Essai sur l'extériorité*, Paris, Nijhoff-Kluwer, 1990, p. 194.

pour approfondir

ADAMS F., « Empathy, Neural Imaging, and the Theory versus Simulation Debate », *Mind and Language*, 16, 2001, p. 368-392.

AGOSTA L., *Empathy in the Context of Philosophy*, New York, Palgrave-Macmillan, 2010.

BADIOU A. *et al.*, *Matrix, machine philosophique*, Paris, Ellipses, 2004 ; 2 e éd. 2013.

BARTSCH L., Wellman H.M., *Children Talk About the Mind*, Oxford, Oxford University Press, 1995.

BOUTON C., LAURAND V., RAÏD L. (éd.), *La physiognomonie. Problèmes philosophiques d'une pseudo-science*, Paris, Kimé, 2005.

BRATEN S. (dir.), *On Being Moved*, Amsterdam-Philadelphia, John Benjamins, 2007.

CARRUTHERS P., Smith P.K. (dir.), *Theories of Theories of Mind*, Cambridge, Cambridge University Press, 1996.

DAVIES M., STONE T. (dir.), *Folk-Psychology*, Oxford, Blackwell, 1995.

DE MONTICELLI R., *L'avenir de la phénoménologie. Méditations sur la connaissance personnelle* (1998), Paris, Aubier, 2000

DECETY J., ICKES W. (dir.), *The Social Neuroscience of Empathy*, Cambridge (Mass.), MIT, 2009.

DEPRAZ N., « The Husserlian Theory of Intersubjectivity as Alterology », *Journal of Consciousness Studies*, 8, 2001, 5-7, p. 169-178.

FIDALGO A., « E. Stain, Th. Lipps und die Einfühlungsproblematik », *Studien zur Philosophie von Edith Stein*, R.L. Fets et al. (dir.), Munich, Alber, 1993.

GALLAGHER S., ZAHAVI D., *The Phenomenological Mind* (2008), London, Routledge, 2012.

GALLESE V., « Embodied Simulation », *Phenomenology and the Cognitive Sciences*, 4, 2005, p. 23-48.

GORDON R., « Empathie situationnelle et empathie comportementale », *in* P. Attigui, A. Cukier (éd.), *Les paradoxes de l'empathie. Philosophie, psychanalyse, sciences sociales*, Paris, CNRS Éditions, 2011, p. 39-48.

IACOBONI M., *Mirroring people : the new science of howweconnect with others*, New York, Farrar, Straus and Giroux, 2008.

IRWIN W., *The Matrix and Philosophy : Welcome to the desert of the Real*, Open Court, 2002.

KASSNER R., *La Métamorphose. Physiognomonie et physionomie*, Paris, Le Nouveau Commerce, 1990.

MAKKREEL R.A., « How is Empathy Related to Understanding ? », *in* T. Nenon et L.E. Embree (dir.), *Issues in Husserl's Ideen II*, Dordrecht, Kluwer, 1996, p. 199-212.

MATZKER R., *Einfühlung : Edith Stein und die Phänomenologie*, Bern, Peter Lang, 1991.

PEACOCKE C. (dir.), *Objectivity, Simulation and the Unity of Consciousness*, Oxford, Oxford University Press, 1994.

PETIT J.-L., *Solipsisme et Intersubjectivité*, Paris, Le Cerf, 1996.

SAWICKI M., « Empathy Before and After Husserl », *Philosophy Today*, Volume 41, Issue 1, Spring 1997, p. 123-127.

SCHÜTZ A., *Éléments de sociologie phénoménologique*, introd. et trad. par T. Blin, préf. de M. Maffesoli, Paris-Montréal (Québec), L'Harmattan, 1998.

STAMENOV M.I., Gallese V., (dir.), *Mirror Neurons and the Evolution of Brain and Language*, Amsterdam-Philadelphia, John Benjamin, 2002.

STICH S.P., *From Folk Psychology to Cognitive Science*, Cambridge (Mass.), MIT Press, 1983.

TISSERON S., *L'Empathie au cœur du jeu social*, Paris, Albin Michel, 2010.

WELLMAN H.M., *The Child's Theory of Mind*, Cambridge (Mass.), MIT Press, 1990.

ZAHAVI D., « Beyond Empathy », *Journal of Consciousness Studies*, 8, 201, 5-7, p. 151-167.

chapitre 2
empathie, sympathie & Co.

un terme ambigu et trompeur

Repérer les différences : voilà, dit-on, la passion de la phénoménologie. Et nous, avons-nous été jusqu'ici suffisamment attentifs aux différences ? Ou n'avons-nous pas trop hâtivement tout mis dans un même panier ? En effet, en exposant dans les grandes lignes les approches des théories de l'esprit (théorie de la théorie et théorie de la simulation), de la psychologie, des neurosciences, de la phénoménologie, avons-nous véritablement tenu compte des perspectives différentes, bien qu'orientées vers le même objet d'étude, l'empathie ? Ou bien, est-ce le terme lui-même qui, employé tel quel dans divers contextes méthodologiques et disciplinaires, en vient à nourrir un malentendu ? Car, recourir au même vocable en diverses terminologies – *Einfühlung*, *empathy* –, pousserait à croire que l'on a affaire en substance à la même expérience, et que seules les théories qui en rendent compte varient. Il pourrait en être en réalité tout autrement, et le lemme « empathie » (ainsi que ses dérivés : empathique, empathiser, empathisation) pourrait n'être qu'une étiquette indûment attribuée à une série d'expériences hétérogènes et non classifiables sous une même acception.

À cet égard, Theodor Lipps – ce psychologue qui, au début du XXe siècle, tenta la généralisation la plus systématique de la notion d'empathie, et que les théoriciens de l'esprit et les neuroscientifiques redécouvrent aujourd'hui –, dut reconnaître qu'il utilisait « un terme ambigu et souvent mal compris [1] ». Husserl, lui, stigmatisa le vocable comme étant « une expression erronée [2]», bien qu'il y ait eu largement recours. Nous-mêmes, dans notre exposé de la théorie de l'esprit, avions réfléchi à l'opportunité de faire appel à un mot aussi lourd de sens que celui d'empathie pour désigner l'attribution d'une fausse croyance à Maxi. Quant à la phénoménologie contemporaine, c'est le phénoménologue Vincenzo Costa [3] qui, récemment, proposait de n'employer qu'avec parcimonie le terme : ayant ingénieusement repris et relancé la question husserlienne de l'intersubjectivité, il admet, certes, le terme de la tradition, tout en cherchant le plus possible à prévenir les dégâts qui pourraient découler de son instabilité sémantique.

Ici, le plan du discours de sens commun ne nous est plus d'une grande aide. En s'éloignant un moment de la littérature scientifique pour approcher la sphère de la presse et des médias de masse, on voit vite que, dans le langage ordinaire, le champ sémantique de « empathie » embrasse toute une pléiade d'expériences et d'états psychophysiques individuels et collectifs : projection, transfert, association, expression, résonance émotive, contagion affective, communion, fusion, identification, compassion, consentement, altruisme, solidarité, sympathie, harmonie, amour universel, et ainsi de suite. En 1968, les Rolling Stones chantaient « *Sympathy for the devil* ». En 1999, le groupe Electric Hellfire Club intitulaient leur album *Empathy for the devil.* Cela change-t-il quelque chose ? Et si oui, quoi donc ?

Est-il raisonnable de vouloir mettre un peu d'ordre, si ce n'est dans le langage ordinaire, du moins dans le langage scientifique ? En d'autres termes, faut-il s'évertuer à isoler une définition élémentaire

1. T. Lipps, « Einfühlung und ästhetischer Genuß », in *Die Zukunft*, 54, 1906, p. 100-114 ; trad. fr., « Empathie et plaisir esthétique », dans *Aux origines de l'empathie*, M. Elie (dir.), Nice, Les éditions Ovadia, 2009, p. 125-148, ici p. 129.

2. E. Husserl, « Dass Einfühlung ein falscher Ausdruck ist », in *Zur Phänomenologie des Intersubjektivität, op. cit.*, vol. 1, p. 335-339.

3. V. Costa, *I modi del sentire*, Macerata, Quodlibet, 2009.

d'« empathie » qui puisse être partagée et par les modèles théoriques évoqués au précédent chapitre, et par d'autres non mentionnés ici ou non encore élaborés ? Ou bien, cette possibilité de convergence vers une signification commune ne restera-t-elle qu'un rêve, dès lors que chaque terme n'admet un sens exact que dans un paradigme théorique spécifique qui construit ses objets propres et les mots pour les dire, et qui s'avère par conséquent être une bulle imperméable à tous les autres paradigmes ?

Comme on le voit, la tension entre intersubjectivité et solipsisme, que nous avons déjà rencontrée en abordant la relation entre êtres humains, semble se maintenir aussi dans le rapport des théories entre elles. Nous n'espéreons pas résoudre ici de tels dilemmes épistémologiques. Suivant la perspective de l'histoire des idées qui est la nôtre pour observer les tribulations séculaires de l'empathie, nous préférerons plutôt considérer les principales acceptions qu'un terme donné aura pris petit à petit au cours de son évolution historique, et les principales expériences auxquelles il aura été à chaque fois associé, ou desquelles il aura été écarté.

empathie, contagion, sympathie

Mais, revenons au début, c'est-à-dire à l'étymologie. Le terme « empathie » est un calque du grec *empatheia* : nombreuses sont les occurrences de ce vocable et de ses dérivés dans le corpus des auteurs grecs antiques, toutefois, le mot n'a jamais atteint le statut de *terminus technicus*. Nous le trouvons par exemple dans le *Tetrabiblos*[1]de Ptolémée (IIe siècle) comme passion physique (*physikai empatheia*) ; et, toujours pour désigner une passion physique, une empathie de la chair (*empatheia tes sarkos*)[2], il apparaît dans les écrits du médecin Galien, qui vécut entre les IIe et IIIe siècles. *Empathesteros*, désignait

1. Ptolémée, *Manuel d'astrologie. La Tétrabible*, Paris, Les Belles Lettres, 1993, § 92.

2. *Galeni opera omnia*, K. G. Kühn (dir.), 20 vol., Leipzig, Car. Cnoblochii, 1821-1833, 18 (1). 447.

déjà, dans le traité d'Aristote *De Insomniis* (460b) [1], le sujet qui, se trouvant dominé par une passion comme la peur ou l'amour, croyait voir partout ses ennemis ou l'être aimé, pour peu qu'il y ait un minimum de ressemblance avec les sujets en question. Cependant, là où, en bons lecteurs modernes, nous nous attendrions à la trouver car pertinente, l'expression n'apparaît pas. Par exemple, au § 7 des *Problèmes* (887a), on se demande : « Pourquoi quand nous voyons quelqu'un à qui l'on coupe un membre, que l'on brûle, que l'on torture, ou qui subit quelqu'autre traitement cruel, participons-nous en pensée à sa douleur [*synalgoumen te dianoia*] ? Est-ce parce que nous avons tous une commune nature ? Donc, à la vue d'un tel spectacle, on partage la douleur de celui qui la subit en raison de la communauté de nature ? Ou bien est-ce parce que, de même que les narines et les oreilles reçoivent certaines émanations chacune selon sa propre capacité, de même en est-il pour la vue qui reçoit, à partir des objets, des impressions agréables et des impressions pénibles ? [2] » Et encore, dans ce passage de la *Rhétorique* (1385b) où *eleos* (pitié, compassion) désigne une « souffrance provoquée par le spectacle, à proximité immédiate, d'un mal susceptible de détruire ou de faire souffrir, quelqu'un sans raison, et dont on pourrait être menacé, soi-même ou l'un des siens [3] ». Ici, la structure de l'empathie comme savoir se mettre dans la peau de celui qui souffre (parce que son sort nous est un sort possible à nous aussi et à nos proches) semble prendre parfaitement forme, cependant Aristote ne lui attribue pas le nom d'*empatheia*.

C'est plutôt du côté de l'allemand *Einfühlung*, et non du grec *empatheia*, qu'il faut se tourner pour voir les prémisses de notre histoire. Le terme fait une timide apparition pour la première fois en Allemagne, dans la seconde moitié du XVIIIe siècle, à l'aube de la saison romantique. Johan Gottfried Herder publie en 1778 un bref traité intitulé *Du connaître et du sentir de l'âme humaine*, dans lequel

1. Aristote, « Des rêves », dans *Petits Traités d'histoire naturelle*, trad. fr. P.M. Morel, Paris, GF-Flammarion, 2000.

2. Aristote, *Problèmes. Section I-X*, trad. fr. P. Louis, Paris, Les Belles Lettres, 2002.

3. Aristote, *Rhétorique*, trad. fr. P. Chiron, Paris, GF-Flammarion, 2007.

il nous invite à saisir la structure *analogique* complexe et universelle de la nature créée, l'accord de toutes les créatures, la vie qui avance vers la vie. Les cordes jouent de concert, les fibres s'entrelacent, les animaux s'accordent entre eux, et ainsi fait l'homme avec ses compagnons. C'est sur la base de cette résonance universelle entre semblables qu'Herder introduit le thème de l'*Einfühlung*, qu'il décline sous la forme verbale du *hineinfühlen* (sentir de l'intérieur) : « Dans le degré de profondeur de notre sentiment de soi [*Selbstgefühl*], réside aussi le degré de consentement [*Mitgefühl*] [traduction modifiée] avec les autres : car il n'y a que nous qui puissions nous sentir [*hineinfühlen*] nous-mêmes, pour ainsi dire, dans les autres. [1] »

Une vingtaine d'années plus tard, on retrouve la même forme verbale dans un passage de Novalis. Convaincu, comme Herder, que le sentir est un *medium* entre Soi et Autrui, qui s'étend jusqu'à comprendre par accord sympathique la Nature dans son ensemble, il pose, dans son roman de 1798, *Les Disciples à Saïs* (et notamment dans le second discours du IVe voyageur), que nul ne pourra comprendre la nature s'il ne possède un organe naturel capable de la reconnaître en toutes choses comme en soi-même, s'il ne se mêle à toutes les essences naturelles à travers le medium de la sensation, et s'il n'empathise pas (*sichhineinfühlt*) avec elles [2]. Toujours à la fin du siècle, dans l'un de ses transports du cœur, le moine amoureux de l'art qu'a imaginé Wilhelm Heinrich Wackenroder, évoque cette capacité de « ressentir ce que sont en eux-mêmes les êtres étrangers [3] » (*in allefremdenWesenhineinzufühlen*), c'est-à-dire cette capacité d'empathiser avec tous les êtres étrangers.

À la fin du XVIIIe siècle, il existait en Allemagne un nom pour désigner l'expérience d'un accord sympathique avec la nature dans son ensemble, y compris les autres personnes, expérience qui avait été largement étudiée dans la culture européenne des décennies

1. J.G. Herder, *Du connaître et du sentir de l'âme humaine*, trad. fr. Cl. Pagès, Paris, Allia, 2013, p. 51.

2. Novalis, *Les Disciples à Saïs*, Bruxelles, Lacomblez, 1914, p. 46.

3. W.H. Wackenroder et L. Tieck, *Les Épanchements d'un moine ami des arts*, trad. fr. C. Leblanc, O. Schefer, Paris, José Corti, 2009, p. 69.

précédentes. Si Herder écrit que chaque corde vibre de son propre son, David Hume, déjà, observait dans son *Traité de la nature humaine* (1739-1740, III, III, I) que les esprits de tous les hommes sont très semblables quant à leurs sentiments et à leurs opérations, à peine l'un se trouve ému d'une affection que tous les autres s'en trouvent affectés aussi : « De même que pour les cordes également tendues, le mouvement de l'une se communique aux autres, ainsi toutes les inclinations passent aisément d'une personne à une autre et engendrent des mouvements correspondants chez toutes les créatures humaines. [1] » Ce passage rapide d'une personne à l'autre semble n'avoir rien à voir avec la mise en œuvre de raisonnements logiques ou de chaînes d'inférences. Plus que d'une affection, il s'agit d'une infection spontanée et immédiate : et, de fait, Hume évoque des passions si « *contagious* » qu'elles passent d'une personne à une autre avec une aisance invraisemblable. D'autre part, dès le XVIIe siècle, on note l'usage médical du terme de *sympathie* pour indiquer comment une maladie se transmet d'une personne à une autre, ou bien pour désigner le lien entre une pathologie et le remède qui permettra de la soigner. Voilà une myriade de questions propre à une très vieille tradition – le § 1 des *Problèmes* d'Aristote (886a) demandait déjà : « Pourquoi, quand on voit les gens bâiller, est-on porté généralement à en faire autant ? » – et qui vise à intégrer des éléments physiologiques et des facteurs éthiques. En effet, Hume pose cette définition « la sympathie est, dans la nature humaine, un principe très puissant », qui influence énormément notre goût esthétique et nos sentiments moraux. Suivant l'héritage humien quant à ces derniers, Adam Smith, dans sa *Théorie des sentiments moraux* [2] (1759), pose la sympathie à la base de l'évaluation morale comme condition de possibilité de la compréhension *analogique* de l'autre. Qu'on se figure la passion que ressentirait un individu pour une chose, il suffirait qu'un autre individu y pense, pour que se produise en lui une « *analogous emotion* ». Il s'agit donc d'un processus sentimental d'analogie qui lie ensemble l'observé et

1. D. Hume, *Traité de la nature humaine*, trad. fr. Ph. Saltel, Paris, GF-Flammarion, 1993, p. 197.

2. A. Smith, *Théorie des sentiments moraux*, Paris, P.U.F., 1999.

l'observateur. Cependant, contrairement à Hume, Smith insiste sur le fait que c'est le point de vue de l'autre qui entre en jeu : je reprends à mon compte la condition de l'autre, et y réponds en conséquence ; s'opère alors un « *changing places in fancy* », un déplacement (exclusivement imaginaire) tout à fait spontané, comme lorsque je retire « naturellement » mon bras à la vue d'une flamme approchant le bras de mon interlocuteur.

Mais jusqu'à quel point parlons-nous ici de la même expérience ? Se déplacer avec l'autre et le laisser déteindre sur nous : est-ce la même chose ? Pouvons-nous vraiment, avec Hume, identifier sympathie et contagion ? Si ta passion déteint sur moi, je ne me contente pas de l'imaginer, je l'éprouve autant que tu l'éprouves toi-même et de la même façon : il n'y a alors plus aucune différence entre toi et moi, nous voilà pris par le même et identique affect, et tous deux ne nous distinguons plus, du moins sous l'angle de l'émotion. Non seulement je ne l'imagine pas, mais je peux tout aussi bien ne pas m'en rendre compte : au milieu d'une pièce pleine de personnes anxieuses, je suis atteint aussi et deviens anxieux moi-même, même si je vois clairement et consciemment leur anxiété. Si nous considérons la sympathie comme une contagion affective, nous devrons alors comprendre de façon radicale cette *com*-passion qui résonne dans la « *sym*-patheia ». Hume lui-même semble prendre de prudentes distances avec une telle identification, quand il remarque que l'observation directe du plaisir d'autrui provoque naturellement en nous du plaisir, mais nous fait du mal dès lors que nous le comparons à notre plaisir. De la même façon, et à l'inverse, la douleur de l'autre, en soi et pour soi, nous fait souffrir ; mais nous donne du plaisir en ce qu'elle intensifie l'idée de notre bonheur. Les infortunes d'autrui déclenchent donc un mouvement double : une participation émue au sort de l'infortuné, et en même temps un soupir de soulagement de n'être pas à sa place. Voilà un *topos* qu'a bien reconstruit Hans Blumenberg dans son *Naufrage avec spectateur*[1] et que Lucrèce avait déjà cristallisé de

1. H. Blumenberg, *Naufrage avec spectateur, paradigme d'une métaphore de l'existence*, trad. fr. L. Cassagnau, Paris, L'Arche, 1994.

manière probante dans l'*incipit* du livre II de son *De natura rerum* : « Douceur, lorsque les vents soulèvent la mer immense, / d'observer du rivage le dur effort d'autrui. Non que le tourment soit jamais un doux plaisir / Mais il nous plaît de voir à quoi nous échappons. / Lors des grands combats de la guerre, il plaît aussi / De regarder sans risque les armées dans les plaines. »[1] Je sympathise alors avec ces naufragés que j'observe en lieux sûrs de la côte : j'ai de la peine pour eux, et suis en même temps content de ne pas être parmi eux, mais bien sur la terre ferme. Ma proximité d'avec le naufrage s'accompagne d'une prise de distance par rapport à lui : je sympathise, parce que je ne suis pas en train de couler. Si c'était le cas, je ne sympathiserais pas, je serais simplement pris de terreur.

La nécessité de prendre de la distance sera définie plus précisément par Edmund Burke dans sa *Recherche philosophique sur l'origine de nos idées du sublime et du beau* (1757) : la terreur est une passion capable de susciter la délectation (*delight*), à condition qu'elle ne nous serre pas de trop près. La délectation, en tant que plaisir mêlé à la douleur typique de l'expérience du sublime, n'est possible que si notre survie n'est pas directement en jeu. C'est seulement à cette condition que nous pouvons nous é-mouvoir pour l'autre, c'est-à-dire éprouver un élan harmonieux de l'âme pour lui : il est permis de participer si le spectacle est garanti, c'est-à-dire si l'observation à distance est sécurisée. Le moi et l'autre restent alors bien séparés pour que puisse se donner cette expérience du sympathiser. Quand, par conséquent, on parle de se mettre à la place d'autrui, il serait opportun d'ajouter par prudence l'adverbe « virtuellement » ou « en imagination ». Autrement dit, ma substitution à l'autre est seulement, comme le dit Burke, « une sorte de substitution[2] ».

Quittons la culture anglo-saxonne et voyons ce qui s'écrit plus tôt dans le siècle en France : nous rencontrons une œuvre cruciale, les *Réflexions critiques sur la poésie et sur la peinture* (1719) de l'abbé

1. Lucrèce, *De la nature*, trad. fr. J. Kany-Turpin, Paris, Aubier, 1993.

2. E. Burke, *Recherche philosophique sur l'origine de nos idées du sublime et du beau*, trad. fr. B. Saint Girons, Paris, Vrin, 2009.

Jean-Baptiste Dubos [1] (dont Hume avait été un lecteur attentif). Ces *Réflexions* nous offrent une phénoménologie riche et précoce de l'expérience de la sympathie. Mentionnant cette « émotion naturelle » qui nous prend à la vue de nos semblables en situation de danger, Dubos en souligne le caractère mécanique et pré-réflexif : si quelqu'un pleure en face de moi, me voilà ému avant même de connaître la raison de ses larmes. Si son visage est joyeux, il me transmet un sentiment de joie avant même que j'en sache la raison. Si on crie à l'aide, j'accoure sans réfléchir. C'est un mécanisme que la nature a développé pour corriger les accès de l'égoïsme et l'abrupt amour-propre qui mineraient les fondements du vivre en société, nous façonnant de façon à ce que tout ce qui se passe autour de nous stimule un mouvement dans notre âme, et que nous puissions nous émouvoir pour qui a besoin de nous. Cette faculté pré-réflexive, qui répond mécaniquement à des sollicitations externes, s'appelle *sentiment*, un sixième sens qui juge de manière immédiate et spontanée sans recourir au raisonnement.

Par ses métaphores machiniques, Dubos est un auteur qui plairait aux neuroscientifiques contemporains : l'homme dont il discourt est avant tout un corps organisé, c'est-à-dire articulé en organes, à la manière d'une machine, ses opérations sont régulées par des mécanismes et autres ressorts. Et même s'il parle d'« âme » (ou de « cœur », qui est pour lui avant tout un muscle), il se reprend vite et corrige par « cerveau ». L'idée dubosienne est donc que les opérations fondamentales de la nature humaine ont lieu à un niveau pré-réflexif, pré-rationnel, affectif et instinctif, et que l'irruption de ce que nous appelons aujourd'hui les fonctions supérieures de la conscience ne peut en substance pas influencer ces processus de base, ni les modifier, ni les contrôler. Mais, ce qui importe surtout pour les développements à venir, et qui s'avère être dans certains cas un véritable distinguo entre diverses typologies des théories de l'empathie, c'est sa conviction qu'il n'existe aucune passion de l'âme qui ne soit aussi passion du

1. Abbé Dubos, *Réflexions critiques sur la poésie et sur la peinture*, Paris, École nationale supérieure des Beaux-arts, 1993, sect. II.

corps. Ce qu'on appellera plus tard le parallélisme psychophysique ou psychosomatique requiert alors la correspondance harmonique entre mouvement de l'âme (é-motion) et mouvement du corps (motricité). Cette idée n'est pas étrangère à un illustre lecteur de l'abbé, Kant, qui admettra lui aussi, à la fin du XVIIIe siècle, que toutes nos pensées sont toujours harmoniquement liées à un mouvement dans les organes du corps – § 54 de la troisième *Critique*[1]. Toutefois, de même que le plaisir du corps ne saurait fonder le jugement esthétique, de même le penchant instinctif ne saurait fonder l'action morale qui – comme le précise la première partie des *Fondements de la métaphysique des mœurs* (1785)[2] – doit être réalisée par devoir et non par la sympathie que certains caractères éprouvent, voire de façon indistincte et désintéressée, dans leurs rapports aux autres.

La réflexion dubosienne a exercé une grande influence sur tout son siècle : pensons seulement à Rousseau qui, dans l'*Émile* (1762) décrit la pitié comme « douce »[3], parce qu'elle nous permet de nous mettre à la place de celui qui souffre et, en même temps, d'éprouver le plaisir de ne pas souffrir comme lui. Son *Discours sur l'origine et les fondements et l'inégalité parmi les hommes* (1754) reconnaissait dans la piété une « douce voix », à qui personne ne désobéit, et qui exprime la « répugnance innée à voir souffrir son semblable ». Elle est une instance affective antérieure à la raison, originaire tout comme le principe d'autoconservation, et enracinée dans la constitution biologique de l'homme. Mais celui-ci, s'il s'y exerce longuement, peut aussi bien acquérir une sorte de surdité affective qui le rende hermétique à la douleur des autres, jusqu'à lui faire dire dans le secret de son cœur : « péris si tu veux, je suis en sûreté[4] ».

1. E. Kant, *Critique de la faculté de juger*, Paris, Vrin, 2000.
2. E. Kant, *Fondements de la métaphysique des mœurs*, Paris, Vrin, 2008.
3. J.J. Rousseau, *Émile ou de l'éducation*, GF-Flammarion, 1966, p. 287.
4. J.J. Rousseau, *Discours sur l'origine et les fondements et l'inégalité parmi les hommes*, Paris, GF-Flammarion, 1992, p. 214.

Dans une récente étude sur l'histoire des droits de l'homme (*L'Invention des droits de l'homme. Histoire, psychologie et politique*) [1], Lynn Hunt souligne le rôle décisif qu'ont joué l'auteur de *La Nouvelle Héloïse* et de manière plus générale les penseurs de la sympathie du XVIIIe siècle, dans l'éducation des citoyens européens à la pratique de l'identification. D'après l'historienne, c'est à partir de cette pratique qu'on peut comprendre le remarquable développement de la question des droits de l'homme au cours de la seconde moitié du XVIIIe siècle, question scandée par deux moments fondamentaux : la Déclaration d'indépendance américaine de 1776 et la Déclaration des droits de l'homme et du citoyen incluse dans la Constitution française de 1789. Et, la Déclaration universelle des droits de l'homme résonne encore de ses deux célèbres inspiratrices du XVIIIe siècle, l'article 1 posant que : « Tous les êtres humains naissent libres et égaux en dignité et en droits. Ils sont doués de raison et de conscience et doivent agir les uns envers les autres dans un esprit de fraternité. » Elle réaffirme ainsi la liberté et l'égalité de tous les êtres humains qui ne peuvent être fondées dans la conscience de chacun que sur la seule conscience empathique.

de la vie qui ressent la vie

Quittons le XVIIIe siècle et voyons, au XIXe siècle, par quelles voies et à quel moment la sympathie est devenue empathie. C'est sans aucun doute Schopenhauer qui développe, au cours de la première moitié du siècle, le projet philosophique qui donne au thème de la compassion un véritable statut métaphysique. Ce projet s'essaie à la synthèse entre la tradition philosophique occidentale et les systèmes de connaissances orientaux. Ici, pour reprendre les expressions consacrées, le fait de se mettre à la place d'autrui se joint à la conscience profonde d'être tous à bord d'un même bateau. La connaissance de

1. L. A. Hunt, *Inventing Human Rights : a History*, New York, W.W. Norton, 2007 ; *L'invention des droits de l'homme. Histoire, psychologie et politique*, trad. fr. S. Kleiman-Lafon, Genève, Éditions M. Haller, 2013.

la douleur d'autrui, que je peux comprendre à partir de ma propre douleur, encourage la reconnaissance du caractère proprement illusoire de l'individualité, la fausseté de ce *principium individuationis*, et conduit à l'amour de l'Autre qui, en définitive, coïncide avec moi. On lit dans la formule des Veda : « Tat twamasi ! (tu es Cela) » ; dans celle de Schopenhauer, à la fin du § 66 du *Monde comme volonté et comme représentation*(1819) [1] : « tout amour *(agape, caritas)* est pitié », où *Mitleid* est littéralement compassion, souffrance commune et partagée. La compassion est pure, désintéressée, et s'exprime physiquement dans cette « étrange convulsion » du corps que sont les pleurs, provoqués par le fait que « dans notre imagination, nous nous mettons à la place de celui qui souffre » (§ 67). Cette dernière peut nous faire voir l'autre dans sa destinée identique à la nôtre au point que nous sommes prêts à nous sacrifier nous-mêmes pour le bien d'autrui (pour un autre individu, une communauté, la patrie, jusqu'à notre idée du bien commun qui mériterait d'être défendue à tout prix). Cela ne fut pas du goût de Nietzsche, c'est notoire. Il eut des mots durs pour son maître Schopenhauer, le peignant comme le philosophe qui, par amour de la compassion, « dit non à la vie ainsi qu'à lui-même », au § 5 de la *Généalogie de la morale* [2].

Dans la seconde moitié du XIXe siècle, la sympathie est infléchie vers l'évolutionnisme grâce aux réflexions de Darwin et d'Herbert Spencer. Dans ses *Principes de psychologie* [3], Spencer parlait de la *sympathy* en rapport au sentiment de l'amour, en tant que relation où les plaisirs personnels sont redoublés du fait d'être partagé avec un autre, dont les plaisirs s'ajoutent aux siens. Darwin lui, dans son ouvrage *La Filiation de l'homme* [4] (1871), parle expressément d'un « *instinct of sympathy* », acquis originairement, exactement comme

1. A. Schopenhauer, *Le Monde comme volonté et comme représentation*, Paris, P.U.F., 1998.

2. F. Nietzsche, *Généalogie de la morale*, Paris, GF-Flammarion, 2002.

3. H. Spencer, *Principes de psychologie*, trad. fr. Th. Ribot, A. Espinas, Paris, L'Harmattan, 2007.

4. Charles Darwin, *La Filiation de l'homme et la sélection liée au sexe*, traduction de *The Descent of Man, and Selection in Relation to Sex*, par M. Prum et P. Tort, Paris, H. Champion, 2013.

les tous les autres instincts sociaux, en vertu de la sélection naturelle. C'est grâce à la sympathie que l'on s'avertit les uns les autres du danger imminent, que l'on s'aide en cas de difficulté, que l'on se défend réciproquement. Bref, que l'on s'efforce de survivre. Tout comme la fidélité réciproque et le courage, l'attitude sympathique est à compter parmi les facteurs favorisant la survie en milieu hostile.

C'est l'année qui suivit la publication de *La Filiation de l'homme*, que le terme *Einfühlung*, forgé par les romantiques allemands au siècle précédent, sera réattribué à la *sympathie*. Cela à l'initiative de Robert Vischer, historien de l'art, qui publie en 1873 un opuscule bref et nébuleux *Sur le sens optique de la forme* [1], résultant d'un étrange mélange (du moins pour nous aujourd'hui) entre sentiment panthéiste pour la nature et considérations physiologiques. Nous y reviendrons plus longuement dans la seconde partie de notre étude, étant donné que Vischer s'intéresse avant tout à l'empathie pour les objets (notamment ces objets particuliers que sont les œuvres d'art), et non à l'empathie pour les autres êtres humains. Toutefois, puisque c'est avec lui que le terme *Einfühlung* et ses déclinaisons prendra une valence technique pour les décennies suivantes, arrêtons-nous un instant sur ce qu'il dit de l'empathie intersubjective, et voyons en particulier quels termes techniques constitueront le vocabulaire classique des doctrines de l'empathie.

Avant toute chose, posons qu'il s'agit du champ du sentir, non pas comme sensation (*Empfindung*), mais bien comme sentiment (*Gefühl*), ce dernier étant plus capable de s'objectiver, de se détacher du sujet sentant, de se jeter au-delà de l'individu pour se joindre à un non-moi. Vischer soutient, dans une aspiration schopenhaurienne, qu'au moment où j'apprends à me penser comme partie subordonnée d'un tout indivisible, mon sentiment grandit jusqu'à devenir commotion de l'âme (*Gemüt*). En vertu d'une telle considération universelle, chaque action bonne ou mauvaise faite à une personne

1. R. Vischer, *Sur le sens optique de la forme. Contribution à l'esthétique*, trad. de l'all. dans *Aux origines de l'empathie : fondements et fondateurs*, par M. Elie, Nice, Les Éditions Ovadia, 2009, p. 51-100.

en particulier est action bonne ou mauvaise faite à l'humanité toute entière, affaiblissement ou renforcement de l'harmonie universelle. Le souci de soi évolue ainsi du simple amour-propre à l'amour de la famille et de l'espèce, jusqu'à l'amour absolu pour son prochain, jusqu'à la philanthropie et à la conscience civique : me sentant dans un autre moi, j'accède au rôle de représentant de toute l'espèce. Le sentiment de soi se volatilise, et se dissout dans le sentiment de la relation au tout et à tous les autres : face à un soldat blessé, je saisis à la fois son cas individuel et le symbole de l'impuissance de l'individu vaincu par des forces écrasantes. Con-sentir (*Mitempfindung*) et sympathiser (*Mitgefühl*) avec lui, c'est me disposer à répéter et revivre son destin de façon participative (*miterleben*), et que s'y dispose avec moi l'humanité toute entière.

Certes, dans sa façon de vivre et d'agir l'être humain se conforme à l'amour-propre et se trouve dominé par un insatiable élan de plaisir, d'autopréservation et autorenforcement. Mais tant qu'il se maintient à ce niveau, le sentiment n'est plutôt qu'une sensation dépourvue de caractère humain véritable. Celui-ci survient quand, par exemple, le paysan, bouleversé d'avoir perdu sa récolte à cause de la grêle, cesse de penser qu'il est la seule victime d'une telle disgrâce, et s'ouvre à sa communauté, la sentant participant à son infortune. C'est seulement cet « amour naturel » pour qui appartient à la même espèce que moi qui peut rendre possible un déplacement (*Versetzen*) spirituel complet au point que je ne me limite pas à me sentir moi-même, mais que je sens en même temps le sentiment de quelqu'un d'autre. La compassion a lieu donc à travers un déplacement, un transfert de soi à l'autre : voilà une idée terrible, comme nous le verrons, supplice et délice de nombreuses théories de l'*Einfühlung*.

Et nous la retrouvons, ponctuellement, chez Theodor Lipps [1], le théoricien qui, entre les XIXe et XXe siècles, a le plus travaillé à une généralisation systématique de la notion d'empathie, dans le cadre d'une double tâche restrictive : montrer que la philosophie n'est rien d'autre que de la psychologie ; et que la psychologie n'est rien d'autre

1. Th. Lipps, *Leitfaden der Psychologie*, Engelmann, Leipzig 1909 [3].

que la théorie de l'*Einfühlung*. Comme Vischer avant lui, Lipps s'intéressait plus à l'empathie envers les objets qu'à l'empathie intersubjective (nous y reviendrons en seconde partie, dans les pages sur l'empathie esthétique). Cependant, son ambition de construire un système psychologique général le poussa à prendre aussi en compte les phénomènes empathiques interpersonnels. Il admettra même que c'est l'empathie pour l'autre sujet qui nous adresse la requête la plus haute et la plus importante. Mais comment conjuguer l'expérience de l'autre et un déplacement projectif? À bien y regarder, l'autre qui est en face de moi n'est jamais un contenant vide, prêt à accueillir de bon gré mes projections et mes transferts. L'autre être humain est un sujet qui a, tout comme nous, sa propre spontanéité sentimentale, et qui ne pourrait pas dépendre de l'introduction de nos sentiments dans sa propre vie intérieure. Il est une unité immédiate que je saisis me faisant face composée d'un corps sensible, que je vois par mes yeux, et de son intériorité, que j'apprends réellement présente dans ce corps par mon « œil spirituel ». Dans le cas d'une empathisation de l'apparence sensible d'autrui – c'est-à-dire dans le cas d'une « impression » exercée sur moi par l'« expression d'autrui » – il est question de la vie qui habite cette apparence et qui pénètre ma propre vie.

Se produit alors justement le contraire : c'est moi qui, devant l'autre, me sens le réceptacle de ses prétentions ou exigences. Nous percevons un visage souriant et sommes immédiatement avertis qu'il nous est demandé, en quelque sorte, de correspondre à un tel contentement, de faire comme si intérieurement nous ressentions la même chose. Comment se produit ce phénomène si fréquent, si normal? Nous ignorons comment cela se passe, mais c'est un fait, et ce n'est pas quelque chose que la nature, dans sa grande sagesse, aurait laissé au hasard ou à l'arbitraire des singularités : c'est « instinctif ». Ramener l'empathie à l'instinct n'explique au fond rien de ce qu'est l'*Einfühlung* intersubjective, admet Lipps, mais cela nous aura au moins suggéré ce qu'elle n'est pas, à savoir un acte volontaire et délibéré.

L'instinct semble ici désigner fondamentalement deux processus entremêlés. Le premier processus me concerne moi : je sais, par expérience, ce que signifie éprouver un sentiment « dedans », et l'exprimer « dehors », dans le corps, par un geste. Le mouvement de la main qui exprime mon état de désespoir ne se contente pas d'accompagner au dehors ma condition émotionnelle, comme pour la soutenir. C'est plutôt le désespoir, intimement présent dans ce geste, qui l'anime et qui s'y exprime de façon instinctive. Il s'agit d'un seul et même processus ayant deux faces coïncidentes : l'une psychique et intérieure, l'autre physique et extérieure. Le second processus concerne autrui, un corps qui se meut et gesticule devant moi. Je reconnais un geste semblable au mien et, conscient – par expérience et par ma mémoire – du vécu qui lui est intimement lié pour l'avoir éprouvé moi-même, j'ai tendance à répéter en moi cet état d'esprit-là, à le reproduire, à l'imiter et le revivre en moi-même (on comprend par conséquent pourquoi les théoriciens de la simulation, comme Alvin Goldman, regardent Lipps avec intérêt). Lipps, en effet, considère le langage comme un geste corporel qui se fait expression d'une intériorité et qui peut être étudié, de même que la gestuelle physiognomonique, avec les instruments de description psychologique des actes empathiques. Pourquoi tient-il tant à la dimension instinctive de l'expérience empathique pourtant si problématique ? Parce qu'elle lui permet de disqualifier la « déduction analogique » (*Analogieschluß*), c'est-à-dire l'idée que quand je suis devant quelqu'un d'autre, je me mets à raisonner et à construire des chaînes d'inférences logiques du type « si… alors ». L'instinct est rapide, immédiat, il ne raisonne pas, il opère : il est de la vie qui ressent la vie.

Mais, que se passe-t-il quand une personne me déplaît ? Quand, au lieu de s'accorder favorablement à la mienne, sa vie m'est un obstacle, ou pire, une menace ? Nous n'avons pas toujours envie de répondre aux demandes d'autrui, puisque nous sommes nous aussi des vies spontanées. Ce qui pénètre ou s'introduit en moi, c'est moi qui l'accueille volontiers, si ma propre essence ou ma condition totale du moment vont dans la même direction. Je reconnais alors dans l'autre une manifestation saine de vitalité et de sérénité, un accroissement possible de mon propre être, et j'y corresponds, faisant ainsi l'expérience de la *beauté* d'un être humain qui m'est étranger. Mais, il peut arriver que je m'oppose, pressentant sa laideur : un rire hilare et narquois auquel je ne peux adhérer librement, mais qui me répugnerait plutôt, est l'expression de la vie qui se manifeste chez l'autre sujet de telle façon qu'elle entre en conflit avec la vie qui se manifeste en moi. Dans un cas, j'éprouve le sentiment de l'accord et de l'agréable, dans un autre, le sentiment du désaccord et du désagréable. Celui-ci fait l'objet de ma sympathie, d'empathie positive; celui-là de mon détachement intérieur, d'empathie négative. Selon Lipps, c'est seulement dans le premier cas qu'a lieu une empathie complète, cas dans lequel il existe pour moi un seul Moi. En revanche, dans le cas de l'empathie négative, je ne me sens pas connecté harmonieusement à l'autre, bien que lui faisant face. Non seulement la version négative de l'empathie – par ailleurs aujourd'hui négligée dans la littérature scientifique ou non, qui tend à faire coïncider naïvement empathie et empathie positive – n'est pas à délaisser, mais elle serait bien à tenir en haute considération. Lipps la rend même responsable des processus d'individualisation psychophysique qu'il a rassemblés sous le titre de « partition du Moi ». C'est grâce à la force du négatif que l'individu devient individu et à la fois conscient de l'existence des autres individus, s'identifiant comme sujet en se soustrayant à toute confusion avec l'autre.

Beauté et laideur n'épuisent assurément pas les implications de l'empathie positive et négative. Un horizon éthico-pratique jouxte l'évaluation esthétique, horizon sur lequel se fondent, d'après Lipps, les bases de toute forme d'altruisme, au sens le plus général du terme (notamment les comportements qu'on appelle aujourd'hui prosociaux, ceux qui favorisent la socialisation et la constitution du groupe social). S'y fondent également et surtout les formes « naturelles » de la relation de sujet à sujet, précédent tout type d'institutionnalisation des rapports intersubjectifs. L'*Einfühlung* est la condition de possibilité de toute « société naturelle » et de tout organisme social naturel.

unipathies acrobatiques

Ce n'est pas sans raisons que nous nous sommes arrêtés longuement sur Lipps : comme on l'a dit, il est l'auteur qui, entre les XIXe et XXe siècles, a le plus cherché à généraliser le principe d'empathie, tentant quasiment de l'étendre à la compréhension de chaque aspect de l'expérience humaine. Le psychologue tire en effet du noyau *Einfühlung* une vaste gamme de notions : les domaines esthétique, éthique, gnoséologique ; les concepts de sympathie, d'antipathie, d'altruisme ; les processus de projections, de transferts, de fusion, d'imitation sont discutés. Sous l'angle de l'histoire, il représente aussi un véritable trait d'union entre la tradition du XVIIIe siècle de la sympathie (ce n'est bien sûr pas un hasard si Lipps signe, en 1895, donc un peu avant ses premiers écrits sur l'empathie, l'édition allemande du *Traité de la nature humaine* de Hume) et les développements successifs de la question. Au moment où Lipps est lui-même très actif, on peut parler d'un réel « archipel empathie » constitué par une myriade de théoriciens, chacun se distinguant par son inflexion particulière de la notion. À côté des recherches lippsiennes fleurissent les travaux de Johannes Volkelt, Antonin Prandtl, Hermann Siebeck, Paul Stern, Stephan Witasek et d'autres encore, mais c'est Lipps – aidé sans doute par sa position de directeur influent du fameux Institut de Psychologie à Munich – qui incarna *par excellence* le modèle de l'« empatologue » tant aux yeux des partisans qu'à ceux des détracteurs de l'*Einfühlung*.

Ainsi, c'est surtout à la version lippsienne que se réfèrent les premières critiques sévères (venant particulièrement de l'école phénoménologique). De là vient la déclinaison que Titchener[1] adaptera à la culture anglosaxonne, traduisant *Einfühlung* par *empathy*. Et c'est vers Lipps que théoriciens de l'esprit (ceux du parti de la simulation) et neuroscientifiques d'aujourd'hui se tournent pour retrouver les prémisses généalogiques de leurs problèmes théoriques,

1. E.B. Titchener, *Experimental Psychology of the Thought Processes*, New York, Macmillan, 1909, p. 21.

afin de comprendre d'où ils viennent. En témoigne notamment le fort intérêt qu'a suscité un cas d'étude particulièrement prégnant que Lipps expose dans le premier volume de son *Ästhetik*[1] : l'acrobate. Imaginons que j'assiste à une performance de funambulisme : étant à l'abri et bien ancré à terre, j'observe les tours d'équilibre de l'acrobate là-haut, à une hauteur vertigineuse, et me voilà qui commence à me balancer, accompagnant ses balancements avec mon corps, me voilà qui revis et répète et reproduis en moi-même ses actions. Dans ce cas, puis-je réellement dire que je suis un sujet observant à distance et sous un angle lointain cet objet perceptif qui est un autre sujet ? Ou bien ici, l'acrobate et moi sommes-nous toujours deux personnes distinctes, et ne sommes-nous pas fondus en une unique entité ? Je suis en lui, je me sens en lui, lui est en moi, nous ne faisons qu'un et non plus deux.

Ici, la séparation entre l'autre et moi est remise en question, et la différence entre principe de « représentation » et principe d'« actualité » proposée par le phénoménologue Moritz Geiger[2] est remise en cause. En effet, à me balancer ici et maintenant avec l'acrobate, je ne me contente pas de me représenter intérieurement son vécu comme lui appartenant (imaginer ce qu'il doit éprouver suspendu là-haut au-dessus du vide, alors qu'il avance sur une corde mince, sans aucune protection, aidé de sa seule perche et de son sens de l'équilibre) – on dirait aujourd'hui qu'il expérimente un vécu « vicariant » selon l'expression controversée –, mais je le vis en moi actuellement, comme étant mon sens et mon sentiment d'équilibre précaire, de vertige, de risque imminent de chute. Son oscillation est mienne. La langue allemande permet, à cet égard, de jouer sur les mots. Comme on l'a déjà vu, le terme *Einfühlung* est composé de *ein-*, préfixe indiquant le « dedans », l'interne, et un mouvement de l'extérieur vers l'intérieur (*hinein*), de pénétration, d'intrusion ou d'introduction, et de *Fühlung*,

1. Th. Lipps, *Ästhetik. (Psychologie des Schönen und der Kunst)*, 2 vols., Hamburg-Leipzig, Voss, 1903-1906, vol. I, p. 123, 134-135.

2. M. Geiger, « Über das Wesen und die Bedeutung der Einfühlung », in *Bericht über den vierten Kongreß für experimentelle Psychologie in Innsbruck vom 19. bis 22. April 1910*, Leipzig, Barth, 1911, p. 29-73.

venant de *fühlen*, sentir. Mais *ein* évoque aussi l'un (*Eins*), l'unité, la ré-union en un de deux. Ainsi donc avec *Einfühlung*, je peux à la fois désigner le mouvement partant du sujet et allant vers l'intérieur de l'autre, dans un rapport toujours duel ; et suggérer le processus d'annulation de cette altérité, du dualisme, de la polarité. C'est-à-dire, faire que deux ne soient plus qu'un, en vertu de ce mouvement qu'est l'identification, l'unipathie (*Einsfühlung*). Allant encore plus loin, Geiger remarque que ce sentiment d'unité (*Einsfühlen*) est une expérience qui présuppose une dualité, une polarisation entre l'empathisant et l'empathisé et non pas déjà leur identification. Pour mieux décrire le balancement qui nous lie, l'acrobate et moi, il serait plus opportun de parler d'un être-un (*Einssein*) avec autrui.

L'exemple de l'acrobate ne naît pas à l'origine avec Lipps, cependant il nourrit la tradition sympathico-empathique dès le XVIIIe siècle. Dubos remarquait déjà que plus un acrobate, téméraire, prenait de risques, plus les spectateurs se montraient attentifs [1]. C'est, cependant, Adam Smith qui reconnaîtra le véritable enjeu de l'acrobatie : la foule qui regarde en l'air le funambule dansant, se met « naturellement » à danser comme lui, comme chacun sent qu'il ferait s'il était dans sa situation. Toutefois, peut-on à bon droit invoquer ensemble ce « naturellement » et ce « comme si » ? L'imitation et la répétition des mouvements effectuées par instinct sont une chose. La relation de « comme si » qui introduit une différence imaginaire entre l'acrobate et moi en est une autre.

C'est précisément sur la question rebattue de l'identification fusionnelle que portent les objections adressées à Lipps par ses critiques. Elles pointent son traitement du cas de l'acrobate pour rejeter la structure globale de sa doctrine de l'empathie. Edith Stein [2], soucieuse d'éviter toute forme de confusion entre les sujets, pose que : quand j'observe l'acrobate, je ne *fais* absolument pas *un* avec lui, bien qu'*étant à côté* de lui, je n'exécute pas tout à fait son mouvement, mais « presque ». À me mouvoir comme le funambule,

1. Abbé Dubos, *Réflexions critiques sur la poésie et sur la peinture*, *op. cit.*
2. E. Stein., *Le Problème de l'empathie*, *op. cit.*

j'exécute des actions qui ne sont pas de mon initiative comme le seraient celles que je réalise, sans doute sans m'en apercevoir, au moment où je suis tout à la contemplation des acrobaties (par exemple, si mon programme tombe par terre, je me pencherais automatiquement pour le ramasser). Lipps assimile alors à tort la dissolution du moi dans l'autre et l'oubli de soi.

De même, Max Scheler, dans son appréciation des observations critiques d'Edith Stein, confirme l'erreur de Lipps qui prend la contemplation de l'acrobate pour une identification authentique. De façon plus générale, dans l'essai *Sur la phénoménologie et la théorie des sentiments de sympathie* (1913) [1], étoffé dans son ouvrage de 1923 *Essence et forme de la sympathie* [2], Scheler déplore une confusion malvenue entre des expériences hétérogènes qu'il faudrait plutôt décrire en en respectant les spécificités. Avant tout, ma relation à l'autre n'est pas immédiatement la sympathie pour lui ou la compassion : je peux comprendre le geste expressif d'autrui, par exemple les pleurs comme signe d'une douleur qu'il éprouve, sans nécessairement y compatir. Je peux éprouver à nouveau (*nacherleben*) ou res-sentir (*nachfühlen*) en moi ce que l'autre éprouve, à un niveau cognitif, sans sympathiser avec lui pour autant. C'est ce que fait l'historien, ou l'acteur qui interprète un personnage. L'émotion de l'autre ne devient pas émotion que je ressens réellement, je peux ne pas y participer, y rester neutre ou indifférent. Ce n'est pas par empathie que je fais l'expérience d'autrui : la sphère de son intimité demeure sienne, et ne peut jamais m'être donnée directement. Et ce n'est pas non plus par empathie que je peux prêter au corps d'autrui une âme. Autrui ne m'est jamais donné comme seul corps, aux mouvements duquel j'attribue des émotions par empathie projective : il est originairement « phénomène expressif », symbole – au sens de *symballein*, le tenir ensemble – de *soma* (la rougeur du visage) et de *psyché* (le sentiment de honte que cette rougeur exprime). Soutenir, comme le fait Lipps, que je comprends le sens du geste d'autrui par

1. M. Scheler, *Zur Phänomenologie und Theorie der Sympathiegefühle und von Liebe und Hass*, Halle a. S., Niemeyer, 1913.

2. Scheler, *Nature et formes de la sympathie*, *op. cit.*

imitation ou reproduction, revient à présupposer ce qui doit être expliqué, à savoir le fait que d'emblée, immédiatement, je saisis le corps d'autrui comme exprimant une âme, et c'est à cette condition que je peux l'imiter ou vivre en moi son état émotionnel. Mais surtout, si l'on en reste à la théorie lippsienne, comment puis-je comprendre qu'un chien est content, puisque je ne peux l'imiter et remuer la queue comme il le fait ? L'imitation reproductive finirait, alors, par exiger la recréation chez le sujet empathisant du même sentiment que celui qu'éprouve le sujet empathisé. Il est cependant évident, dit Scheler se référant implicitement au *topos* du naufrage avec spectateur, que je puisse très bien comprendre l'angoisse mortelle de qui va se noyer sans avoir besoin de l'éprouver dans mon corps.

En réalité, l'imitation instinctive et mécanique pourrait rendre compte d'un autre phénomène bien loin de la compréhension de l'autre : la contagion affective (*Gefühlsansteckung*), homologation involontaire et inconsciente des actions, à la manière de ce qu'on observe chez les troupeaux d'animaux ou parmi une foule d'êtres humains. L'unipathie (*Einsfühlung*) est un cas-limite de la contagion car je ne me contente pas de faire inconsciemment mienne une part de l'état émotionnel d'autrui (par exemple la peur du chef de troupeau qui déclenche la réaction irrationnelle de tout le groupe), mais je m'identifie totalement au moi de l'autre (ce qu'on appellera l'unipathie hétéropathique), ou bien j'absorbe totalement son moi dans le mien (ce qu'on appellera l'unipathie idiopathique).

Ces phénomènes unipathiques se vérifient dans des circonstances diverses : par exemple chez les peuples dits primitifs chez qui s'opèrent des formes d'identification entre les membres d'une tribu et l'animal-totem ; dans les mystères religieux antiques où l'initié devient le dieu. Dans les phénomènes hypnotiques ou au cours de la vie psychique infantile où le jeu n'est pas fiction mais identification au personnage (la fillette ne « joue » pas à la maman, mais « est » la maman). Dans certaines formes de schizophrénie et d'obsession ; dans la fusion réciproque entre deux personnes dans un rapport sexuel fait par amour. Dans le rapport symbiotique entre mère et enfant qui perdure après la séparation de l'accouchement.

En revanche, c'est sur la base d'un revivre ou d'un ressentir en moi l'autre comme compréhension de son expérience que peut se développer la véritable sympathie (*Sympathie*, *Mitgefühl*). Ici aussi, il importe de distinguer deux choses : d'une part, dans le sentir-en-commun (*Miteinander-fühlen*), je ressens en même temps que l'autre une douleur qui est, je le sais, la même que celle qui le fait souffrir et ainsi réciproquement pour lui envers moi. C'est le cas, par exemple de deux parents qui veillent la dépouille de leur fils. Ils participent tous deux d'une douleur réciproque interdite à toute tierce personne. Il s'agit d'une possibilité essentiellement psychique : en ce sens il ne serait pas possible de partager une douleur physique de manière sensorielle. D'autre part, se pose le cas, bien différent, où c'est moi qui me dirige intentionnellement vers la douleur d'autrui et qui me dispose à la partager. Ma compassion et sa douleur sont alors deux phénomènes distincts, à la différence de l'expérience de partage total des deux parents endeuillés. Cependant, dire que les actes intentionnels de sympathie se construisent sur la base de la compréhension d'autrui ne signifie pas pour autant soutenir qu'ils en proviennent. Pour preuve : je peux très bien comprendre l'état émotionnel d'autrui, et rester devant lui, de façon brutale, insensible à sa douleur, voire même cruel, éprouver un plaisir sadique à l'accroissement de sa souffrance.

Cette distinction a été récemment reprise par la philosophe Martha Nussbaum dans son étude sur l'*Intelligence des émotions*. Remontant directement à Aristote, et non à Scheler, elle insiste sur la différence entre compassion et empathie. On peut éprouver de l'empathie avant tout dans des situations de joie et de tranquillité, alors que la compassion s'éprouve essentiellement devant un sujet pris dans un état émotionnel négatif. Dans un tel cas, je pourrais aussi empathiser sans compatir (comme le fait un acteur interprétant un personnage méchant, ou un tortionnaire sadique face à sa victime). L'empathie reste dans la position neutre de « reconstruction imaginaire » de l'expérience d'un autre, ce qui est insuffisant pour fonder l'acte de compassion. Parfois même, l'empathie n'est pas nécessaire, puisque nous savons éprouver de la compassion pour un animal soumis à de mauvais traitements, sans être capable de jamais pouvoir reconstruire par l'imagination son expérience. Il peut aussi nous arriver d'éprouver de la compassion pour qui est éloigné de nous par la culture et l'ethnie sans que nous soyons réellement à même d'en partager les conditions d'expérience. L'empathie reste toutefois un guide d'importance au plan psychologique, puisqu'elle nous met en condition de saisir ce qui arrive à autrui et nous soustrait à l'insensibilité et à l'inertie, en portant notre attention sur le sens de l'expérience d'autrui, nous poussant à ce que Nussbaum appelle le « jugement des possibilités analogues » [1]. L'empathie nous dispose à nous mettre dans la peau d'autrui, et à lui reconnaître, ne serait-ce que de façon élémentaire, réalité et humanité.

« c'est pour ton bien »

Contagion, sympathie, empathie, unipathie, être-un… Qu'on veuille mettre un peu d'ordre et voilà les concepts qui se multiplient, et avec eux les termes plus ou moins techniques qui les disent, pour exprimer des différences et des nuances parfois très subtiles que le langage courant abolit, imposant par exemple une synonymie entre sympathie et empathie.

Toutefois, poser que sympathie et empathie sont deux expériences distinctes à étudier chacune selon leurs propres principes ne signifie pas trouver une forme de consensus sur les différences qui les séparent et sur les caractéristiques structurelles de l'une et l'autre. Lauren Wispé, qui a beaucoup travaillé pour les maintenir rigoureusement à distance, pointait la connotation affective de la sympathie par rapport à la nature cognitive de l'empathie : la première indiquerait une conscience intensifiée de la souffrance d'autrui comme étant quelque chose à soulager ; la seconde renverrait à la tentative de

1. Martha C. Nussbaum, *Upheavals of Thought. The Intelligence of Emotions*, New York, Cambridge University Press, 2001, p. 315.

comprendre les expériences d'un autre sujet. La sympathie concerne donc la relation émotionnelle à la situation de l'autre qui tend à susciter une réponse en termes d'actions. L'empathie concerne, elle, la connaissance de l'autre et des expériences qu'il fait, qu'elles soient positives ou négatives. Dans l'empathie, l'accent tombe donc sur le moi qui s'active pour comprendre l'autre et les sentiments qui lui sont intérieurs. Dans ce cas, il est très important de développer la bien nommée *empathic accuracy*, précision infime servant à isoler et délimiter les sentiments que l'autre éprouve sans projeter sur lui des vécus qui lui sont étrangers. Par contre, dans le cas de la sympathie, il en va d'une communion dans laquelle la conscience de soi est réduite à un être-ému par la situation que vit l'autre.

Le philosophe Stephen Darwall [1] propose lui aussi de faire la distinction entre empathie et sympathie. L'empathie étant capacité à comprendre les états mentaux d'autrui de façon neutre, *off-line*, sans se sentir directement impliqué ou du moins positif face à l'autre (au contraire, je suis capable de comprendre l'autre et, précisément à partir de cette compréhension, d'être cruellement sadique avec lui). La sympathie étant intérêt pour le bien-être (*well-being*) d'autrui, à la manière d'une prise en charge de son état (*one-caring*) partant du point de vue d'une tierce personne. Imaginons par exemple qu'une personne se déteste : nous pourrons dire que nous empathisons avec elle, c'est-à-dire que nous comprenons son état mental ; mais nous ne pourrons pas dire que nous sympathisons avec elle, c'est-à-dire que nous nous soucions de son bien-être prenant à notre charge un tel sentiment de haine de soi. Il y a une empathie *de l'état mental* d'autrui, et il y a une sympathie *pour la condition* d'autrui. Si, pour prendre un autre exemple, nous discutons avec un ami très en colère, nous empathiserons avec lui au sens où nous comprendrons son état mental, mais ne le trouvant pas justifié relativement à la situation, nous ne pourrons sympathiser avec lui. Encore une fois, que quelqu'un

1. S. Darwall, « Empathy, Sympathy, Care », in *Philosophical Studies*, 89, 1998, 2-3, p. 261-282.

se plaigne continuellement de ses difficultés financières, de manière exagérée à nos yeux : nous empathisons mais ne sympathisons pas.

Toutefois, après avoir posé la différence entre empathie et sympathie, il convient selon Darwall de distinguer différents grades intermédiaires : d'un stade froid d'empathie projective (*projective empathy*), imaginative et *off-line*, dans lequel je comprends la situation de l'autre, comme un deuil douloureux ; jusqu'à un stade plus chaud d'empathie proto-sympathique (*proto-sympathetic empathy*), dans lequel je m'identifie à ses conditions, au risque de regarder le monde comme si (selon la structure du « *as if* ») c'était moi qui était en deuil. Cependant, l'empathie proto-sympathique peut rester bloquée au plan justement « proto », et ne jamais évoluer réellement en sympathie authentique : je peux très bien comprendre ce que signifie pour lui la perte d'un être cher, mais – pris comme je le suis par un profond sentiment d'envie, de ressentiment, de vengeance – je ne pense absolument pas à sympathiser avec lui, et en tire même un plaisir pervers. À l'inverse, la sympathie proprement dite est un sentiment ou une émotion répondant à une menace ou un obstacle, réels ou apparents, qui exposent le bien d'un autre et implique un souci, une préoccupation pour l'autre en tant qu'autre, pour son bien (selon la structure du « for-its-sake » où *sake* vaut autant « pour son bien » que « à cause d'elle/lui »).

C'est cette projection vers l'autre qui figure le sentiment sympathique : si nous voyons un enfant au bord d'un précipice, non seulement nous désirons empêcher sa chute et éviter la tragédie, mais nous le désirons pour l'enfant lui-même, pour son bien. Pour le bien *de cet* enfant, et non pour le bien en soi : c'est d'abord parce que nous tenons à quelqu'un que nous souhaitons son bien, et non parce que nous souhaitons en général ce bien que nous tenons à lui. C'est la personne, et non ce bien souhaité, qui est prioritaire : une chose est bonne pour une personne si c'est une chose qu'il est raisonnablement bon de désirer pour elle, ce désir émanant de qui tient à elle. Le bien-être est donc la condition nécessaire pour que naisse un sentiment de sympathie : s'il n'existe aucune menace au *bien-être* de l'autre, rien ne déclenche la sympathie.

Ceci entraîne une distinction importante sur le plan axiologique entre la valeur liée à une personne et la valeur neutre sans lien à personne (« person-neutral »). Désirer mettre l'enfant en sécurité, tout faire pour le sauver, est, à nos yeux, ce que doit formellement sentir et vouloir faire quiconque se trouvant à notre place, et ne saurait être ce qui dépend de notre vouloir ou non-vouloir du moment. Il s'agit d'une chose impersonnelle, collective, anonyme qui nous concerne tous. Une telle dépersonnalisation comporte bien sûr la possibilité d'un comportement altruiste, c'est-à-dire être capable d'agir pour le bien d'autrui, sans, en apparence, tenir compte de son propre bien, voire même parfois d'agir à son propre détriment. Lors de ses réflexions autour des implications éthiques de l'empathie, Lipps avait déjà entrevu cet horizon qui constitue un terrain d'investigations particulièrement exploré ces dernières décennies en psychologie sociale. Pourquoi faisons-nous du bien aux autres ? Pour leur propre bien (par altruisme) ou pour le nôtre (par égoïsme) ? Dans le débat psychologique, le vieux dilemme a pris la forme de l'opposition radicale entre deux modèles interprétatifs : l'hypothèse de l'« *empathy-altruism* » proposée par Daniel Batson [1], et la théorie du soulagement de l'état négatif (« *negative state relief* ») défendue par Robert B. Cialdini et Mark Schaller [2]. Pour ces derniers, chaque action altruiste est en fait une action égoïste, et chacun de nous est disposé à aider les autres, d'abord et avant tout, parce que faire de telles actions nous procure un sentiment de mieux-être. Cependant, Batson fait partie des plus vaillants défenseurs de l'altruisme authentique. Batson, en particulier, souligne la différence qu'on peut faire entre deux types d'instructions quand on demande, lors d'une expérience ayant pour but de mesurer la disponibilité à aider une

1. C.D. Batson, *The Altruism Question*, Hillsdale (NJ), Erlbaum, 1991 ; « These Things Called Empathy », in *The Social Neuroscience of Empathy*, J. Decety et W. Ickes (dir.), *op. cit.*, p. 3-15.

2. M. Schaller, R.B. Cialdini, « The Economics of Empathy Helping », *Journal of Personality and Social Psychology*, 50, 1986, 2, p. 314-321 ; R.B. Cialdini, *et alii.*, « Empathy-Based Helping : Is It Selflessly or Selfishly Motived ? », *Journal of Personality and Social Psychology*, 52, 1987, 4, p. 759-758.

personne en difficulté, à un groupe de sujets d'assumer le point de vue d'autrui (« *perspective taking* »). On a d'un côté celle-ci : « Imagine comment l'autre se sent », et de l'autre celle-là : « Imagine comment tu te sentirais à sa place ». Si la première instruction stimule l'empathie, la seconde provoque à la fois empathie et désagrément (« *distress* »). L'empathie n'est spontanée que dans le premier cas, elle peut alors motiver par elle-même un comportement altruiste. Dans le second cas, le désagrément personnel auquel on cherche à mettre fin favorise une motivation égoïste dans l'aide portée à autrui. Parmi les variables prises en compte figure celle, particulièrement importante, qu'on appelle « *ease of escape* », c'est-à-dire la possibilité de se dérober sans venir en aide, mais avec facilité, sans que cela induise une surcharge de stress.

Selon la terminologie de Martin Hoffman [1] (auteur qui a largement exploré les implications éthiques des vécus empathiques et leur rôle décisif dans la motivation morale prosociale), ce désagrément peut à son tour être décliné sous deux formes : « *empathic distress* » et « *sympathetic distress* ». Dans la première forme, je suis concentré sur moi et je cherche un moyen pour soulager ou faire disparaître mon état négatif. Dans la seconde, je me concentre sur l'autre et je cherche un moyen de soulager ou faire disparaître son état négatif. Si l'empathie est une réponse affective correspondant plus à la situation d'autrui qu'à la sienne propre, comme le soutient Hoffman, il paraît évident que l'empathie authentique ne peut qu'être une réponse de sympathie, c'est-à-dire celle qui rend capable de dépasser nos motivations égoïstes, et nous pousse à agir dans le but d'aider la victime pour son bien avant tout, et non pour le nôtre.

Sans nous en apercevoir, nous n'avons cessé de glisser de la sympathie à l'empathie et viceversa : ce que Batson appelle « *genuine empathy* » est pour Hoffman « *sympathetic distress* » et « *sympathy* » pour Darwell. Et seuls ces trois auteurs ont retenu notre attention

1. M.L. Hoffman, « Is Empathy Altruistic ? », *Psychological Inquiry*, 2, 1991, 2, p. 131-133 ; *Empathie et développement moral. Les émotions morales et la justice* (2000), PUG, 2008.

parmi les dizaines qui s'intéressent à ces sujets. Pour atteindre le cœur de la question, en-deçà des options terminologiques singulières, nous dirions alors qu'il se mesure selon deux échelles, d'une part selon celle de la *température* émotionnelle du vécu, et d'autre part selon celle de son *centre d'attention*. Quant à la température, au point le plus froid du thermomètre, nous aurions l'empathie comme capacité à comprendre les états mentaux, les conditions psychophysiques, les situations existentielles d'autrui, mais cela au plan essentiellement cognitif et sans être particulièrement impliqué dans son portrait affectif. A l'extrême opposé, au point le plus chaud, me voilà totalement pris sur les plans émotionnel et existentiel par le sort d'autrui, au point de m'oublier moi-même et de m'apprêter à sacrifier ma vie pour lui. Quant au *centre d'attention*, celui-ci peut se situer soit sur moi soit sur autrui. L'interaction entre ces deux échelles, selon leurs divers niveaux, produit une gamme infinie de nuances et de possibilités qui expriment le spectre de nos rapports interpersonnels. Température et centre d'attention ne doivent pas être pensés toutefois comme deux échelles strictement solidaires : la température peut augmenter et le centre d'attention peut rester fixe (par exemple, je peux me « réchauffer » devant le spectacle de la souffrance d'autrui et vouloir la soulager, mais du fait que cette souffrance me rend mal moi aussi ; je reste alors le centre d'attention de moi-même). Et vice-versa, je peux me concentrer sur autrui, mais en aucune façon participer affectivement ; je prends conscience de ce qu'il éprouve mais en restant froid, impassible (le cas échéant, je pourrais profiter de ma conscience de ses points faibles pour lui faire du mal).

Certes, ces discours ne dissipent pas le doute hamlétien entre altruisme et égoïsme : car, même l'extrême don de soi, le sacrifice de sa vie pour autrui, même « mourir pour des idées » (pour un parti, pour une religion, pour la patrie) peuvent être en définitive des actes motivés par un narcissisme ou un égocentrisme.

pour approfondir

ASHBY W., BROWN, R.D. (dir.), *Humanitarism and Suffering : the Mobilization of Empathy*, Cambridge, Cambridge University Press, 2009.

BERTHOZ A., JORLAND, G. (dir.), *L'Empathie*, Paris, Odile Jacob, 2004.

BESOLI S. *et al.*, *Una « scienza pura della coscienza » : l'ideale della psicologia in Theodor Lipps*, « Discipline Fiosofiche », 12/2, 2002.

DEIGH J., « Nussbaum's Account of Compassion », *Philosophy and Phenomenological Research*, 68, 2004, 2, p. 465-472.

EISENBERG, N., « Values, Sympathy and Individual Differences », *Psychological Inquiry*, 2, 1991, 2, p. 128-131.

EISENBERG N., STRAYER J. (dir.), *Empathy and its Development*, Cambrigde, Cambrigde University Press, 1987.

FORMAN-BARZILAI, *Adam Smith and the Circles of Sympathy*, Cambridge, Cambridge University Press, 2010.

FRAZER M.L., « The Compassion of Zarathustra », *The Review of Politics*, 68, 2006, p. 49-78.

FRAZER M.L., *The Enlightenment of Sympathy*, Oxford, Oxford University Press, 2010.

HATFIELD E., CACIOPPO, J.T., RAPSON, R.L., *Emotional Contagion*, Cambridge, Cambridge University Press, 1994.

HEATH E., « The Commerce of Sympathy », *Journal of the History of Philosophy*, 33, 1995, 3, p. 447-466.

HOCHMANN J., *Une histoire de l'empathie*, Paris, Odile Jacob, 2012.

JAHODA G., « The Shift from "Sympathy" to "Empathy" », *Journal of the History of the Behavioral Sciences*, 41, 2005, 2, p. 151-163.

LAMB J., *The Evolution of Sympathy in the Long Eighteenth Century*, Londres, Pickering & Chatto, 2009.

MCGILL V.J., « Scheler'sTheory of Sympathy and Love », *Philosophy and Phenomenological Research*, 2, 1942, 3, p. 273-291.

PAGÈS C., « Diversité, langue et sympathie : le problème de la connaissance des individualités éthiques et historiques chez Herder », *in* P. Attigui, A. Cukier (éd.), *Les Paradoxes de l'empathie. Philosophie, psychanalyse, sciences sociales*, Paris, CNRS Éditions, 2011, p. 235-252.

PINOTTI A., « Arcipelago empatia. Per una introduzione », *in* A. Pinotti (dir.), *Estetica e empatia*, Milan, Guerini, 1997, p. 9-59.

SCHÜTZ A., « Scheler'sTheory on Intersubjectivity and The General Thesis of The Alter Ego », *Philosophy and Phenomenological Research*, 2, 1942, 3, p. 323-347.

SIRONI Fr., « Les mécanismes de destruction de l'autre », *in* A. Berthoz, G. Jorland (éd.), *L'Empathie*, Paris, Odile Jacob, 2004, p. 223-247.

SOBER E., « The Logic of the Empathy-Altruism Hypothesis », *Psychological Inquiry*, 2, 1991, 2, p. 144-147.

VETLESEN A.J., *Perception, Empathy and Judgment*, University Park (Pa), Pennsylvania State University Press, 1994.

WISPÉ L., « History of the concept of empathy », *in* N. Eisenberg et J. Strayer (dir.), *Empathy and its Development*, Cambrigde, Cambrigde University Press, 1987, p. 17-37.

– *The Psychology of Sympathy*, Londres, Plenum, 1991.

WÖHRLE-CHON R., *Empathie und Moral*, Frankfurt a. M., Lang, 2001.

WOOD M., *Slavery, Empathy and Pornography*, Oxford, Oxford University Press, 2002.

chapitre 3
formes de l'altérité

éco-empathie

À bien y regarder, nous avons jusqu'ici abordé l'empathie (ainsi que la contagion, la sympathie, la « *perspective taking* ») pour autrui. Mais cet autrui demeure, semble-t-il, sans visage. Or, dans nos vies quotidiennes, autrui n'est jamais ainsi : nous le rencontrons toujours caractérisé par tel détail, dans telle situation, chargés de tous nos préjugés qui se heurtent aux siens. Pouvons-nous vraiment parler d'une expérience de l'autre en général, et par suite d'empathie en général ? Ne faut-il pas plutôt toujours spécifier de qui nous parlons ? Qui est cet autre qui se présente à nous en tant qu'autre ? Nous courons le risque ici de passer d'un extrême à l'autre, c'est-à-dire de la plus grande généralisation (l'Autre *tout court*) à la plus grande individualisation (cet autre ici dans son irréductible histoire personnelle, sa biographie et sa façon de dire qui il est, c'est-à-dire son autobiographie). *Omne individuum ineffabile est* prévenaient les Anciens répétant Aristote, et ils avaient leurs raisons. Sans doute pouvons-nous éviter ces deux extrêmes et emprunter la voie du milieu. Classique, elle consiste à examiner, même rapidement, quelques généralisations pondérées qui présentent toujours malgré tout des spécifications.

Autre est l'autre, en effet, quand, étant adulte ou enfant, j'ai affaire à un adulte ou un enfant. Quand, homme ou femme, je me lie à un homme ou une femme. Quand, en tant que médecin ou thérapeute, je m'occupe d'un sujet en bonne santé ou d'un patient malade. Autre est l'autre quand je le rencontre dans une proximité spatio-temporelle, à mon époque et dans mon pays ; ou quand je le recherche en des époques passées, ou en de lointaines contrées. Les travaux sur l'empathie développés dans diverses disciplines (la psychologie du développement, la psychothérapie et la psychanalyse, les *gender studies*, l'anthropologie culturelle et les *cultural studies*) ont produit et continuent de produire une série de résultats très stimulants pour fractionner l'Autre en de multiples autres, chacun demandant un regard qui sache saisir les différences, et non les homogénéiser en une altérité vague et indistincte. Nous tentons donc à notre tour un bref parcours au sein de cette pluralité, en partant avant tout de l'animal que nous sommes et qui habite la Terre, en compagnie d'autres formes vivantes.

Deux auteurs aussi différents dans leur formation et leurs compétences disciplinaires que l'économiste Jérémy Rifkin et le primatologue Frans de Waal ont placé la dimension écologique de l'empathie au cœur de leurs ouvrages : *The Empathic Civilization* [1] et *The Age of Empathy* [2] (publiés tous deux en 2009). Cette dimension est un horizon – à la fois naturellement déterminé et culturellement conditionné – capable de favoriser une conscience toujours grandissante du rapport entre l'être humain et la biosphère dans laquelle il vit. Pourtant fondamentalement optimiste, Rifkin ne cache pas les risques que comporte de toute part la pleine maturation d'une « conscience biosphérique » globale, et achève son livre sur cette question : « La civilisation empathique est en train de naître. Notre empathie s'étend vite à l'ensemble de l'humanité et à l'immense projet de vie qui enveloppe la Terre. Mais, dans notre course à la connectivité empathique universelle, nous sommes talonnés par un rouleau compresseur entropique en pleine accélération : le changement

1. J. Rifkin, *Une nouvelle conscience pour un monde en crise. Civilisation de l'empathie*, trad. fr. F. et P. Chemla, Paris, Les Liens qui Libèrent, 2011.

2. F. De Waal, *L'âge de l'empathie : Leçons de nature pour une société plus apaisée*, Paris, Paris, Les Liens qui Libèrent, 2010.

climatique et la prolifération des armes de destruction massive. Parviendrons-nous à la conscience biosphérique et à l'empathie mondiale à temps pour éviter l'effondrement de la planète ? »

Nous avons peut-être une chance, semble lui répondre de Waal, si nous savons écouter ce que nous raconte notre histoire évolutive. Dans son ouvrage, qui rassemble et rend accessible au lecteur non spécialiste des années de recherches autour de l'empathie animale, le chercheur hollandais suggère que le terme « âge » du titre peut être entendu selon deux sens. Un premier sens, culturologique, désigne l'« ère » empathique naissante. La crise financière globale de 2008 a révélé de façon dramatique le « mauvais rêve » dans lequel le monde s'était laissé bercer depuis l'époque du marché libéral à outrance promu par la ligne Reagan-Thatcher. L'élection de Barack Obama [1] – qui recourt d'ailleurs souvent à la notion d'empathie dans ses discours, à l'exemple de celui tenu devant les étudiants de l'université Northwestern de Chicago en 2006 où il stigmatisait un « déficit d'empathie » délétère – marque un virage symbolique de ce point de vue. À présent, « la gloutonnerie est *out*, l'empathie est *in* » : voilà la formule qui résume le changement de cap, selon de Waal. Mais, et c'est le second sens du terme « âge », l'empathie humaine possède une très longue histoire : être en accord avec les autres, organiser les activités en commun, prendre soin des individus en difficulté ne sont pas des prérogatives exclusives de la nature humaine mais existent chez de très nombreuses autres espèces animales. L'étude de ce type de comportements pourra contribuer à mieux comprendre la nature de ces espèces mais aussi à éclairer les traits du comportement empathique que nous partageons avec elles. Dans son ouvrage, le primatologue propose un grand nombre d'exemples : les primates, les singes anthropomorphes mais aussi les dauphins, les éléphants, les hippopotames, les poissons, les chats et les souris. Concernant

1. B. Obama, *Northwestern University Commencement Address*, 16 juin 2006. http://obamaspeeches.com/079-Northwestern-University-Commencement-Address-Obama-Speech.htm

ces derniers, c'est Russell Church[1] qui mit en place, à partir des années 1950, les expériences visant à tester la capacité de la souris à éprouver de l'empathie pour la douleur infligée à un congénère. Habitués à recevoir de la nourriture en appuyant sur un levier, les rongeurs s'en privèrent après s'être aperçus qu'actionner le levier envoyait une décharge électrique à leurs compagnons dans la cage d'à côté. Les expériences qui suivirent, menées à une époque où parler de la dimension émotionnelle des animaux ne relevait plus du tabou, démontrèrent que les souris étaient capables d'éprouver de l'empathie pour leurs congénères mis en situation de désagrément, et ce hors de tout conditionnement expressément mis en place par l'expérimentateur, mais bien en vertu d'une « réponse émotionnelle innée ».

Comment concilier alors cette conception optimiste d'un altruisme animal inné et l'idée, rendue célèbre par Richard Dawkins depuis 1976[2], selon laquelle l'évolution biologique serait plutôt le résultat des aventures d'un « gène égoïste » utilisant les organismes vivants comme simples véhicules pour se dupliquer à l'infini ? Franz de Waal pose comme solution un accord de séparation consensuel et stipulé avec Dawkins : ce qui guide l'évolution est une chose, et autre chose est ce qui guide le comportement effectif, qui jouit, lui, d'une certaine autonomie motivationnelle, relativement à la fonction originaire définie par l'évolution. Si le commerce sexuel est déterminé par l'exigence de la conservation de l'espèce, ce n'est cependant pas en vue de se reproduire que les animaux (et la plupart du temps les êtres humains aussi) ont des rapports sexuels. Cependant, cette distinction ne signifie pas que l'empathie soit tout à fait étrangère au phénomène de l'évolution dans son ensemble. Au contraire, si nous pouvons penser l'empathie animale (et humaine dans la mesure où nous sommes des animaux), conclut de Waal en fin d'ouvrage, c'est parce que cette capacité a été sélectionnée au cours des siècles, c'est-à-dire testée encore et encore pour sa valeur dans la survie, et confirmée

1. R.M. Church, « Emotional Reactions of Rats to the Pain of Others », *Journal of Comparative and Physiological Psychology*, 52, 1959, 2, p. 132-134.

2. R. Dawkins, *Le Gène égoïste*, Paris, Odile Jacob, 2013.

comme un formidable élément de soudure pour assurer la conservation de l'espèce.

Mais si, chez les animaux, il en va non pas tant de s'entraider mais plutôt de se manger réciproquement, qu'en est-il de l'empathie ? Difficile de penser que la victime s'offre en tout altruisme à son prédateur, pour son bien à lui. Pourtant, même dans ce cas, on a montré le rôle central que tient le comportement empathique, ce qui conforte, une fois encore, l'extrême flexibilité de cette notion. Dans *L'Évolution créatrice* (1907), Henri Bergson examine le cas passionnant des Hyménoptères paralyseurs qui, avec une précision chirurgicale donnent une piqûre aux centres nerveux de leurs victimes dans lesquelles elles déposent leurs œufs après les avoir immobilisées mais non tuées. Les larves pourront ainsi se nourrir, un certain nombre de jours, des corps qui les hébergent. Or, comment le Sphex ammophile (guêpe) fait-il pour « savoir » exactement où piquer sa proie favorite la chenille, à neuf reprises avec son dard ? Comment fait-il pour « savoir » quand lui mordre la tête, quand elle doit s'immobiliser, de façon à paralyser la chenille sans la tuer ? Il le sait non grâce à des mécanismes réflexifs ni en vertu d'une connaissance acquise de par ses expériences passées, mais plutôt du fait d'une identification instinctive au corps de la chenille. Nous devrons alors supposer qu'il existe entre le Sphex et sa victime « une *sympathie* (au sens étymologique du mot) »[1], qui renseigne la guêpe du dedans de la chenille, sur la vulnérabilité de cette dernière. L'instinct, conclut Bergson, est donc sympathie. Max Scheler, commentant ce passage, a fait remarqué que nous ne pouvons pas parler ici de sympathie au sens de compassion et de préoccupation pour le bien d'autrui, mais plutôt au sens d'une très large intensification de l'unipathie (*Einsfühlung*), qui permet à la guêpe de s'identifier à l'organisation nerveuse de la chenille[2].

Enfin, que dire des rapports entre homme et animal ? Est-il possible de parler dans ce cas aussi d'empathie ? Et si oui, est-ce possible réciproquement, de l'animal à l'homme et de l'homme à

1. H. Bergson, *L'Évolution créatrice*, chap. 2, « Nature de l'instinct », Paris, P.U.F., 2013.

2. M. Scheler, *Nature et formes de la sympathie*, 1re partie, chap. II, sect. 4, § k, *op. cit.*

l'animal ? Deux célèbres essais des années 1970 ont ouvert le débat sur ces thèmes dans le contexte de la théorie de l'esprit, mais chacun se positionnant en des points assez différents. Dans « Quel effet cela fait-il d'être une chauve-souris ? [1] » (1974), Thomas Nagel s'interroge sur la possibilité pour l'homme de comprendre comment des animaux organisés sensoriellement de façon très diverse expérimentent le monde, et la possibilité pour lui de partager avec eux une même réalité. À cette fin, il fait appel à une phénoménologie objective qui se tient à distance tant de l'imagination que de l'empathie. À l'inverse, David Premack et Guy Woodruff se demandaient ce qu'éprouverait un chimpanzé à être un homme (dans l'article de 1978 « Un chimpanzé a-t-il une théorie de l'esprit ? [2] »). Ils ont décrit comment ces singes anthropomorphes attribuent des intentions et des croyances à des êtres humains, en les voyant dans des films chercher par exemple à attraper une banane sans succès. Montrant leur capacité à choisir et indiquer quelle serait la solution la plus efficace parmi plusieurs qu'on leur présentait en photographies, ils ont reconnu qu'elle pouvait s'expliquer en termes de disposition empathique et d'identification pour des êtres humains.

Il existe une littérature riche, scientifique ou non, sur le rapport entre homme et animal qui a trait à la possibilité d'améliorer ses capacités empathiques, et, de manière plus générale, d'harmoniser la sphère de l'affectivité, grâce à la zoophilie : dans un tel contexte, la *pet-therapy* intervient à juste titre. Parmi les nombreux auteurs qui ont étudié ces thèmes, je me limiterai à n'en rappeler que quelques-uns. Dans *Les Émotions des animaux*[3], le biologiste Mark Bekoff a non seulement étudié l'empathie animale entre congénères, mais il a aussi parlé d'une empathie interspécifique, analysant des cas de comportements empathiques chez les lionnes qui adoptent les petits

1. T. Nagel, « What Is It Like to Be a Bat ? », *PhilosophicalReview*, 83, p. 435-450, trad. fr. P. Engel, « Quel effet cela fait-il d'être une chauve-souris ? » dans *Questions mortelles*, P.U.F., 1983, p. 193-209.

2. D. Premack et G. Woodruff, « Does the Chimpanzee Have a Theory of Mind ? », *The Behavioral and Brain sciences*, 1/4, 1978, p. 515-526.

3. M. Bekoff, *Les Émotions des animaux*, Paris, Payot & Rivages, 2009.

des antilopes, de dauphins qui aident les naufragés (autre cas de naufrage, ici sans spectateur mais avec sauveteur), et même d'un groupe de lions qui veilla dans la forêt une jeune fille enlevée par un gang en Éthiopie. Mais, le cas sans doute le plus célèbre est celui, à première vue paradoxal, d'une zoologue atteinte d'autisme, Temple Grandin, cas qui a inspiré Oliver Sacks dans son ouvrage *Un anthropologue sur Mars*[1]. Dans l'un de ses livres intitulé non sans raison *Animals Make Us Human*[2] *(Les Animaux nous rendent humains)*, la chercheuse met à profit des années de recherche autour du monde émotionnel animal. Elle s'efforce de nous enseigner le mode adéquat pour entrer affectivement en contact avec les animaux, en adoptant leur point de vue et non le nôtre.

premiers cris

Passons de l'animal à l'homme. Et à ses petits, avant tout. Car, d'une part, il nous arrive d'avoir affaire à des enfants, et d'observer qui, des adultes, « sait y faire » avec les enfants et qui non. Et parce qu'écrire une histoire de l'empathie, ce n'est pas seulement retrouver les premières occurrences du terme, les concepts affiliés, les principales théories et applications. C'est aussi se demander dans quelle mesure l'empathie peut en elle-même, en tant que faculté ou capacité humaine, avoir une histoire relativement à l'individu : comment, en somme, naît-on (ou comment devient-on) des individus empathiques. La question comporte l'hypothèse d'une optique génétique : en admettant que de fait je me lie aux autres et ai des expériences intersubjectives (qu'elles soient distantes ou chaleureuses, ou qu'elles me poussent à m'identifier à l'autre), comment cette capacité s'est-elle formée en moi ?

Nous l'avons vu, Lipps avait tendance à attribuer à l'empathie une nature instinctuelle : comme petits de l'homme, nous naîtrions

1. O. Sacks, *Un anthropologue sur Mars. Sept histoires paradoxales*, trad. fr. Ch. Cler, Paris, Le Seuil, 2003.

2. T. Grandin, C. Johnson, *Animals makeus human : creating the best life for animals*, Boston, Houghton Mifflin Harcourt, 2009.

déjà prédisposés à empathiser avec les autres, et d'abord avec notre mère. Meltzoff et Moore [1] ont montré, dans un ensemble de recherches très encourageantes datant des années 1970, comment le nouveau-né institue avec sa mère dès les premières semaines de sa vie, un très intense échange de messages. Cet échange s'ancre sur une structure imitative et itérative de regards, de gestes et de sons, sur un renvoi réciproque de son image (*mirroring*), sur un écho mutuel qui constituent un stade précurseur des rapports empathiques à venir. Ainsi, dès sa naissance, le petit est capable de refaire des mouvements observés, dévoilant l'existence d'un nœud originaire entre observation du mouvement d'autrui (et avant tout dudit « *care taker* », soit de qui s'occupe principalement du nourrisson) et exécution soi-même du mouvement observé. Au cours des six premiers mois de leur vie, les bébés peuvent imiter certains mouvements des mains d'un adulte : il s'agit d'un acte très complexe compte tenu ne serait-ce que de la différence de taille des mains, ce qui implique donc une capacité à convertir les proportions. En outre, la perception visuelle des mains de l'autre, qui sert de guide, doit se coordonner avec sa propre motricité, de façon à faire coïncider les deux gestes.

Plus problématique encore est l'imitation des expressions du visage, dès lors que le nouveau-né sent son visage bouger sans l'avoir jamais vu. On a longtemps supposé que cette forme d'imitation était impossible avant un an. Mais, encore une fois, les résultats des expériences de Meltzoff et Moore ont étonnamment montré qu'à déjà deux-trois semaines, les nouveaux-nés étaient capables de d'imiter des gestes faciaux (ouverture des lèvres et protrusion de la langue) qu'ils savaient tour à tour corriger et compliquer selon un processus d'acquisition progressive de possibles postures toujours renouvelées. À cet égard, la lecture de *Biographical Sketch of an Infant* de Charles Darwin [2] (1877) est passionnante. Dans ce carnet, le naturaliste note

1. A.N. Meltzoff, M.K. Moore, « Explaining Facial Imitation », *Early Development and Parenting*, 6, 1997, p. 179-192.

2. C. Darwin, *Biographical Sketch of an Infant*, *Mind*, 2, p. 285-294 ; trad. fr. « Les débuts de l'intelligence : esquisse biographique d'un petit enfant », *Revue scientifique*, 13, série 2, 1877, p. 25-29.

ses observations sur le développement du comportement d'un de ses fils, William Erasmus, né en 1839 : à six mois et 11 jours, le petit manifeste une franche « sympathie » pour sa nourrice qui fait semblant de pleurer. Cependant, tout semble encore à faire, puisque, dans les années 1990, le psychobiologiste Colwyn Trevarthen [1] déplorait que plus d'un siècle après les observations de Darwin, de nombreux psychologues soutiennent encore que les émotions infantiles sont relativement indifférenciées.

On ne peut certes pas conclure que tout l'appareil empathique soit déjà totalement développé chez l'enfant dès sa naissance : on négligerait alors le fait que l'intersubjectivité consiste en une construction lente et complexe, constante tout au long de la vie. À cet égard, le phénomène des pleurs réactifs des nourrissons est assez parlant. Ces pleurs sont ceux qui viennent au bébé, âgé même d'un jour, quand il entend un autre bébé pleurer : il ne s'agit pas alors d'une simple réaction vocale d'imitation, mais de pleurs intenses et énergiques qui ont toutes les caractéristiques des pleurs exprimant une vraie souffrance. À l'automatisme inné de la réponse – l'enfant pleure quand il entend un bébé pleurer, sans en connaître la cause –, s'ajoute une rétroaction des mouvements des muscles et des sons produits par l'enfant lui-même qui finit par s'inquiéter et alimenter à son tour ses pleurs. Martin Hoffman [2] a défini ces pleurs de réaction de « précurseurs » du désagrément empathique, quoique primitifs et élémentaires.

Mais, bien que tous s'accordent fondamentalement sur ce point, les divergences apparaissent quand il s'agit de définir de manière plus précise la nature du rôle « précurseur » que tiennent ces comportements de résonance et de reflet imitatif dans l'empathie, comprise comme véritable relation intersubjective entre Soi et l'alter ego. Un point de vue d'ordre biologique et neurophysiologique aura, tout au plus,

1. C. Trevarthen, « The function of emotions in earlyinfantcommunication and development », *in* J. Nadeland L. Camaioni, (eds.), *New Perspectives in Early communicative development*, London, Routledge, p. 48-81.

2. M.L. Hoffman, *Empathie et développement moral. Les émotions morales et la justice*, *op. cit.*

tendance à accentuer ces premières expériences, pour redire que notre organisme et notamment notre cerveau sont structurellement « câblés » *à l'origine* en vue de la dimension intersubjective. Selon un point de vue fonctionnaliste et phénoménologique, on aura tendance à considérer ces manifestations instinctives et mécaniques, inscrites dans le patrimoine génétique, comme une prédisposition à une intersubjectivité qui se construit d'une part au cours de la constitution complexe de l'altérité (pour qu'autrui puisse exister pour moi, je dois avant tout pouvoir distinguer entre moi et non-moi, ce qui n'est pas possible pour les bébés les premiers mois de leur vie). Et d'autre part au cours de la formation progressive de l'alter ego en tant que personne analogue à moi, qui partage avec moi un monde de significations, et qui possède, cependant, des pensées et des intentions qui ne sont pas les miennes. Cette personne peut garder secrètes ses pensées et intentions, et peut aussi les cacher, lorsqu'elle me ment, de même que je peux lui mentir. Sous cet angle, la conscience empathique de l'effet que mes gestes ou les expressions de mon visage ont sur autrui, ainsi que la conscience de l'effet que ces expressions d'autrui ont sur moi, peut servir pour se manipuler mutuellement, voire même pour s'infliger une violence réciproque. Par là, on apprend, comme dirait Wittgenstein (dans ses *Recherches philosophiques*, observation 249 [1]), le « jeu » du mensonge dans la vie, étape fondamentale pour devenir adulte.

Dans la littérature psychologique et pédagogique – ainsi que dans la vulgate des médias de masse –, cette dernière possibilité de la capacité empathique, dissimulatrice, manipulatrice et violente, est foncièrement négligée au profit de la conception d'une empathie globalement positive et optimiste. Apprendre à être empathique semble être à compter parmi les conditions fondamentales à remplir pour pouvoir vivre une vie bonne et heureuse, en harmonie avec soi-même et les autres. Ainsi se félicitent les parents empathiques, forts de l'idée que de parents empathiques naissent et grandissent

1. L. Wittgenstein, *Recherches philosophiques*, *obs.* n. 249, Paris, Tel-Gallimard, 2004.

plus facilement des enfants empathiques ; ainsi on recommande aux enseignants d'être empathiques avec leurs élèves, plutôt qu'autoritaires ou inutilement rigides, attendu que c'est seulement dans le cadre d'une relation empathique que peuvent se déployer pleinement toutes les potentialités du rapport éducatif d'enseignant à élève, et – point non négligeable – obtenir de meilleures notes.

On a aussi élaboré de véritables programmes d'instruction et d'implémentation des capacités empathiques dans le cadre de projets mis au point pour l'éducation affective. Souvenons-nous de l'ETP (Empathy Training Program), exposé par Norma et Seymour Feshbach [1], qui proposait à des enfants, âgés de 7 à 10 ans, une série d'exercices destinés à augmenter l'aptitude à identifier de manière correcte les états émotionnels d'autrui, la capacité à adopter le point de vue d'autres personnes et à jouer à les remplacer, à faire en imagination comme si on tenait leur rôle. Confrontés à d'autres groupes d'enfants qui n'avaient pas suivi le cours, les participants à l'ETP ont montré une tendance plus prononcée à adopter des comportements pro-sociaux et à contenir les impulsions agressives, développant en même temps une idée de soi plus solide et positive. Comme le remarquait d'ailleurs la journaliste Winnie Hu dans le *New York Times* du 4 avril 2009 [2], les projets éducatifs aux États-Unis voués à réduire les comportements abusifs et violents dans les classes mettent de plus en plus l'accent sur l'enseignement de la pratique de l'empathie : pour cette seule année, la ville de Los Angeles a dépensé un million de dollars pour enseigner aux étudiants de ses 147 collèges comment faire pour être empathiques.

1. N. Feshbach, S. Feshbach, « Empathy Training and the Regulation of Aggression », *Academic Psychology Bulletin*, 4, 1982, p. 399-413 ; N. Feshbach, *et alii.*, *Learning to Care*, San Francisco (Ca), Scott, Foresman & Co, 1983.

2. W. Hu, « Gossip Girls and Boys Get Lessons in Empathy », *New York Times*, 4 avril 2009, http://www.nytimes.com/2009/04/05/education/05empathy.html

le ventre empathique

Des enfants aux parents, il n'y a qu'un pas. Mais mères ou pères? Que l'on soit parents ou prêts à l'être, la visite du site www.empathybelly.org est intéressante. On y trouve une description détaillée du simulateur de grossesse « Ventre empathique » (the Empathy Belly Pregnancy Simulator), qui promet de vous faire ressentir ce que c'est que d'être enceinte. Il s'agit d'un dispositif muni de plusieurs composants, qui ne se limite pas à vous pourvoir d'un ventre lourd et d'une poitrine conséquente, mais qui vous met en condition, à travers une simulation médicale précise, de faire l'expérience de plus de vingt symptômes typiques de la grossesse parmi lesquels : une augmentation de son poids de 13,6 kg; des coups de pieds et des étirements des membres du fœtus, le souffle court, l'augmentation de la pression sanguine, l'accélération du pouls et la hausse de la température corporelle, la pression sur la vessie et l'envie fréquente d'uriner; le mal de dos; le déplacement de son centre de gravité et l'ondulation de la marche; la fatigue et l'irritabilité; « *and much much more!* ». Curieusement, il n'est pas fait référence aux nausées.

L'applicabilité d'un tel simulateur va bien au-delà du cas de l'homme qui voudrait se rendre compte de manière plus concrète de ce qu'éprouve sa compagne. L'entreprise qui le fabrique s'adresse à des médecins et éducateurs, leur offrant un « instrument didactique extraordinairement puissant » pour la prévention des grossesses précoces chez les adolescentes, pour l'éducation à la procréation responsable, pour la prévention des violences domestiques, pour la formation du personnel médical et paramédical, obstétrique ou en charge de conseil prénatal. Il pourrait même s'adresser aux actrices (ou, pourquoi pas, aux acteurs : souvenons-nous de Mastroianni dans le film *L'Événement le plus important depuis que l'homme a marché sur la lune*, ou de Schwarzenegger dans *Junior*), qui doivent incarner au théâtre ou au cinéma des femmes enceintes.

Si vous êtes plutôt un fumeur invétéré, vous pourrez acquérir, sur le même site, les poumons empathiques (« Empathy Lungs »), un simulateur de COPD (Chronic Obstructive Pulmonary Disease) qui vous fait ressentir les symptômes de l'emphysème, de la bronchite chronique et de l'asthme. La philosophie qui sous-tend cette entreprise pourrait se résumer ainsi : « Si tu me le dis, je risque de l'oublier. Si tu me le montres, il est possible que je m'en souvienne. Mais si tu me fais participer, alors je comprendrai et retiendrai ! » Ici, par le ventre et les poumons, l'empathie est évidemment comprise en un sens très physique et anatomique, symptomatique. Or, au-delà de l'ironie facile qu'ils pourraient susciter, ces cas extrêmes nous rappellent fort à propos que nous avons sans doute trop souvent tendance à faire de l'expérience empathique un moment affectif fait tout entier de spiritualité et d'intériorité. Par là, nous négligeons, en définitive, le fait que l'affect a toujours, quoi qu'il en soit, une expression corporelle, que l'émotion est mouvement de l'âme et en même temps mouvement somatique, que sentir désigne à la fois sentiment et sensation.

Mais surtout, mettons qu'un anthropologue visite le site du ventre et des poumons empathiques, il reconnaîtrait spontanément, semble-t-il, dans ces dispositifs technologiques de simulation de la grossesse, une forme dérivée, certes sécularisée et mécanisée, des antiques formes de participation émotive de l'homme à cet état de gestation, au moment de l'accouchement et ceux qui suivent. Il y verrait le phénomène qu'on appelle *couvade*, la simulation que l'homme fait de la « couvée », des douleurs du travail et des soins post-nataux, déjà rapportée par les sources antiques (Apollonius de Rhodes, Diodore de Sicile, Strabon, entre autres), que Marco Polo observait chez les Chinois et qu'a décrit Edward B. Tylor [1] dans les termes de l'anthropologie moderne, dont il est l'un des fondateurs.

Dans le débat contemporain, la notion de *couvade* est plutôt controversée. La discussion tend à se déplacer de l'anthropologie vers le domaine médical et psychopathologique : ce n'est plus un rite, mais un « syndrome », caractérisé par la survenue spontanée chez le

1. E.B. Tylor, *Researches into the Early History of Mankind and the Development of Civilization*, Londres, J. Murray, 1865.

futur père de tous les symptômes typiques de la grossesse que le ventre empathique procure artificiellement. Dans la tentative d'en rendre compte, s'opposent un parti biologique (selon des recherches menées sur un panel d'hommes, parmi lesquels certains attendant un enfant, il s'est avéré que ceux-ci avaient un taux plus élevé d'œstradiol, hormone féminine, et un taux plus bas de testostérone, hormone masculine, par rapport aux hommes qui n'attendaient pas d'enfant) et un parti psychiatrique, un parti psychosomatique et un parti sociologique. Nous n'entrerons pas dans ces controverses, ce qui nous importe ici, ce sont les termes utilisés pour faire référence à la *couvade*, parmi lesquels on trouve la « grossesse fantôme » (« *phantompregnancy* ») ainsi que la « grossesse compatissante » (« *sympatheticpregnancy* »). Il faut ici aussi se demander si « compatissante » est bien l'adjectif approprié pour indiquer la disposition positive de l'homme qui se focalise sur le bien de sa compagne, ou s'il ne faudrait pas plutôt la définir comme grossesse « empathique ». Cela suggèrerait, comme le proposait récemment Albert Doja [1] se basant sur la théorie du mâle envieux de Bruno Bettelheim [2], que, dans ce syndrome d'identification, ce serait plutôt une « antipathie » qui se manifeste, de la jalousie devant la capacité reproductive de la femme, et le besoin irrésistible de la lui nier.

Nous nous sommes arrêtés sur la question de la grossesse parce qu'elle représente une différence radicale entre l'être femme et l'être homme, qui permet qu'on décrive des phénomènes macroscopiques. Elle n'épuise toutefois pas les implications de genre que comporte l'expérience empathique. Au fond, cette capacité empathique a souvent été caractérisée comme un mode d'être, ou, si l'on veut, une vertu, que possèderaient les femmes plus que les hommes. Réussir à se projeter en imagination dans une autre situation, être conscient des états émotionnels d'autrui, se soucier et prendre soin des autres seraient des inclinations plus inscrites dans la sensibilité féminine

1. A. Doja, « Rethinking the couvade », Anthropological Quarterly », 78, 2005, 4, p. 917-950.

2. B. Bettelheim, *Blessures symboliques*, Paris, Tel-Gallimard, 1977.

que dans la sensibilité masculine. Existe-t-il des preuves qui étayent cette hypothèse, ou ne s'agit-il que d'un énième stéréotype culturel ? L'anthropologue Claudia Strauss [1] a passé en revue la littérature sur ce sujet, et a également réalisé une série d'entretiens avec des hommes et des femmes sur des points qui pouvaient révéler leur disposition à l'empathie. Tout en déplorant le manque de recherches interculturelles, c'est-à-dire mettant en balance différentes cultures, elle se montre convaincue que les femmes ont une plus grande capacité que les hommes à nourrir un intérêt ou un souci empathique, à comprendre ici comme « réponse affective compatissante », et qui se fonde sur la connaissance ou la reconstruction par l'imagination des sentiments d'autrui. Mais pourquoi les femmes en seraient-elles mieux pourvues ? Il semblerait qu'elles soient plus aptes que les hommes non pas tant à isoler une émotion bien précise qui s'exprime sur le visage d'autrui (ce qui est l'empathie cognitive), mais surtout à se soucier de manière empathique d'autrui (ce qu'on appelle « *empathic concern* », « souci empathique »).

L'hypothèse la plus légère pose que l'ensemble de termes corrélés à l'empathie et au souci (soin, tendresse, prise en charge, etc.) appartient pour une large part au vocabulaire féminin et aux discours de constructions de l'identité féminine. Les hommes auraient simplement tendance à rester plus évasifs sur ces points dans les questionnaires parce qu'un tel champ sémantique ne ferait pas partie de leur façon de s'exprimer, et non parce qu'ils seraient moins empathiques que les femmes. Mais – mis à part le fait qu'une telle hypothèse ne rende pas compte de la différence de conductibilité épidermique chez l'homme et chez la femme quand on leur montre des vidéos censées susciter une réponse empathique – cette réponse amène aussi à se demander : comment se fait-il que le langage masculin ne recoure pas volontiers à la terminologie empathique ?

Suivant une hypothèse différente, on pourrait dire que les femmes sont plus empathiques parce que c'est ce que la société attend d'elles :

1. C. Strauss, « Is Empathy Gendered and, If so, Why ? », *Ethos*, 32, 2004, 4, p. 432-457.

cette injonction sociale forgerait leur nature de façon à les rendre plus promptes à répondre avec empathie que les hommes. Resterait toutefois à expliquer d'où vient que la société attend des femmes ce surplus d'empathie. Dans une perspective de psychanalyse féministe attachée aux relations objectales, on pourrait penser au fait que ce sont les mères, fondamentalement plus que les pères, qui s'occupent des enfants. Cela induirait chez les filles la construction d'une identité de genre comme identification à la génitrice, et chez les garçons, au contraire, sa négation. La « féminité » prendrait alors l'aspect de la proximité et du soin, la « masculinité », par contre, prendrait l'aspect de la séparation et de la négation, précisément celle que le garçon a dû mettre en pratique devant sa mère, à la différence de la fille. Tout au contraire, on a observé les effets de l'attribution de rôles domestiques typiquement féminins à des garçons nés dans des familles sans filles au Kenya. S'appuyant sur l'apprentissage de tâches pratiques et sur une pragmatique d'actions assimilées, on a pu posé l'explication suivante : le garçon devant s'occuper, par nécessité, de ses plus jeunes frères ne se féminise pas de ce fait, mais, dans les tâches spécifiques au cadre des activités domestiques, il inhibe ses comportements agressifs et violents typiquement masculins, et se les réapproprie une fois hors de la maison et au contact des autres garçons de son âge.

Les neurosciences aussi se sont penchées sur la question du genre, elles ont montré que le cerveau des femmes est davantage câblé (« *wired* ») que celui des hommes pour traiter et codifier les émotions, les sentiments et les expressions pré-verbales et donc pour empathiser. Cela confirmerait l'hypothèse évolutionniste selon laquelle les femmes, qui, historiquement, assument la plus grande part du poids et de la responsabilité du soin des enfants (c'est-à-dire, littéralement, de ceux qui ne savent pas parler et qui ne savent pas exprimer par le discours verbal leurs besoins et leurs désirs), ont dû développer, de manière précoce, la capacité de comprendre par empathie les états émotionnels d'autrui. Cependant, où est la cause, où est l'effet? Les femmes se sont-elles occupé des enfants davantage que ne l'ont fait leurs compagnons du fait d'un cerveau plus empathique qu'elles possèderaient de façon innée? Ou bien, les circuits neuronaux féminins se sont-ils progressivement modifiés au cours de siècles de pratique de prise en charge des enfants ?

Last but not least, si femmes et hommes ont, chacun, des capacités empathiques différentes, ce n'est pas du fait d'une différence de sexe, mais cela vient de ce que les rôles de pouvoir des unes et des autres ont été radicalement distincts. Qui se trouve en position subalterne – comme le sont les femmes par rapport aux hommes dans la plupart des cultures – doit développer une finesse dans la reconnaissance de pensées, d'intentions, de sentiments de qui le domine, bien plus qu'il n'a à le faire face à qui lui est soumis. Cependant, nous en sommes restés jusqu'ici à un niveau cognitif (et nous avons vu que sur ce plan on ne compte pas de différences majeures entre homme et femme). Qu'est-ce qui permet de passer au plan affectif, à la véritable empathie ? Si je comprends bien ce qui se passe dans la tête de mon supérieur, en quoi devrais-je pour autant développer une capacité particulière pour m'occuper des autres ? Sans doute est-ce parce que je sais ce qu'est vivre une situation de soumission et d'infériorité économique et sociale ; je suis donc plus sensible envers qui vivrait une condition proche de la mienne.

Il est probable qu'aucun de ces facteurs pris en eux-mêmes ne soit suffisant pour rendre compte du fait que les femmes semblent plus promptes à l'empathie que les hommes, conclut Strauss. Tous ou la plupart de ces facteurs entrent dans un jeu mutuel de renvois et de renforcements qui, en conséquence, produit cette différence et qui légitime à tous égards que l'empathie soit un chapitre notoire des *gender studies.*

ethno-empathie

Nous avons vu l'exemple d'enfants ou de jeunes garçons du Kenya qui, dans une famille sans fille, sont chargés de s'occuper « de façon féminine » des plus petits. Nous n'avons toutefois pas souligné qu'il s'agit du *Kenya*, et que nous parlons d'où nous sommes, en Europe. Devrions-nous le faire ? Précisons : dans le contexte de la mondialisation, de l'homogénéisation planétaire des us et coutumes, de l'hybridation des cultures, devrions-nous encore nous poser la question ? Certes oui, pensons simplement à ce qu'on peut constater tous les jours dans les journaux ou sur internet, au fait que le mélange des cultures favorisé par le développement du système de transports, par les flux migratoires, par les échanges économiques internationaux, n'a pas en soi donné lieu à un accroissement général de l'harmonie universelle, mais a plutôt suscité une série de réactions xénophobes et de conflits de divers ordres, religieux, politiques, idéologiques, économiques, culturels au sens large. Si l'empathie concerne l'expérience de l'autre, il est évident que je devrais dans cette expérience prendre en considération non pas seulement son âge, et son sexe, mais aussi sa culture, sa langue et ses coutumes, son ethnie, son système de valeurs, son style de vie (et je m'attendrai aussi à ce que l'autre le fasse à mon égard), considérant toujours plus ces éléments et leurs interrelations, ce que font aujourd'hui les *cultural studies*. En effet, on peut appartenir à la même culture occidentale, mais aussi à différentes sous-cultures (et ce en plusieurs sens : un anglais est différent d'un français, un capitaliste est différent d'un vendeur, un punk est différent d'un punk à chien). Les différences entre un Anglais et un Français apparaîtront, au moins à un niveau macroscopique, négligeables si on les compare à un Malaysien ou à un Esquimau, et ainsi de suite.

Pour rendre compte de cela, on a forgé ces dernières années des étiquettes telles l'empathie « culturelle » ou « inter-culturelle » et – pour le cas où le facteur ethnique intervient – l'« etnoempathie » ou l'empathie « ethno-culturelle ». Il s'agit tout au plus d'explorer les expériences empathiques, en portant son attention sur la variable qu'est l'appartenance à des réalités culturelles différentes des sujets qui interagissent entre eux (individus et groupes). Certes, cela n'épuise pas la question : puis-je véritablement rechercher des différences dans les façons d'empathiser de deux Italiens entre eux, et les façons d'empathiser d'un Indien et d'un Somalien ? Ne devrais-je pas me demander d'abord si la question formulée ainsi est correcte ? Sous cette forme, la question tient pour acquis que l'empathie soit une expérience universelle, possédant des variables locales et nationales, culturelles et sous-culturelles. Mais *empathie, empatheia, Einfühlung* sont des mots de notre tradition culturelle. Et si, mettons, il n'y avait pas de mot en japonais pour le dire ? Et si, comme l'a noté Takie Lebra[1] dans ses travaux sur la construction japonaise de la sphère émotive, le terme s'approchant le plus du nôtre, *omoiyari*, suggérait une identification avec une condition de vie meilleure que la nôtre, et non pas, comme nous avons tendance à le penser en Occident, avec la situation douloureuse de qui se trouve en plus mauvaise posture que nous ?

Faut-il penser que l'expérience affective et cognitive de l'empathie existe en tout lieu telle que nous l'envisageons et la nommons, à cela près que pour la rendre par des mots, de longs discours tenteront d'exprimer ce que nous disons avec un seul terme ? Ou est-ce que le langage des affects dépend plus qu'on ne le croit des mots que nous employons pour le dire, et des discours par lesquels nous codifions notre vie émotive ? Ou encore, simplement, les êtres humains ne ressentent-ils pas universellement les mêmes choses, abstraction faite des mots qu'ils emploient ?

Enfin, les plans méthodologique et épistémologique de telles enquêtes ne doivent pas être écartés. Transposer le processus de « *perspective taking* », c'est-à-dire de la thèse de l'adoption du point de vue d'autrui, du plan intersubjectif au plan interculturel, c'est retomber sur un vieux problème de l'anthropologie, de l'ethnographie et de l'ethnologie, à savoir, celui du regard, du point de vue à partir duquel on cherche à comprendre une autre culture. Ce regard n'est jamais neutre, il modifie l'objet même dès lors qu'il l'observe, qu'il l'encadre selon une série de préjugés plus ou moins conscients (et pour la plupart, inconscients), dès lors qu'il le juge en même temps qu'il le décrit. Il tend à l'aplatir sur une échelle de valeurs qui ne sont pas celles de qui est observé, mais bien celles de qui observe. Ajoutons que l'anthropologie culturelle est une discipline née en Occident. Bon gré mal gré, même si, dans le meilleur des cas, le chercheur s'efforce vaillamment de respecter l'altérité, il finira par ramener, à la mode colonialiste, l'autre culture aux catégories occidentales, ne

1. T. Lebra, *Japanese patterns of behavior*, Honolulu, University of Hawai'i Press, 1976.

serait-ce que par l'emploi d'un langage et d'une grammaire, toutes deux lourdes d'une théorie de l'être et de la connaissance.

Le problème, ou faudrait-il dire le paradoxe, est bien connu des tenants des études postcoloniales et des lecteurs d'ouvrages comme *L'Orientalisme* d'Edward Said [1] ou la *Critique de la raison postcoloniale* de Gayatri Chakravorty Spivak [2]. Cependant, il apparaît bien plus tôt, dès les années 1920 quand, à l'ordre du jour de l'agenda anthropologique, on porta l'exigence d'empathiser avec la culture d'autrui, non sans conséquences contradictoires. Prenons deux cas emblématiques. Leo Frobenius, morphologue de la culture, dont le nom est associé aux expéditions titanesques GCARE qu'il a dirigées en Afrique (au nombre de treize, entre 1904 et 1935). On pourrait le voir comme figure classique de l'intellectuel de premier plan d'un système de pouvoir colonial voué à l'exploitation systématique des biens matériels et spirituels du continent africain. Et pourtant, en témoigne son texte théoriquement le plus engagé *Paideuma* [3], pour Frobenius, on ne peut accéder à la forme originaire de la culture africaine que si l'on sait se défaire du rationalisme occidental pour s'abandonner à l'intuition symbolique, à la disposition à se laisser prendre et émouvoir (*Ergriffenheit*), à la participation empathique des expériences vécues (*Miterleben*) d'une autre culture. Cette position lui valut l'hommage du mouvement de la Négritude : Léopold Sédar Senghor lui reconnut le mérite d'avoir restitué à l'Afrique sa dignité propre et son identité, et Aimé Césaire prit soin de le distinguer de la propagande coloniale raciste prégnante à son époque.

Un an après la parution de *Paideuma*, l'anthropologue polonais Bronislaw Malinowski publiait *Les Argonautes du Pacifique occidental* [4]. Dans son introduction, l'auteur s'arrête un long moment, sur les difficultés méthodologiques et existentielles qu'il éprouva à peine

1. E. Said, *L'Orientalisme. L'Orient créé par l'Occident*, Paris, Points-Seuil, 2013.

2. G.C. Spivak, *A Critique of Post-Colonial Reason : Toward a History of the Vanishing Present*, Cambridge (Mass.), London, Harvard UniversityPress, 1999.

3. L. Frobenius, *Paideuma. Umrisse einer Kultur- und Seelenlehre*, München, C.H. Beck'sche Verlagsbuchhandlung Oscar Beck, 1921.

4. B. Malinowski, *Les Argonautes du Pacifique occidental*, Paris, Tel-Gallimard, 1989.

débarqué sur une plage de Nouvelle Guinée orientale, ses frustrations quant à la difficulté à entrer « en contact réel » avec la population locale, et son état de « dépression due au climat tropical ». Ça n'est que petit à petit, par le biais d'un échange de tabac, que se crée une atmosphère d'« amabilité mutuelle ». Et le travail put commencer. Cependant, comment créer les conditions du succès, à travers une observation participante, de l'« art magique » de l'ethnographe, de la capacité à évoquer la « véritable mentalité des indigènes », le « tableau authentique de l'existence tribale » ? Il faut s'arracher à la compagnie des autres blancs, et s'immerger totalement dans la vie du village, dans un « contact étroit », afin d'acquérir le « sens » des bonnes et des mauvaises manières locales, se conformer à ses valeurs, bref, se fondre dans le paysage.

Pourtant, le journal de Malinowski [1], publié après sa mort par sa femme, raconte plutôt autre chose : l'anthropologue n'était pas de tout immergé dans une relation empathique avec les natifs du pays, il avait même bien à redire à leur propos, être avec eux n'était pas de tout repos et il désirait bien souvent être ailleurs. Le mythe de l'anthropologue caméléon, qui se fond parfaitement dans la population exotique qu'il est parti étudier, totalement intégré et pleinement accordé à « l'autre », tombe inexorablement et par celui-là même qui, plus que tout autre, avait contribué à le forger. C'est à partir de ce tremblement de terre provoqué par ces notes autobiographiques que Clifford Geertz [2] entreprend de déconstruire la possibilité de l'empathie ethnographique, dans un célèbre article sur la compréhension anthropologique et sur la mythologie du point de vue du natif. Geertz remarque que le problème n'est pas moral (comme tendaient à l'affirmer de nombreuses réactions polémiques aux révélations brûlantes du journal de Malinowski), mais bel et bien épistémologique. Qu'advient-il du comprendre (*Verstehen*) quand disparaît l'empathiser (*Einfühlen*) ? Comment interpréter la compréhension anthropologique

1. B. Malinowski, *Journal d'ethnographe* (posthume, 1967), Paris, Le Seuil, 1985.

2. C. Geertz, « From de Native's Point of View », « Bulletin of the American Academy of Arts and Sciences », 28, 1974, 1, p. 24-45.

de la modalité sur laquelle les natifs pensent, ressentent et voient le monde (ce qui est leur « point de vue »), si en tant qu'anthropologue je ne peux m'identifier à eux, me mettant véritablement à leur place? Pour aborder la question, Geertz propose d'oublier les « ismes » techniques pour adopter un couple catégoriel intuitif : les concepts d'expérience proche et d'expérience éloignée – *experience near* vs *experience-distant*. Il faut comprendre ces deux pôles (dont la distinction est empruntée au psychanalyste Heinz Kohut) comme une distinction de gradients et non pas comme des extrêmes figés. Par exemple, « stratification sociale » est une formulation plus éloignée que « caste », « nirvana » plus proche que « expérience religieuse ». Le terme « peur » est une expérience plus proche que ne l'est la « phobie », qui est, elle, plus proche de l'« ego non syntonique », et ainsi de suite. Dans l'expérience proche, se manifeste l'expérience vécue directement dans son caractère concret; dans l'expérience éloignée, se codifie une interprétation scientifique ou technique. Les deux extrêmes sont risqués pour l'anthropologue s'il les pratique de manière unilatérale : trop proche, on finit par être absorbé par la dimension vernaculaire immédiate; trop éloigné, on se perdra dans une abstraction et un jargon de spécialistes. Il faut savoir s'immerger sans se noyer, aurait dit Margaret Mead.

Le point, bien évidemment, est délicat, puisqu'il s'agit pour l'anthropologue de saisir des dimensions qui sont à la population native proches, et de réussir d'une manière ou d'une autre à les traduire en une formulation accessible aussi à qui est loin de telles expériences. L'astuce, nous dit Geertz, est de chercher à imaginer ce qu'ils peuvent bien croire qu'ils font pendant qu'ils le font, sans pour autant se résigner à l'idée que pour connaître un autochtone et son monde, il faut être soi-même un autochtone. Certes, d'un côté, on pourrait dire que nul autre qu'un autochtone ne sait mieux quel sens a telle pratique ou tel rituel; mais d'un autre côté, précisément en vertu de sa proximité de l'expérience elle-même, le natif n'a jamais pris conscience de son sens dans des termes catégoriels (ce qui demande une prise de distance vis-à-vis de l'expérience même), il a simplement agi ou vécu spontanément cette expérience. Geertz soutient que l'empathie, pourtant si célébrée, ne me permettra jamais de comprendre ce que signifie, par exemple, « personne » ou « individu » pour un Balinais, un Japonais, un Marocain (qui sont les trois cultures qu'il a le plus étudiées), dès lors que je prends l'empathie pour un processus d'identification par lequel je me mets au niveau d'un cheikh tribal ou d'un cultivateur de riz. Je ne saurais accéder au sens de ces termes que par l'examen des formes symboliques – paroles, images, institutions, comportements – à travers lesquelles chacune de ces cultures construit la représentation et l'autoreprésentation du soi (de façon par ailleurs bien différente tant l'une par rapport à l'autre que toutes par rapport à la manière occidentale).

Malgré les avertissements de Geertz, la discipline anthropologique a très récemment voulu faire le point sur les diverses implications de la notion d'empathie pour son propre champ d'investigation. En 2008, en effet, la revue « Ethos », organe de l'American Anthropological Association, a consacré un numéro au thème : « *Whatever happened to empathy?*[1] », dans le but, comme l'affirment les éditeurs, de contester le désintérêt répandu pour une exploration systématique du rôle joué par l'empathie dans la recherche anthropologique, convaincus qu'ils sont que la discipline peut contribuer de manière décisive au débat sur un thème qui implique très fortement psychologie et sociologie, neurosciences et philosophie.

Quant à cette dernière, elle ne fut pas épargnée par les tensions venues de ces questions d'empathie ethnoculturelle. Dans *The Pursuit of Truth*[2], Willard Van Orman Quine nous propose à cet égard une expérience mentale : si le natif nous apostrophe avec un joli « gavagai », et que nous ne savons rien de sa langue, que faire ? Le linguiste présent sur le terrain qu'a imaginé le philosophe analytique américain, doit posséder cette « mystérieuse faculté » empathique qui lui permet de soupçonner que l'étrange parole prononcée par l'autochtone peut signifier « lapin ». En se mettant à la place de l'autochtone, il a l'intuition que pour les contextes dans lesquels il a entendu prononcer

1. D. Hollan, C.J. Troop, « Whatever happen to empathy ? Introduction », *Ethos*, 36, 2008, 4, p. 385-401.

2. W.V.O. Quine, *La Poursuite de la vérité*, chap. 3, § 16, Paris, Le Seuil, 1993.

« gavagai », il aurait dit « lapin ». Il tente d'employer lui aussi « gavagai » dans les situations où il aurait dit « lapin », et attend confiant l'assentiment de l'autochtone. S'il a lieu, il peut alors dire qu'il a traduit « gavagai » par « lapin ». Il s'agit de la même faculté, dit Quine, que celle qui guide le rapport du parent à l'enfant dans la phase délicate d'apprentissage du langage, et qui ressemble à notre faculté à reconnaître les visages et les expressions même si nous sommes incapables de les désigner et de les décrire par des mots.

Mais il n'y a pas toujours un « lapin » pour un « gavagai » : l'ethno-empathie peut misérablement échouer en une faillite de la communication (verbale et non verbale) entre cultures différentes, dans ce que le politologue Samuel P. Huntington a appelé « choc des civilisations [1] ». Le philosophe slovène Slavoj Žižek le suggère dans son ouvrage *Vivre la fin des temps* [2], interrogeant les raisons profondes qui animent les débats autour de la légitimité du port du voile intégral par les femmes islamiques vivant dans les pays occidentaux. Pourquoi en Occident, la rencontre avec un visage couvert par la burqa déclenche-t-elle des réactions aussi controversées et anxieuses ? Serait-ce parce que l'échange réciproque de regards, et donc la possibilité même de reconnaître un de nos semblables et d'empathiser avec lui, est empêché par cette soustraction à notre vue du visage et des yeux de l'autre, alors même que nous savons que l'autre, elle, nous voit, nous observant à travers la mince fente du voile ? Si tel est le cas, sachant qu'il est probable que la burqa n'ait pas fonction de dispositif anxiogène dans les pays où son port est un usage commun, nous faut-il admettre que l'empathie qui se fonde sur la réciprocité des regards n'est pas universelle, mais culturellement conditionnée ?

On le voit, l'étiquette nouvelle d'ethno-empathie cache une série de plans problématiques assez complexes, qui sont loin d'avoir été approfondis sérieusement dans une analyse comparée des cultures de grande envergure. Parmi les nombreux terrains d'enquêtes possibles, signalons le terrain militaire. Comme le raconte Sarah Russell-Farnham

1. S.P. Huntington, *Le Choc des civilisations*, Paris, Odile Jacob, 2001.
2. S. Žižek, *Vivre la fin des temps*, Paris, Flammarion, 2011.

dans un article intitulé à dessein « *Empathy as a Combat Capability*[1] », les directives de l'état-major australien visant à améliorer les prestations des soldats sur les champs de bataille toujours plus complexes des conflits contemporains, prévoient de manière explicite le recours à la capacité empathique comme à un instrument-clé pour obtenir la confiance et l'appui de la population indigène, la soustrayant en même temps au conditionnement de l'adversaire. Partant du présupposé qu'il est aisé de se faire des ennemis, et bien plus difficile de se faire des amis, les documents rédigés par le ministère de la Défense australien recommandent le recours à l'empathie – à ne pas confondre avec la sympathie – afin de développer des relations positives, voire intimes, avec les habitants de la zone de guerre, et s'efforcer de dépasser des ethnocentrismes dangereux qui pourraient mettre à mal des opérations entières. Cela n'implique pas que le soldat australien abandonne son propre système de valeurs pour embrasser celui de la population indigène. Car, apprendre à être empathique – et la discipline anthropologique peut l'enseigner – signifie plutôt apprendre un art de la guerre particulièrement sophistiqué pour réussir dans des environnements culturellement complexes et hétérogènes.

être César à nouveau

Qu'en est-il de l'empathie quand l'autre n'est pas loin de nous par des méridiens et des parallèles, mais par le calendrier ? Quand l'autre est loin de nous non dans l'espace mais dans le temps ? Le *Verstehen*, le comprendre invoqué par Geertz, au lieu de l'*Einfühlen*, pour la connaissance anthropologique de nos contemporains les exotiques, n'a-t-il pas été le but et l'ambition d'une large historiographie ? Ne pas se limiter à connaître en détail les événements qui se sont succédés les uns après les autres au fil du temps, mais comprendre aussi les raisons, les motivations, les désirs, les charges émotionnelles

1. S. Russell-Farnham, « Empathy as a Combat Capability », *Security Challenges*, 5, 2009, 1, p. 1-13.

qui ont poussé un tel à faire ceci, un tel à faire cela, changeant ainsi le cours de l'histoire. Ne pas se contenter, par exemple, de *savoir* qu'Hitler a institué et programmé la destruction des Juifs d'Europe, mais en *comprendre* le pourquoi, comprendre ce qu'il avait en tête, quelles ont été les raisons profondes qui le poussèrent à programmer l'Holocauste. Est-il possible d'instituer toute forme de compréhension empathique envers lui ? Nous serait-il plus facile d'empathiser avec les victimes plutôt qu'avec le bourreau ? Et cela n'est pas tâche aisée, si l'on pense à l'engourdissement caractéristique, la fatigue de la compassion et de l'empathie qu'ont constaté les théoriciens des *trauma studies* chez qui est exposé à répétition à la représentation d'un *trauma* : Carolyn J. Dean en parle longuement dans son ouvrage *The Fragility of Empathy After the Holocaust*.

Cependant, la question ici engage de manière claire, et plus généralement, la possibilité même de la compréhension historique. Du point de vue de l'épistémologie de l'historiographie, que signifie comprendre comme pourvu d'un sens un geste du passé, un événement de l'histoire ? Dans ses *Problèmes de la philosophie de l'histoire* (1892), Georg Simmel avait à cet égard peu de doutes : l'histoire n'étant pas un « jeu de marionnettes », mais une interaction complexe d'êtres humains qui ressentent et pensent, l'histoire de processus psychiques, notre tâche doit d'abord être de comprendre les états psychiques qui sont à la source d'événements historiques. Mais surtout, ce comprendre n'est rendu possible que par l'empathie, c'est-à-dire par la capacité à dépasser les gouffres du temps en nous identifiant aux personnages historiques afin que nous puissions prendre conscience, nous mettant à leur place, de leurs motivations. Les faits historiques sont à rapporter aux actes de conscience, au vouloir et au sentir qui s'y expriment. Nous ne pouvons comprendre ces actes qu'à condition que leur reproduction ait lieu en nous par identification. Ce qui n'est possible qu'en participant à une forme de « transposition » (*Versetzung*) psychique.

Wilhelm Dilthey, collègue de Simmel à l'université de Berlin, est l'une des figures clés de la fondation épistémologique des sciences de l'esprit. Dans ses travaux de la période 1907-1910, consacrés au cas particulier de l'expérience intersubjective qu'est le comprendre (*Verstehen*) historique, le philosophe préconise le re-vivre et re-produire en nous (*Nacherleben*, *Nachbilden*), le fait de se mettre à la place d'autrui, de se transposer intérieurement dans le sujet qui a pensé et agi par le passé (*hineinversetzen*), en tant que procédures primordiales permettant de saisir le passé. Bien qu'il déclare ne pas vouloir approfondir les implications psychologiques d'un tel parcours, s'intéressant surtout à l'aspect méthodologique, Dilthey admet clairement que les sentiments de *Mitgefühl* et de *Einfühlung* renforcent notre capacité à nous identifier dans l'histoire. L'historien opère donc de manière analogue au poète : ils vivent tous deux « en imagination d'autres existences variées [1] », qui vont bien au-delà des possibilités de leur vie réelle.

L'invitation de Dilthey adressée à l'historien à comprendre le parcours imaginaire de l'expérience vécue (*Erlebnis*) d'autrui comme la clé de l'interprétation du passé lui valut les critiques de Max Weber, Gadamer, Habermas et Bourdieu entre autres, qui – pour d'autres raisons pas toujours bien fondées – lui reprochèrent la naïveté de sa conception de l'empathie historique. Les mots les plus durs à l'encontre de sa méthode d'identification historiographique sont à chercher dans la VIIe thèse qu'expose Walter Benjamin entre 1939 et 1940 dans *Sur le concept d'histoire*. Selon lui, l'inadéquation de l'empathie apparaît dès que l'on se demande « à qui précisément l'historiciste s'identifie par empathie. On devra inévitablement répondre : au vainqueur [2] ». Ce qui raye de l'histoire tout écho des lamentations des vaincus qui espèrent qu'on les entende. Par ailleurs, en 1928, Benjamin avait déjà critiqué l'*Einfühlung* comme procédé historico-littéraire dans *Origine du drame baroque allemand*, la définissant comme une tendance pathologique à la suggestion, par laquelle l'historien tend à se glisser, par substitution [3], dans la peau de l'artiste.

1. W. Dilthey, « Critique de la raison historique, Introduction aux sciences de l'esprit », *Œuvres 1*, trad. fr. S. Mesure, Paris, Le Cerf, 1992.

2. W. Benjamin, « Sur le concept d'histoire », *Œuvres III*, Paris, Folio-Gallimard, 2000, thèse VIIe, p. 432.

3. W. Benjamin, *Essai sur le drame baroque*, Paris, Champs-Flammarion, 1985, préface, p. 53.

Toutefois, n'allons pas croire que la perspective d'une méthode empathique en historiographie ait été l'apanage de la philosophie de l'histoire allemande. Si l'on regarde du côté anglo-saxon, on trouve, entre autres, Robin G. Collingwood, qui, dans *Le Concept d'histoire*, renvoie explicitement à la reconstitution (*re-enactment*) de l'expérience d'autrui comme procédure centrale de la connaissance historique. Certes, je ne peux reconstruire en moi la totalité des expériences vécues du personnage historique, « quel était le parfum des fleurs du jardin d'Épicure, ou comment Nietzsche ressentait le vent dans ses cheveux en se promenant en montagne ; nous ne pouvons pas revivre le triomphe d'Archimède ou le chagrin de Caius Marius » [1], mais je peux parcourir en moi-même le fil des pensées conscientes et des émotions fondamentales qui ont amené le sujet que j'étudie à telle ou telle décision. Je ne peux être immédiatement Thomas Becket, mais je peux savoir ce que cela signifiait d'être lui. La structure du « comme si », que nous avons rencontrée à maintes reprises, est décisive ici aussi : l'historien doit s'imaginer à la place du sujet historique, tenter de regarder la situation par ses yeux, en prenant en compte les informations et les connaissances dont il disposait pour faire face à des situations données. *Re-enactment* implique donc un revivre l'expérience vécue et un repenser ce qui a été pensé, sans identification confuse.

Mais, quel sens a véritablement le fait de s'imaginer être le sujet historique ? En quel mode et dans quelle mesure puis-je me transposer dans la psyché d'Alexandre le Grand, de César, de Napoléon, de De Gaulle ? Comment dois-je comprendre ma participation aux motivations d'actes qui me répugnent physiquement et moralement, telles celles qui ont conduit Pol Pot et les Khmers rouges aux massacres tristement célèbres au Cambodge ? Puis-je vraiment dire qu'il est nécessaire de s'identifier au docteur Mengele pour comprendre le sens des sévices cruels de l'« ange de la mort » ? Et, pour comprendre le suicide de Jean Moulin, devrais-je m'apprêter à faire la même chose que lui dans une situation analogue ? Puis-je vraiment espérer, en

1. R.G. Collingwood, *The Idea of History*, Oxford, Clarendon Press, 1946 (posthume), partie V, § 4, p. 296.

tant qu'homme du XXIe siècle, comprendre la condition, non pas d'une femme qui vit au même siècle que moi, mais d'une femme chinoise du XIe siècle ? Max Weber le fit remarquer à bon escient : « il n'est pas besoin d'être César pour comprendre César » ; la possibilité de revivre en nous est importante mais n'est pas une condition *sine qua non* de la compréhension du sens historique d'un événement ou d'un personnage.

Une réponse affirmative et radicale à toutes ces questions impliquerait une véritablement métamorphose du sujet qui comprend historiquement : ça n'est qu'en m'identifiant *in toto* au sujet à comprendre, et à son monde de valeurs et de croyances, que je peux saisir le sens d'un seul geste, d'une seule décision. Ça n'est qu'en devenant, d'une certaine manière, en tout et pour tout lui ou elle, en partageant pleinement son monde, que je peux empathiser historiquement : on a là une hypothèse holistique (vouée à l'identification dans le tout de l'autre) extrémiste et impossible à réaliser. Je ne pourrai jamais me défaire de mon temps et de mon monde pour me plonger totalement dans celui d'un paysan bourguignon du IXe siècle, ou dans celui d'une dame de cour parisienne du XVIIe siècle. Cette impossibilité patente étant posée, dois-je alors rejeter *eo ipso* la possibilité même d'une empathie historique ? En effet, si une empathie totale est irréalisable (et elle l'est), parler d'une empathie réduite de moitié et partielle n'a alors aucun sens : c'est tout ou rien.

Parmi les théoriciens de l'historiographie qui ont exprimé le plus sévèrement leur rejet de l'admission de procédures empathiques dans la compréhension historique, on peut mentionner Quentin Skinner. Convaincu que pour être compris de manière adéquate, les actions et les documents historiques doivent être rapportés aux intentions des agents et de leurs auteurs, Skinner nie qu'il faille pour cela recourir à l'identification (« *Nothing in the way of 'empathy' is required* »), dès lors que ce que ces sujets ont écrit et fait est entièrement public et intersubjectif. De même que, quand un homme agite les bras pour m'avertir d'un danger, je n'ai aucun besoin de me mettre à sa place pour comprendre son geste.

Contre cette négation radicale de l'empathie historique, on a proposé, comme l'a fait Karsten Stueber, une forme modérée d'empathisation fondée sur les facultés imaginatives du sujet comprenant. Il postule que nous pouvons nous utiliser nous-mêmes pour imaginer ce qu'ont pu être les motivations ayant conduit tel personnage historique à prendre certaines décisions plutôt que d'autres, en tentant de nous mettre dans sa situation, « comme si » nous étions lui ou elle. Tout en sachant, bien sûr, que nous ne sommes pas ce personnage ; mais tout en ayant aussi la certitude que, s'il s'avérait être vraiment nécessaire de s'identifier en tout et pour tout au monde de l'autre, on ne pourrait pas même se souvenir de nos pensées de la veille, étant donné que nous étions autre hier par rapport à aujourd'hui, c'est-à-dire dans une situation émotive et existentielle différente. Tout en soutenant la notion collingwoodienne de *re-enactment*, Stueber propose la méthode de l'empathie reconstructive (*re-enactive empathy*) : c'est une stratégie qui nous permet de donner un sens aux agents historiques en recréant dans notre esprit les motivations les ayant conduits à agir d'une certaine manière plutôt que d'une autre.

Certes, une telle recréation a des limites, et on ne peut prendre l'empathie reconstructive pour la méthodologie exclusive de la connaissance historique, elle doit être intégrée à d'autres procédures. À l'instar des autres formes de connaissance humaine, elle est faillible, elle pourrait par erreur retenir comme déterminante l'une des nombreuses raisons plausibles motivant telle action. Et, elle pourrait notamment pour les grandes différences ethno-culturelles, risquer de céder à des projections eurocentrées illégitimes et implicitement colonialistes sur des mondes culturels radicalement différents du nôtre. Cependant, le risque opposé n'est pas à négliger non plus : c'est-à-dire qu'à force de voir l'autre comme totalement autre, on perd de vue tout ce que la culture étrangère partage avec la nôtre. Par exemple, la tendance à considérer les choses du monde sous un angle pratique et instrumental n'est pas, contrairement à ce que nombreux pensent, l'apanage de l'humanité occidentale. Il n'en reste pas moins que, pour Stueber, si nous ne réussissons pas à comprendre sous une modalité empathique les principales motivations du sujet historique qu'on veut interpréter, si nous ne sommes pas capables de nous mettre à sa place en élaborant des conjectures plausibles autour de ses raisons, nous nous privons d'une source fondamentale et première pour la connaissance de l'histoire.

Cela étant, nous n'avons pas encore répondu à la question Mengele, la question Hitler, la question Holocauste. Et si, malgré tous nos efforts, nous n'arrivions pas à nous mettre par l'imagination à la place des monstres de l'histoire ? Que devient la modalité empathique de reconstitution quand nous ne parvenons pas à activer la structure analogique du « comme si » ? Que peut bien l'empathie quand nous sommes confrontés à des événements apparaissant comme la quintessence de la destruction systématique de l'empathie elle-même ? Suffit-il de reléguer Hitler et Mengele dans la catégorie des fous, du totalement autre imperméable à toute possibilité de compréhension historique (et donc aussi à toute pénétration empathique) ? Et les autres ? Les milliers d'Allemands « normaux » – pour n'en rester qu'au cas de la Shoah, si paradigmatique qu'il soit – pris dans l'impitoyable machine d'extermination, impliqués dans ce qu'Hannah Arendt [1] a appelé dans une formule ô combien efficace « la banalité du mal » ? C'est ici que l'empathie s'évanouit, admet Stueber, qu'elle rencontre des limites infranchissables, elle se heurte à une nature que nous percevons en contradiction profonde avec notre identité d'êtres moraux. Nous faisons l'expérience du phénomène de résistance par l'imagination déjà observé par David Hume dans son essai *De la règle du goût*, et que nous ressentons aussi quand nous nous efforçons de comprendre, sans y parvenir, quelqu'un en proie à une profonde dépression ou prisonnier de phobies étranges et pour nous absurdes.

Peut-on s'en tirer à bon compte en admettant que face à un Hitler l'empathie se fait muette, tout comme face aux abysses impénétrables d'un grand mélancolique ou aux incorrigibles obsessions d'un phobique radical ? Tentons une expérience mentale, un jeu d'uchronie,

1. H. Arendt, *Eichmann à Jérusalem. Rapportsur la banalité du mal*, Paris, Folio-Gallimard, 1991.

et tournons-nous vers celui qui en sait long sur la mélancolie et les phobies : imaginons que Sigmund Freud ne soit pas mort en 1939, mais dix années plus tard. Imaginons qu'il ait pu assister à l'assujettissement d'une nation entière au lugubre rêve national-socialiste ; qu'il ait suivi avec appréhension et angoisse la montée systématique de la persécution des Juifs jusqu'au délire collectif de la solution finale. Imaginons qu'il ait vu les images des camps de concentration aux lendemains de la libération ; qu'il ait lu les comptes rendus des rescapés concernant le sort réservé aux naufragés. Enfin, imaginons qu'à partir d'observations directes et de communications indirectes, il ait rassemblé une masse prolifique de matériaux, qu'il ait ensuite réunie élaborée et métabolisée dans son célèbre essai *Psychologie des foules et analyse du moi*[1], publié l'année de sa mort, en 1949 (et non en 1921, comme c'est effectivement le cas).

Si tout cela avait eu lieu, le paragraphe 7 de son ouvrage, dédié à l'identification, aurait été vraisemblablement bien différent, bien plus riche de références à son temps. Dans ces pages, Freud examine l'analogie subsistant entre les processus d'identification qui peuvent s'instaurer entre le fils et le père, ou entre la fille et la mère, et ceux qui s'instaurent entre les individus qui composent une foule et un élément affectif que tous partagent : le lien au meneur. Parlons, nous dit Freud, de ce que la psychologie appelle identification : *Einfühlung* (un terme qu'il avait appris chez Lipps). Ce qui suit, notamment dans les paragraphes concernant la pulsion grégaire et la horde originaire, résonne comme une prophétie sinistre pour les années qui bientôt conduiraient l'Allemagne à la ruine : Freud parle en effet de l'absence d'autonomie et d'initiative personnelle, de la coïncidence entre la réaction de l'individu et celle de tous les autres, de la dégradation de la personne en un individu collectif. Il mentionne le sens de l'incomplétude du singulier, cellule nécessitant d'autres cellules, de l'épuisement de sa capacité critique au profit d'une affectivité déchaînée, l'intempérance et l'incapacité à différer, la

1. S. Freud, « Psychologie des foules et analyse du moi », dans *Essais de psychanalyse*, Paris, Payot, 1981.

tendance à évacuer l'expression dans l'action. Enfin, il y parle de la régression à la forme originaire de la société, représentée par la « horde » soumise au joug du mâle le plus fort (adoré par tous ses subordonnés, et dont tous les subordonnés croient être aimés, et qui en réalité se complaît dans son narcissisme achevé), qu'il a déjà décrite dans *Totem et Tabou* (1912), suivant les hypothèses de Darwin.

Une même expérience d'uchronie pourrait être menée avec Max Weber (qui mourut en 1920) et le paragraphe 6.2 de son ouvrage *Économie et Société*[1] (resté inachevé et publié posthume, qui consacre de nombreuses pages à la nature et à la genèse du pouvoir charismatique), qui met au point l'*Einfühlung* comme processus psychique fondant l'agir communautaire et le consensus collectif. Il ne faut toutefois pas penser que les processus d'identification empathique chez la figure charismatique se manifestent toujours selon des modalités aussi exceptionnelles que celles observées par Freud et Weber dans l'Allemagne des années 1920, avec les tragiques issues qui suivirent. Dans des versions plus modérées, épurées ou policées, il s'agit d'une composante de la psychologie collective qui se présente à nous dans la vie quotidienne, dans les rapports hiérarchiques qui s'instaurent au sein du monde du travail, du sport, de l'expérience religieuse, des associations, à chaque fois que l'on fait groupe et qu'on vérifie une sélection entre qui mène et qui suit, comme l'ont montré, avec force exemples, Mark VanVugt et Anjana Ahuja dans leur ouvrage *Selected : why some people lead, why others follow and why it matters*[2].

prendre soin de l'autre

L'empathie serait-elle alors une maladie psychique qui nous transforme en troupeau et nous expose à l'omnipotence du mâle dominant ? Que Freud parle de manière explicite d'une « régression » de la foule contemporaine à la forme primaire d'une horde semblerait

1. M. Weber, *Économie et Société* (posthume, 1922), trad. de l'all. par J. Chavy et É. de Dampierre (dir.), Paris, Plon, 1971.

2. M. Van Vugt, A. Ahuja, *Selected : Why Some People Lead, Why Others Follow and Why it Matters*, London, Profile Books, 2010.

suggérer en effet qu'il appréhendait la constitution de la psyché collective à travers l'*Einfühlung* pour le meneur comme analogue au processus de formation du symptôme pathologique de la psyché individuelle. Mais, pour le médecin autrichien, le sens de l'expérience empathique ne se réduit pas à cette dynamique de régression : l'empathie joue son rôle aussi dans l'expérience du comique. Elle y régule la confrontation entre moi et l'autre qui me fait rire parce qu'elle réalise une dépense qui peut être soit excessive pour les fonctions du corps soit insuffisante pour les fonctions de l'âme (Freud cite d'ailleurs en note, dans son étude de 1905 sur le mot d'esprit [1], le travail de Lipps intitulé *Komik und Humor*) [2]. Par ailleurs, élément important pour les développements qui viendront de la pensée psychanalytique, elle est un instrument fondamental de la psychothérapie. Quel est le bon moment pour dévoiler au patient le sens profond de ses pensées – se demande Freud dans *Le Début du traitement* [3] (1913) ? Il ne peut le faire avant que se soit établi chez le patient un transfert efficace, un véritable rapport de confiance avec le médecin, qui peut être compromis de manière irrémédiable si ce dernier n'adopte pas le point de vue de l'*Einfühlung*, mais si, par exemple, il fait la morale ou bien prend le parti d'un parent du patient. Il s'agit d'une *Einfühlung* que Freud lui-même avoue n'avoir réussi à construire qu'à grand peine dans le fameux cas de l'homme aux loups [4].

Le fondateur de la psychanalyse ne manque pas non plus de souligner le rôle qu'une disposition empathique peut jouer dans la pédagogie, affirmant, dans l'essai *L'Intérêt de la psychanalyse* [5] (1913), que seul peut être éducateur qui empathise avec la vie psychique infantile. Nous autres adultes avons du mal à comprendre les enfants

1. S. Freud, *Le Mot d'esprit et sa relation à l'inconscient*, Paris, Folio-Gallimard, 2010.
2. Th. Lipps, *Komik Und Humor*, Hamburg, Voss, 1898.
3. S. Freud, « Le Début du traitement », in *De la technique psychanalytique*, Paris, P.U.F., 1953.
4. S. Freud, *L'Homme aux loups, à partir de l'histoire d'une névrose infantile*, Paris, P.U.F., 2009.
5. S. Freud, *L'Intérêt de la psychanalyse*, Paris, Retz, 1980.

parce que nous ne comprenons plus notre propre enfance, nous manque par conséquent l'aptitude empathique nécessaire.

Loin d'être imperméable à l'approche empathisante, la maladie psychique – les dépressifs et les phobiques que Stueber a tendance à voir comme des écueils indépassables pour notre imagination empathique à l'instar des monstres de l'histoire –, a donc été pensée très tôt comme réceptive à l'*Einfühlung*. Dans la folie, dans ses différentes formes et ses degrés divers (conditionnés historiquement et culturellement), nous ne sommes pas alors exposés à un totalement Autre qui serait comme un cap infranchissable de la compréhension empathique. Il existe une abondante littérature psychiatrique et psychanalytique qui soutient le contraire : non seulement interagir avec empathie avec les patients est possible, mais de plus, l'empathie deviendrait la clé de voûte de la thérapie, le cheval de Troie permettant au médecin d'accéder au noyau le plus intime du malaise psychique, aux recoins les plus cachés de la psyché tourmentée du sujet en souffrance.

Le rôle que l'empathie peut jouer dans le rapport thérapeutique a été souligné de manière diverse par plusieurs disciples de Freud, de Sándor Ferenczi à Carl Gustav Jung. Ce dernier identifia, dans son ouvrage *Types psychologiques*[1] (1921) l'attitude empathique au caractère extraverti. Celui qui, de tous, a placé l'empathie au centre de sa théorie et de sa pratique de la psychothérapie est Heinz Kohut, fondateur de l'école de la Psychologie du soi et que nous avons déjà croisé en tant qu'inspirateur de l'anthropologue Geertz. À partir d'un essai influent paru en 1959, *Introspection, Empathy and Psychoanalysis*[2], Kohut associe étroitement l'empathie à l'exploration introspective, définissant la première comme une variation de la seconde ou une « introspection vicariante » : si, dans l'introspection, j'ai accès à mon monde intérieur, dans l'empathie, c'est au monde de l'autre que je trouve un accès. Ces deux facteurs sont fondamentaux pour

1. C.G. Jung, *Types psychologiques*, Genève, Georg, 1983.

2. H. Kohut, « Introspection, Empathy and Psychoanalysis. An examination of the relation between mode of observation and theory », in *The Search for the Self*, vol. 1, éd. P. H. Ornstein, New York, International Universities Press, 1959, p. 205-232.

l'observation psychanalytique : l'analyste en effet est témoin de l'auto-observation du patient, en même temps, il encourage à travers l'empathie une sorte d'extension de sa capacité, subtile, d'introspection auto-analytique. Ce ne sont certes pas les composantes exclusives de la relation analytique mais sans nul doute les plus fondamentales : l'analyse commence et se termine avec l'introspection et l'empathie. À partir de cet essai séminal, Kohut revient régulièrement sur la question jusqu'en 1981, année de sa mort, pour en approfondir certaines implications. Nous nous limiterons ici à reconnaître son souci de ne pas identifier l'approche empathique dans l'analyse à un « oui, je te comprends » naïf et bêta par lequel le thérapeute plein de compassion et de bons sentiments se tournerait vers le patient en souffrance. L'empathie est un instrument de connaissance qui peut être utilisé dans un cadre ouvertement hostile, ni plus ni moins que ce que faisaient les nazis qui équipaient leurs chasseurs-bombardiers de sirènes parce qu'ils connaissaient bien, par empathie, les réactions de terreur que provoquaient les alertes chez la population visée. N'importe qui peut se servir de sa propre capacité empathique pour découvrir le point faible de l'autre, et ainsi mieux lui nuire. Malgré cela, Kohut finit par conclure – assumant clairement les risques de paradoxe et de contradiction – qu'une empathie négative est préférable à une absence totale d'empathie, car, même quand je subis l'attaque hostile inspirée par l'empathisation de mon ennemi, je reste un être humain, ce qui n'est pas le cas si je me trouve projeté dans un environnement totalement a-empathique ou non-empathique (tel celui que les nazis ont cherché à produire dans les camps de concentration).

Aussi actif que Kohut à Chicago, Carl R. Rogers (qui théorisa l'approche dite non directive ou thérapie centrée sur la personne [1]) est sans doute l'un des théoriciens les plus engagés pour valoriser le rôle de l'empathie dans le dialogue thérapeutique et dans la relation d'aide (*counseling*). Dans un article intitulé « *Empathic : an unappreciated*

1. C. Rogers, M. Kinget, *Psychothérapie et relations humaines. Théorie et pratique de la thérapie non directive*, Paris, Béatrice-Nauwelaerts, 1962.

way of being[1] », le thérapeute américain défend les principes de sa méthode contre les critiques, même caricaturales, qui lui avaient été adressées (notamment parmi les plus mesquines, la critique posant que dans la thérapie non-directive il suffirait de répéter les derniers mots prononcés par le client), et réaffirme ce qu'il soutient depuis les années 1940, à savoir que pour instaurer un climat thérapeutique favorable à la prise de conscience et à la prédisposition du patient au changement, la relation empathique est un élément central. Une attitude d'écoute passive importe avant toute chose, attitude dans laquelle le thérapeute se limite à « refléter » les états d'âme du patient (dans ce cas aussi le *mirroring* joue un rôle crucial). Il s'agit par conséquent d'une disposition empathique où l'analyste cherche à vivre dans le monde intérieur, perceptif et affectif de son patient en même temps que lui, « comme si » il était lui (mais toujours dans la pleine conscience du « comme si », autrement il risquerait de s'y identifier), en suivant son incessant flux, sans prononcer de jugements de valeur, mais cherchant précautionneusement à identifier et nommer les sentiments dont le client n'est qu'à peine conscient. Il convient toutefois d'être attentif à ne pas déterrer des éléments que le patient ignore totalement, car dévoiler ces régions cachées pourrait provoquer un choc. Le thérapeute doit rester dans un contrôle incessant, et s'assurer que les termes qu'il suggère à son client pour désigner un état d'âme donné soient les plus appropriés possibles (d'où la notion de *empathic accuracy*) : il dira par exemple « Tu es peut-être en colère contre ton père ? » ; « Tu n'es peut-être pas satisfait par son comportement » ; « Il t'a peut-être déçu ».

Il apparaît clair que cette modalité, « subtile et délicate » et en même temps assez puissante, est très exigeante vis-à-vis du thérapeute. En effet, on lui demande de correspondre à une figure idéale capable de comprendre le patient en intégrant son point de vue, de suspendre son propre jugement et ses préjugés, de suivre un flux psychique qui peut lui sembler irrationnel et absurde. Le thérapeute doit être

1. C. Rogers, « Empathic : an Unappreciated Way of Being », *The Counseling Psychologist*, 2, 1975, p. 2-10.

conscient que l'instauration d'un climat empathique est de sa responsabilité, et non de celle du caractère du client (et plus le thérapeute est mature et sûr de lui, pondéré et expert, plus il réussira à créer facilement la bonne atmosphère) et que plus ce climat s'établit tôt, plus la thérapie aura de chance de succès. Enfin, il doit savoir qu'il est lui-même le plus mauvais juge de ses propres capacités empathiques et devrait se laisser évaluer soit par un juge extérieur, soit, mieux encore, par ses propres patients. On ne naît pas thérapeute empathique, on le devient en apprenant à empathiser en tant que thérapeute empathique, et plus le climat du parcours est empathique, plus l'apprentissage sera rapide et efficace.

Parmi les principales conséquences, et les plus profondes, d'un rapport thérapeutique empathique, on peut citer : la baisse du sentiment d'aliénation (le patient se sent compris, il voit que son état existentiel n'est pas une condition isolée et absurde, mais une situation qui a un sens pour quelqu'un d'autre) ; le sentiment d'être accepté en tant que personne (le patient sent que le thérapeute l'accepte comme il est, sans prononcer de jugements de valeur sur sa condition, qu'il prend soin de lui), ce qui augmente la possibilité de l'acceptation de soi ; le déblocage et la communication d'états d'âme jamais manifestés à d'autres auparavant, pas même pleinement à soi-même, une mise au point et une prise de conscience qui constituent un premier pas vers le changement. Tout cela favorise la transformation du patient en thérapeute de soi-même.

Rogers est convaincu que la relation empathique ne concerne pas seulement les psychopathologies, elle est valable autant pour des sujets schizophrènes que pour les classes d'élèves, autant pour les sujets névrosés que pour les enseignants et les praticiens du *counseling*. Le souci (*caring*) de l'autre sous une modalité empathique représente une « force puissante de changement et de croissance », « le don le plus précieux qu'on puisse faire à quelqu'un ». L'ouverture que suggère Rogers au-delà du cadre psychothérapeutique, au monde plus étendu des relations sociales est le signe d'une attention précoce portée sur ce large ensemble de pratiques médicales, paramédicales et d'assistance pour lesquelles s'est développée, ces dernières décennies, un intérêt et une sensibilité croissants de la part des praticiens aussi bien que de l'opinion publique et des médias. Critiquée pour ses dérives atomistes et déshumanisantes qui transforment le malade en une somme d'organes sans relation les uns aux autres et confiés à la compétence de spécialistes qui ne se parlent pas entre eux et perdent de vue l'intégrité de la personne, la médecine dans son ensemble a été investie d'une série de demandes holistiques toujours plus pressantes et non ajournables, demandant la reconnaissance de l'être humain dans sa totalité psychosomatique, anatomique et affective, organique et existentielle. L'empathie peut jouer un rôle central en toute circonstance où se pose l'exigence de l'assistance, du *counseling*, du *care giving*, au-delà du domaine médical et psychiatrique.

Si on écarte les doctrines et les pratiques pour s'intéresser aux pathologies, on verra sans doute que de toutes, c'est l'autisme qui semble avoir accaparé l'attention des théoriciens de l'empathie. La fermeture à l'autre typique de cet énigmatique syndrome solitaire a été associée par bon nombre à une capacité empathique faible voire nulle du sujet autiste. Le rapport intime entre l'autisme et l'absence d'empathie permet par l'étude du développement typique de la relation empathique chez les enfants, de comprendre beaucoup sur la pathogenèse du syndrome autiste et, vice-versa, par l'exploration de la nature d'une telle pathologie, on découvre beaucoup sur l'empathie elle-même. Les premiers observateurs de cette condition reportaient avoir la sensation d'être traités par les enfants autistes comme des meubles, comme de simples objets. Cette chosification représente l'une des composantes d'une relation non-empathique, qui transforme l'interpersonnalité en un rapport sujet-objet. On ne s'étonnera pas que dans le cas de l'autisme aussi, on ait discuté de la prévalence de l'expérience empathique parmi les facteurs déterminants comme cela avait été fait dans d'autres champs (*Mind Theory* vs *simulation theory*) : une fois admis que l'autisme est corrélé à un déficit empathique, il conviendra en effet d'établir si ce déficit est dû à une insuffisance cognitive (une compétence inadéquate pour lire l'esprit d'autrui et pour décodifier les intentions et les pensées d'une autre personne : c'est la position défendue par Alan Leslie [1], Uta Frith [2] et Simon Baron-Cohen [3], par exemple, qui parlent de l'autisme comme d'une *mind blindness*, une cécité à l'égard de l'esprit d'autrui) ; s'il est dû à une fragilité affective (une carence dans l'architecture émotionnelle de la personne, selon Peter Hobson [4]), ou bien s'il est dû peut-être à un affaiblissement biologique (à une trop basse capacité à répondre des neurones miroirs, les corrélats fonctionnels de l'empathie, comme le pense Vittorio Gallese [5]).

prendre les mesures

La réflexion psychiatrique et psychothérapeutique semble suggérer que la relation empathique soit quelque chose d'essentiellement personnel, une sorte de magie rare créée entre deux sujets dans les conditions privilégiées de la relation thérapeutique. S'il est vrai que l'individu est indicible, ce rapport exclusif entre deux personnes semble être tout autant indicible et si idiosyncrasique qu'on imagine difficilement pouvoir en faire un compte rendu public. D'ailleurs, les narrateurs des cas cliniques les plus brillants – de Freud à Binswanger à Oliver Sacks – sont tout à fait conscients de la nécessité de filtrer le contenu de leurs expériences avec leurs patients, pour le rendre accessible et partagé par les lecteurs. Mais la psychologie en tant que science ne peut ni accueillir toute l'imprécision de l'irréductibilité du vécu de chacun, ni certes se contenter de ces médiations littéraires. Parce qu'elle aspire à un statut de scientificité, forgé sur le paradigme des mathématiques, elle a besoin de nombres et de chiffres

1. A. Leslie, « Autism and the « theory of mind »module », *Current Directions in Psychological Science*, 1, 1992, p. 18-21.

2. U. Frith, *L'Énigme de l'autisme*, Paris, Odile Jacob, 2010.

3. S. Baron-Cohen, *La Cécité mentale. Un essai sur l'autisme et sur la théorie de l'esprit*, PUG, 1998.

4. P. Hobson, *The Cradle of Thought*, Oxford, Oxford University Press, 2002.

5. V. Gallese, *Intentional Attunement : A Neurophysiological Perspective on Social Cognition and its Disruption in Autism, Brain Res. Cog. Brain Res.*, 2006, p. 15-24.

(« l'objectivité »), et la « psychométrie », soit la technique de mesure de l'activité psychique sous ses divers aspects, est son fer de lance.

L'empathie n'a pas échappé à cette métrique de l'âme, mais elle a donné, et continue de donner, du fil à retordre aux mesurateurs de tous bords. Surtout, on l'a vu, le terme fait désormais partie du langage courant, bien que le consensus sur son sens soit faible. Comment peut-on mesurer alors ce que l'on ne sait pas bien définir ? Il est ardu de prouver la fiabilité des échelles de mesure et des tests en l'absence d'une définition précise et concise du concept en question. Prenons les instructions données aux personnes formant l'échantillon de population soumis à la mesure de l'empathie. Si on leur donne des instructions directes (« empathise avec ça, et note ce que tu éprouves »), les sujets risquent de ne pas savoir ce qu'ils doivent faire, ou d'interpréter l'instruction chacun à sa façon. Si les instructions sont indirectes et ont recours à des synonymes ou des périphrases (« essaie de t'identifier à ceci ou cela », « essaie d'imaginer ce que ressent tel ou tel », et ainsi de suite), les résultats risquent de renvoyer à des vécus et des expériences ne coïncidant pas tout à fait avec les vécus et expériences empathiques, mais à des hybrides incluant d'autres composantes.

Ce genre de difficulté n'a pourtant pas découragé les chercheurs qui, à partir des années 1960, ont élaboré et modifié sans relâche échelles et questionnaires pour tenter de fixer l'empathie selon les règles de l'objectivité. Nous nous limiterons à rappeler ici les principaux instruments psychométriques, tous, fatalement, caractérisés par leur acronyme propre. Le premier à mentionner est le FASTE (Feshbach Affective Situation Test for Empathy), développé par Feshbach et Roe en 1968 [1], et destiné aux enfants en âge scolaire, car il requiert certaines compétences linguistiques. On présente au sujet une séquence d'histoires brèves (audio et vidéo) ayant pour protagonistes des enfants pris affectivement dans un événement. À la fin de chaque histoire, le chercheur pose deux questions à l'enfant : « qu'éprouves-tu ? » et

1. N. Feshbach, K. Roe, « Empathy in Six-and Seven-Years-Old », *Child Development*, 39, 1968, p. 133-145.

« qu'éprouve le protagoniste ? ». Dans le cas où les réponses coïncident et que l'émotion attribuée à l'enfant qui vit l'événement est identique à l'émotion éprouvée par l'enfant qui l'écoute et l'observe, ce qu'on appelle l'« *affect match* » se vérifie, c'est-à-dire la correspondance ou la combinaison affective, et on peut constater de l'empathie.

Il est clair que dans cette conception, l'empathie est entendue comme identité de vécus, comme un con-sentir au sens de sentir ce que sent l'autre, selon ce que nous pourrions appeler le « principe d'actualité », pour reprendre les termes de Geiger, déjà mentionné. Cette prémisse met évidemment hors jeu toutes les réponses affectives de substitution (ce que Geiger définissait comme « principe de représentation »), où j'empathise avec l'autre non parce que je sens en moi-même ce que lui-même sent, mais parce que j'éprouve un affect cohérent avec son état d'âme et je focalise mon attention sur l'autre en tant que tel. C'est l'objection, parmi d'autres, de Martin Hoffman, qui, dans un essai de 1982 intitulé *The Measurement of Empathy*[1], met au jour une série de problématiques qui décrédibilisent la méthode psychométrique basée sur la présentation d'histoires figurées, et notamment le facteur dit de désirabilité sociale. Il est en effet possible que l'enfant veuille fournir à l'expérimentateur une image de lui qui corresponde pleinement aux attentes de celui qui l'interroge, voire plus généralement, de la société et de sa culture de référence. Et surtout, se concentrer sur des réponses élaborées sous la forme linguistique (et donc sous la forme conceptuelle, même à un niveau enfantin) comporte le risque de privilégier la composante cognitive de l'expérience empathique au détriment de la composante affective.

En 1987, Janet Strayer a proposé une méthode de mesure plus structurée et nuancée, l'ECSS (Empathy Continuum Scoring System), qui se base, de façon analogue au FASTE, sur des entretiens menés après la projection de vidéos ou de vignettes, à la différence qu'on tient compte ici du niveau d'intensité de l'émotion éprouvée soi-même (un peu, assez, beaucoup) et de l'émotion attribuée au

1. M.L. Hoffman, « The Measurement of Empathy », *op. cit.*, p. 351-355.

protagoniste de l'histoire, et l'on cherche à évaluer aussi bien le plan cognitif que le plan affectif. Au résultat final, plus on obtient de points, plus on a la capacité de se décentrer de soi-même et d'adopter le point de vue d'autrui.

Parmi les questionnaires les plus diffusés, on trouve l'IRI (Interpersonal Reactivity Index) développé par Mark H. Davis en 1983 [1]. Il s'agit d'un ensemble de 28 affirmations, divisé en quatre sous-groupes, chacune destinée à évaluer une composante donnée de la capacité empathique, selon la théorie multidimensionnelle de l'empathie que soutient l'auteur : *perspective taking* (adoption du point de vue d'autrui), imagination, considération empathique, désagrément personnel. Le sujet doit donner son approbation ou sa désapprobation pour chacune des affirmations, sur une échelle allant du « jamais vrai » au « toujours vrai ». Pour ce questionnaire comme pour d'autres, il existe des versions auto-évaluatives (le sujet s'évalue lui-même) et hétéro-évaluatives (les parents ou les enseignants évaluent enfants ou élèves).

Le problème général qu'on trouve dans l'élaboration des échelles d'empathie et des questionnaires, consiste dans le fait que la formulation des questions ou des affirmations, ainsi que la présentation même des histoires racontées aux sujets, sont conditionnées par un point de vue socio-culturel, et peuvent donner des résultats très variables selon l'appartenance du groupe testé à telle ou telle culture, caractérisée par tel ou tel système de valeurs. C'est pour cela qu'il est nécessaire d'adapter les instruments psychométriques aux contextes culturels spécifiques ; ce fut, par exemple, le cas du FRIC (Feshbach and Roe Revised for Italian Children), une adaptation du FASTE réalisée par Albiero et Lo Coco en 1993 [2]. En 2003, Wang et son équipe ont pensé thématiser explicitement les différences culturelles dans le questionnaire même, en élaborant la SEE (Scale of Ethnocultural

1. M.H. Davis, « Measuring Individual Differences in Empathy », *Journal of Personality and Social Psychology*, 44, 1983, p. 113-126.

2. P. Albiero, A. Lo Coco, « Measuring Empathy », *Aggressive Behavior*, 19, 1993, 1, p. 38-39.

Empathy) [1], un instrument d'évaluation destiné à mesurer l'empathie ethnoculturelle, c'est-à-dire la capacité d'un sujet à se reporter de manière empathique aux autres sujets appartenant à une culture et une ethnie différentes de la sienne. La structure de l'échelle prévoit quatre sous-groupes, se référant aux domaines EFE (Empathic Feeling and Expression), EP (Empathic Perspective Taking), AC (Acceptance of Cultural Differences), EA (Empathic Awareness).

Mais, confier la mesure de l'empathie à des procédures d'évaluations fondées sur la verbalisation par les sujets de leurs états d'âme, et sur la description verbale des vécus d'autrui, n'est-ce pas viser trop haut ? N'est-ce pas rechercher l'empathie à un niveau trop raffiné et trop contrôlé d'élaboration cognitive, prédicative et conceptuelle, ce qui précisément s'exprime dans le langage parlé ? Si l'empathie est une émotion – c'est notamment la conception de Bischof-Köhler [2] – c'est-à-dire un mouvement de l'âme qui se manifeste par un mouvement du corps, ne serait-ce pas plutôt ce corps qu'il conviendrait de regarder pour en saisir les signes révélateurs spontanés qui disent, bien avant les mots, une disposition ou une condition empathique ? Mais surtout, explorer ces indices somatiques (postures, gestes, expressions du visage) à l'insu du sujet examiné présenterait l'avantage d'être possible aussi sur des sujets « enfants », qui n'ont donc pas encore développé de capacités linguistiques. À une objection partiale de la conception selon laquelle les indices somatiques sont une voie d'accès plus directe à l'état émotionnel réel et spontané du sujet, on répondrait alors que les enfants savent déjà très tôt que les expressions non-verbales, autant que les expressions verbales, répondent à un ensemble de règles de manifestation (*display rules*) qui gouvernent leur apparition en public.

C'est aussi pour ces raisons que, dans le but de saisir et mesurer l'empathie hors de tous filtres sociaux, on a pensé devoir remonter à des stades bien plus primitifs de la corporéité, aux réponses que notre corps fournit à un stimulus « émotigène » (capable de déclencher

1. Y. Wang, *et al.*, « The Scale of Ethnocultural Empathy », *Journal of Counseling Psychology*, 50, 2003, p. 221-234.

2. D. Bischof-Köhler, *Spiegelbild und Empathie*, Bern-Stuttgart-Toronto, Huber, 1989.

des réactions affectives), indépendantes de notre volonté et soustraites à notre conscience. Il s'agit des indices psychophysiologiques liés au fonctionnement du système nerveux autonome, sympathique et parasympathique, qui régule la transpiration et le rythme cardiaque, la respiration et la conductibilité électrique de la peau, etc. Si cette typologie de mesures présente des avantages certains, on signalera toutefois une difficulté loin d'être anodine : c'est précisément parce qu'on parle de réactions primitives qu'il est problématique d'établir si elles surviennent parce que causées spécifiquement par un vécu empathique, ou si intervient une autre cause, comme par exemple, tout bonnement, la posture non-naturelle à laquelle nous contraint la machine effectuant la mesure.

Ce qu'on appelle le *brain imaging* fait partie à juste titre de ces nouveaux horizons de la mesure de l'empathie. Il s'agit de l'ensemble de technologies non invasives (comme la TEP ou tomographie par émissions de positons, et la IRMf ou imagerie par résonance magnétique fonctionnelle) qui permettent de visualiser l'activité du cerveau « in vivo » et de mettre en évidence les aires concernées fonctionnellement au moment où le sujet fait une expérience empathique. Cette série de procédures est évidemment solidaire de l'idée initiale, déjà rencontrée dans ces pages, selon laquelle les bases premières de l'empathie s'enracinent dans une population neuronale spécifique, les neurones miroirs, affectée à la gestion du fondement biologique de l'intersubjectivité.

On le voit dans cette cartographie partiale et incomplète, la psychométrie est une science complexe et structurée, de même que son objet, la psyché, est complexe et structuré. En outre, si l'on considère que la capacité ou la disposition empathique d'un individu (par ailleurs variable selon les situations) est l'une des innombrables composantes de sa personnalité, on saisit l'exigence d'intégrer aux « modèles de personnalité » les résultats des observations faites avec des mesures renvoyant, plus généralement, aux traits complexes de la nature psychique de l'individu lui-même. Parmi les plus célèbres, l'EPQ (Eysenck Personality Questionnaire), élaboré par Eysenck et

Eysenck en 1975[1], prévoit trois facteurs principaux : extraversion, névrosisme (anxiété, émotivité) et psychotisme (égocentrisme, insensibilité). En collaboration avec Barrett, les Eysenck ont distingué une relation positive entre empathie et névrosisme, et négative entre empathie et psychotisme. Même dans le BFQ (Big Five Questionnaire), questionnaire élaboré à partir du modèle de personnalité de Costa et McCrae[2], on a pu croiser les résultats concernant les cinq principaux facteurs considérés comme responsables de la configuration de la personnalité (ouverture d'esprit, esprit consciencieux, extraversion, amabilité, névrosisme) avec les échelles de réponse empathique, et on a relevé une corrélation positive avec notamment la composante de l'amabilité.

Que penser de ces efforts psychométriques? Le lecteur plutôt scientifique les accueillera avec intérêt, reconnaissant dans ces procédures la possibilité de soustraire l'expérience de l'empathie au domaine vague et indicible de la magie à l'œuvre dans la relation entre deux personnes, et de la confier à la vérification objective du paramètre exprimé par des nombres. Le lecteur convaincu, lui, que la psyché, ou plutôt l'âme, ne peut être réduite à des chiffres ou autres tests, aura tendance à les prendre pour des dérives d'un insatiable esprit positiviste et scientiste. Qu'on soit plutôt l'un ou plutôt l'autre, deux remarques s'imposent sur le plan épistémologique : la première, qu'on a déjà mentionnée, concerne l'objet même de ces mesures de l'empathie. Sans une définition du concept, ce flou catégorial se répercute sur les procédures d'effectuation des mesures, dont la construction dépend du sens préalablement établi d'« expérience empathique ». Il serait exagéré de dire que les processus psychométriques que nous avons décrits trouvent dans ce qu'ils évaluent ce qu'ils y ont eux-mêmes mis, cependant, le problème ne doit pas être négligé. Pour donner un seul exemple, si je remarque une relation positive

1. H.J. Eysenck, S.B.G. Eysenck, *Manual of the Eysenck Personality Questionnaire*, Londres, Hodder and Stoughton, 1975.

2. P.T. jr Costa, R.R. McCrae, *The NEO PersonalityInventor*, Odessa (Fl), Psychological Assessment Resources, 1985.

entre amabilité (entendue comme disposition à aider son prochain) et empathie, serait-ce parce que j'entends plus ou moins implicitement l'empathie comme une disposition pro-sociale ? Il en serait tout autrement si je concevais l'empathie comme capacité de lire dans les pensées d'autrui, abstraction faite de ma volonté de l'aider ou pas, voire même tenant compte de la possibilité qu'une telle capacité empathique soit au service de comportements très peu pro-sociaux, comme la manipulation ou la torture psychologique.

La seconde remarque concerne une prise de conscience répandue dans le monde de la recherche scientifique à partir des conséquences tirées du principe d'indétermination de Heisenberg (1927), mais déjà présente auparavant chez les philosophes : aucune observation ne restitue la chose observée telle qu'elle est entièrement, mais elle la modifie en la restituant. Aucun accès direct à l'objet observé n'est possible, l'observation n'étant pas un instrument transparent et neutre mais une procédure de sélection qui reconstruit autant qu'elle construit. C'est ainsi que, sur le champ ethnographique, Claude Lévi-Strauss ne raconte pas les indiens Nambikwara tels qu'ils sont, mais seulement tels qu'ils sont quand un anthropologue les observe, étant parmi eux et les questionnant sur un tas de choses parfois même embarrassantes, tout comme le FASTE ne restitue pas d'emblée la capacité empathique d'un enfant de six ans, mais la capacité empathique d'un enfant de six ans qui répond au questionnaire d'un chercheur. De manière analogue, le *brain imaging* ne donne pas à voir ce qui se passe dans mon cerveau quand j'empathise avec un ami en difficulté, mais plutôt ce qui se passe dans mon cerveau quand j'empathise avec un ami en difficulté et qu'en même temps je me soumets à une résonance magnétique.

pour approfondir

ATTIGUI P., Cukier A. (dir.), *Les Paradoxes de l'empathie. Philosophie, psychanalyse, sciences sociales*, Paris, CNRS Éditions, 2011.

BACKHAUS G., « Simmel's philosophy of history and its relation to phenomenology », *Human Studies*, 26, 2003, 2, p. 203-208.

BARON-COHEN S., *The Science of Evil. On Empathy and the Origins of Cruelty*, New York, Basic Books, 2011.

BARTAL INBAL B.-A., DECETY J., MASON P., « Empathy and Pro-Social Behavior in Rats », *Science*, vol. 334, n° 6061, 2011, p. 1427-1430.

BHANDARI A., KOMILA P., *Empathy and its development*, in *Personality across cultures*, a cura di J. Mohan, New York, Oxford University Press, 2000, p. 265-283.

BISCHOF-KÖHLER D., « The Development of Empathy in Infants », *in* H. Keller et M.E. Lamb (dir.), *Infant Development*, Hillsdale (NJ), Erlbaum, 1991, p. 245-273.

BOHART A.C., Greenberg L.S., *Empathy reconsidered*, Washington DC, American Psychological Association, 1997.

BOLOGNINI S., *L'empathie psychanalytique* (2002), Ramonville-Saint-Agne, Érès, 2006.

BOTBOL M., GARRET-GLOANEC N., BESSE A., *L'empathie au carrefour des sciences et de la clinique*, Colloque de Cerisy, 2011, Montrouge, Doin, 2014.

CALIANDRO S., « Empathie et esthésie », *Revue française de psychanalyse*, 3, 2004, 68, p. 791-800.

CALL J., TOMASELLO M., « *Does the Chimpanzee Have a Theory of Mind? 30 Years Later* », *Trends in Cognitive Sciences*, 12, 2008, p. 187-192.

CARBONE M., *Être morts ensemble. L'événement du 11 septembre 2001*(2007), Genève, MētisPresses, 2013.

CHOPLAN B., MCCAIN M., CARBONELL J., HAGEN R., « Empathy : Review of Available Measures », *Journal of Personality and Social Psychology*, 48, 1985, p. 635-653.

CLARK A.J., *Empathy in Counseling and Psychotherapy*, London, Routledge, 2007.

DAVIS M.H., *Empathy*, Boulder, Westview Press, 1996.

DAVIS O.L. jr., *et al.*, *Historical Empathy and Perspective Taking in the Social Studies*, Lanham, Rowman & Littlefield, 2001.

DE WAAL F., « On the Possibility of Animal Empathy », *in* T. Manstead, *et al.* (dir.), *Feelings and Emotions*, Cambridge, Cambridge UniversityPress, 2003, p. 381-401.

DONDI M., *et al.*, « Can Newborn Discriminate between their own cry and the cry of Another Newborn Infant ? », *Developmental Psychology*, 2, 1999, 35, p. 418-426.

DRAY W.H., *History as re-enactment*, Oxford University Press, Oxford 1995.

DYMONT R., « A Scale of Measurement of EmpathicAbility », *Journal of Consulting Psychology*, 13,1949, p. 127-133.

EYSENCK S.B.G., *et al.*, « A Revised Version of the PsychoticismScale », *Personality an Individual Differences*, 6, 1985, 1, p. 21-29.

FARROW T.F.D., WOODRUFF P.W.R. (dir.), *Empathy in Mental Illness*, Cambridge University Press, Cambridge 2007.

GENDLER T.S., « The Puzzle of Imaginative Resistance », *The Journal of Philosophy*, 97, 2000, 2, p. 55-81.

GRANDIN T., JOHNSON C., *L'Interprète des animaux* (2005), Paris, Odile Jacob, 2006.

GREENSON R., « L'empathie et ses phases diverses », *Revue francaise de Psychanalyse*, 25, 1961, p. 801-814.

GREIF E., HOGAN R., « The Theory and Measurement of Empathy », *Journal of Counseling Psychology*, 20,1973, p. 280 – 284.

HALPERN J., Weinstein H.M., « Rehumanizing the Other », *Human Rights Quarterly*, 26, 2004, 3, p. 561-583.

HARRINGTON A., « Dilthey, Empathy and Verstehen », *European Journal of Social Theory*, 4, 2001, p. 311-329.

HOFFMAN M.L., « Sex Differences in Empathy and Related Behaviour », *Psychological Bulletin*, 84, 1977, p. 712-722.

ICKES W. (dir.), *Empathic Accuracy*, New York, GuilfordPress, 1997.

JOHNSON C., « Narratives of Identity », *Theory and Society*, 34, 2005, 1, p. 37-61.

KENNETT J., « Autism, Empathy and Moral Agency », *The Philosophical Quarterly*, 52, 2002, 208, p. 340-357.

KLEIN H., « Couvade Syndrome », *International Journal of Psychiatry in Medicine*, 21, 1991, 1, p. 57-69.

KOEHN D., « Rethinking Feminist Ethics », Londres, Routledge, 1998.

KÖGLER H.H., Stueber, K.R. (dir.), *Empathy and Agency*, Westview Press, Boulder (Col.) 2000, p. 181-193.

KORNFELD E., « The Power of Empathy », *The History Teacher*, 26, 1992, 1, p. 23-31.

KRAMER F.W., « Empathy : Reflections on the History of Ethnology in Pre-fascist Germany », *Dialectical Anthropology*, 9, 1985, 1-4, p. 337-347.

LITVAK M., Webman E., *From Empathy to Denial : Arab Responses to The Holocaust*, London, Hurst & Company, 2009.

LYNCH D.A., « Rhetorics of Proximity », *Rhetoric Society Quarterly*, 28, 1998, 1, p. 5-23.

MEHRABIAN A., EPSTEIN N., « A Measure of Emotional Empathy », *Journal of Personality*, 40,1972, p. 525 – 543.

MELTZOFF A.N., PRINZ W. (dir.), *The Imitative Mind*, Cambridge, Cambridge University Press, 2002.

NEWMAN L.F., « Some References to the Couvade in Literature », *Folklore*, 53, 1942, 3, p. 148-157.

PEDERSEN P.B., *Inclusive Cultural Empathy*, Washington DC, American Psychological Association, 2008.

PIGMAN G.W., « Freud and the history of empathy », *International Journal of Psychoanalysis*, 76, 1995, 2, p. 237-256.

PREMACK D., « Does the chimpanzee have a theory of mind » revisited *in* R. W. Byrne (ed.), *Machiavellian Intelligence : Social Expertise and The Evolution of Intellect in Monkeys, Apes, and Human*, New York, Clarendon Press-Oxford University Press, 1988, p. 160-179.

PRESTON S.D., DE WAAL F.B.M., « Empathy : Its Ultimate and Proximate Bases », *Behavioral and Brain Sciences*, 25, 2002, 1, p. 1-20.

RANDY L., EISENBERG N., « Gender and Age Differences in Empathy and Sympathy », *in* N. EISENBERG, J. STRAYER (dir.), *Empathy and Its Development*, Cambrigde, Cambrigde University Press, 1987, p. 195-217.

RIDLEY C.R., LINGLE D.W., « Cultural Empathy in Multicultural Counseling », *in* P.B. Pedersen (dir.), *Counseling Across Cultures*, Sage, Thusand Oaks (Ca) 1996 [4], p. 21-46.

SCOTLAND E., *et al.*, *Empathy and Birth Order*, Lincoln, University of Nebraska Press, 1971.

SERVAIS V., « L'empathie et la perception des formes dans l'éthologie contemporaine », *in* A. Berthoz, G. Jorland (éd.), *L'Empathie*, Paris, Odile Jacob, 2004, p. 203-222.

SHARMA R.M., *Understanding The Concept of Empathy and Its Foundations in Psychoanalysis*, Lewiston, E. Mellen Press, 1993.

SHIMIZU H., « Japanese Cultural Psychology and Empathic Understanding », *Ethos*, 28, 2000, 2, p. 224-247.

SLOTE M.A., *The Ethics of Care and Empathy*, London, Routledge, 2007.

SPIRO H.M., *et al.* (dir.), *Empathy and The Practice of Medicine : Beyond Pills and The Scalpel*, New Haven (Conn.), Yale University Press, 1993.

STOCK K., « Resisting Imaginative Resistance », *The Philosophical Quarterly*, 55, 2005, 221, p. 607-624.

STUEBER KARSTEN R., *Empathie et narration : repenser la différence entre sciences sociales et sciences humaines*, p. 253-279.

TISSERON S., *Fragments d'une psychanalyse empathique*, Paris, A. Michel, 2012.

ZHOU Q., VALIENTE C., EISENBERG N., « Empathy and Its Measurement », *in* S.J. Lopez C.R. Snyder (eds), *Positive Psychological Assessment : A Handbook of Models and Measures*, Washington DC, American Psychological Association, 2003, p. 269-284.

seconde partie
nous et les choses

chapitre 1
l'âme des choses

imaginations vigoureuses

Hommes et femmes, adultes et enfants, en bonne santé et malades, occidentaux ou non, nos contemporains et les personnages de l'histoire : tous les cas d'empathie que nous avons traités jusqu'ici concernaient une relation entre deux êtres humains ou plus, relation qu'on appelle expérience intersubjective. À présent, voyons ce qui a lieu quand un sujet se rapporte non pas à un autre sujet mais à un objet. D'emblée, la question semble mal posée : je peux parler d'une véritable relation si j'entre en contact avec l'un de mes semblables, un alter ego qui, comme l'ego que je suis, pense, sent, veut, qui a son caractère, sa personnalité, des états d'âmes, et même – si l'on y croit – une âme et un esprit. Mais et les choses ? Les choses sont des choses, point final. Être une chose signifie précisément n'être qu'une chose, un agrégat de particules ayant un poids et des propriétés propres, mais n'ayant bien sûr ni âme ni de psyché. Les disciplines qui en traitent sont la physique et la chimie et non pas la psychologie.

Et pourtant, n'avons-nous jamais trouvé certaines mélodies tristes, tels paysages mélancoliques, telle couleur gaie ? N'avons-nous jamais trouvé accueillante et chaleureuse une chambre que nous découvrions pour la première fois, ou bien froide et hostile, avant même de faire attention à ses meubles et de prendre conscience des gens qui l'occupent ? N'avons-nous jamais préféré emprunter la paresseuse allée sinueuse et bitumée plutôt que le sentier nerveux en zigzags trop raides ? La tristesse, la mélancolie, la gaité, la chaleur, l'hostilité, la paresse et la nervosité sont des états d'âme, des traits de caractère, des expressions de la personnalité qui entrent en contact avec mes états d'âmes, mes traits de caractère, les expressions de ma personnalité. Mais comment puis-je parler de personnalité s'il n'y a pas de personne ? Autrement dit, comment un objet peut-il se présenter à moi comme s'il était un sujet ?

Soyons sérieux : les choses demeurent les choses qu'elles sont, et si nous consentons, dans notre langage courant, à les traiter comme des personnes, c'est parce que nous laissons faire notre imagination et que nous aimons les métaphores. Il s'agit de façons de parler imagées à ne pas prendre à la lettre. Que signifie réellement la métaphore ? Le *metapherein* est un transport, un *transfert*, un porter-au-delà. Giambattista Vico le sait bien, lui qui dans la *Science nouvelle*[1] (et particulièrement dans les chapitres du livre II sur la métaphysique poétique et la logique poétique) propose une perspective révolutionnaire sur le langage métaphorique, remarquable aujourd'hui encore par sa radicalité. Selon lui, les grammairiens se trompent – il évoque ceux de son siècle, le XVIIIe, mais combien pensent encore ainsi ? – quand ils soutiennent que « le langage des prosateurs est propre et que celui des poètes est impropre, et que le langage de la prose est venu en premier et ensuite celui du vers », c'est-à-dire quand ils pensent qu'à l'origine le langage, c'était dire pain pour du pain, vin pour le vin, qu'il a été par la suite complexifié par l'imagination des poètes qui l'auraient transformé en une langue imagée l'embellissant par des figures rhétoriques. C'est plutôt le contraire qui est vrai : la poésie, l'image constituent la modalité originaire authentique du langage, son infinie effectivité initiale qui s'est progressivement, pour ainsi dire, appauvrie et tarie pour aboutir à la littéralité de la prose.

Dès lors que la nature humaine et la nature animale ont en commun le fait de connaître les choses à travers les seuls sens, ce sont

1. G. Vico, *La Science nouvelle*, Paris, Fayard, 2001.

bien les sens, le corps sentant, qui sont à considérer pour saisir l'éclosion du sens entendu comme signification inchoative. C'est ainsi que les premiers hommes, « incapables de raisonnement et qui n'étaient que sens robustes et imaginations vigoureuses », tirèrent d'analogies corporelles instantanées l'inspiration pour donner un nom aux choses, opérant principalement avec le noble trope, la métaphore qui « prête sens et passion aux choses qui en sont privées ». Vico rappelle que dans toutes les langues les expressions relatives aux choses inanimées ont recours à des « transports du corps humains », à des sens et des passions. En effet, nous disons « tête » pour cime ou commencement; « face » pour devant, « dos » pour derrière; « bouche » pour toute ouverture. Nous parlons du « bras » du fleuve et de la « langue » ou du « sein » de la mer; nous nous représentons les profondeurs de la terre comme ses « entrailles ». Et encore nous disons : le vent « siffle », l'onde « murmure », un corps « gémit » sous un grand poids. L'« imagination vigoureuse » du premier homme lui permet de faire de son corps « un monde entier » : « il fait les choses à partir de lui-même », il s'y transforme, et cette métamorphose est une métaphore, un transfert, un transport qui va du corps vers le monde. Ainsi, la corporéité devient condition de possibilité – le transcendantal, comme diraient les philosophes – pour la compréhension du sens du monde : le sens (soit le caractère sensoriel) rend possible l'appréhension du sens (soit la signification).

La corporéité, c'est-à-dire le sentir, l'*aisthesis* sont les raisons qui poussent Benedetto Croce à voir en Vico un père de l'esthétique moderne. Il expliqua bien dans sa monographie [1] sur le philosophe napolitain que la poésie a pour fin l'animation de l'inanimé, puisqu'elle travaille à donner vie aux choses inanimées et sens aux choses insensées. Vico décrivait en effet les premiers hommes comme des enfants, habitués à « prendre entre leurs mains des choses inanimées et jouer avec elles en leur parlant comme si elles étaient des personnes vivantes », animant toutes les parties de l'univers. Observons bien le raisonnement

1. B. Croce, *La Philosophie de Jean-Baptiste Vico*, trad. de l'italien par H. Buriot-Darsiles, G. Bourgin, Paris, M. Giard et Brière, 1913.

de Vico (et la paraphrase qu'en fait Croce) : les premiers hommes se comportaient « comme si » les choses inanimées étaient animées, « comme si » les objets inertes étaient vivants. Ces choses ne l'étaient donc pas en réalité ? La puissance inouïe de la pensée de Vico réside dans la conscience lucide de ne plus pouvoir espérer comprendre vraiment l'expérience primitive, de ne plus pouvoir sentir comme sentaient ces « grosses bêtes ». « Aujourd'hui, nous pouvons à peine comprendre, et absolument pas imaginer, comment pensaient les premiers hommes… ». La modernité, désormais sécularisée et dévolue à la recherche scientifique des causes, désormais « trop détachée des sens » et livrée à la pensée abstraite, n'a pas la faculté de sentir immédiatement la nature en tant que force vive et animée, et ne peut qu'imparfaitement s'approcher de l'expérience originaire sous la forme du « comme si ». Ne croyons pas, nous modernes « affinés », met en garde Vico, pouvoir entrer dans ces esprits « entièrement immergés dans les sens », « entièrement ensevelis dans leurs corps ». Et quand nous nous étonnons des effets de l'aimant sur le fer, et que nous parlons encore aujourd'hui de la « sympathie occulte » qui existe entre ces deux éléments au nom d'une « Nature sympathique », nous mentons éhontément, puisque notre imagination n'a plus la force d'imaginer cette relation entre les choses du monde.

Cette remarquable thèse de Vico semble anticiper la notion de « désenchantement » (*Entzauberung*) du monde développée deux siècles plus tard par Max Weber[1]. Selon lui, le processus progressif de rationalisation intellectualiste de la culture occidentale a, petit à petit et inexorablement, vidé le monde de toutes les forces magiques et puissances occultes qui le dominaient. Et, pour céder un bref moment au vice de l'anachronisme, cette notion représente une objection sévère avant la lettre à toutes les métaphysiques de la modernité qui ont pensé pouvoir reproposer une dimension sympathique de la nature, comme on l'a vu chez les pères spirituels de l'*Einfühlung* Herder et Novalis, ou comme ce fut le cas d'Arthur Schopenhauer. Ce dernier, dans le § 23 du *Monde comme volonté et*

1. M. Weber, *La Science, profession et vocation*, Paris, Agone, 2005.

comme représentation [1], fait précisément référence à l'exemple de Vico de l'aimant pour appuyer son idée d'une Volonté supra-personnelle qui anime et gouverne la nature organique et inorganique dans son ensemble. Si l'on regarde la poussée puissante des eaux qui se précipitent dans les profondeurs de la terre, la ténacité avec laquelle l'aimant pointe toujours vers le pôle nord, l'anxiété qui pousse le fer vers l'aimant, la violence des rapports entre les pôles électriques (qui augmente si elle rencontre un obstacle, tout comme c'est le cas pour les désirs humains), nous n'avons pas un trop grand effort d'imagination à faire pour reconnaître dans tous ces phénomènes, même éloignés de nous, notre essence même, c'est-à-dire la volonté qui se veut elle-même. Pourtant, l'effort est tel que Vico le juge impossible pour l'homme moderne, pour lequel l'expression « animation de la nature » peut être comprise seulement au sens d'un génitif objectif (l'homme anime la nature inanimée) et non plus désormais au sens d'un génitif subjectif (la nature est en soi animée comme l'homme l'est lui-même).

La difficulté, voire l'impossibilité, que signale Vico à sentir comme ses grosses bêtes pose deux ordres de problèmes non négligeables qui engagent le statut même de l'empathie. Le premier peut être défini comme une sorte de corollaire à la question de l'empathie historique et de l'ethno-empathie : nous pouvons difficilement faire des hypothèses sur la configuration des expériences d'imagination des premiers hommes (et, pourrions-nous ajouter, de ces « contemporains primitifs » que la recherche anthropologique a voulu reconnaître dans les populations indigènes qui mènent une existence plus ou moins indépendante du développement de la culture occidentale), cependant, il est certain que nous ne pouvons pas sentir comme ils sentaient, que nous ne pouvons pas nous identifier à leur imagination fertile. Cette conscience – qui fait de Vico le père de l'anthropologie et de la philosophie de l'histoire, en plus d'être celui de l'esthétique – semble entraver a priori une voie que même l'anthropologie n'a pu éviter d'emprunter, on le verra, enquêtant selon de nombreuses

1. A. Schopenhauer, *Le Monde comme volonté et comme représentation*, *op. cit.*, § 23.

perspectives sur la « mentalité primitive » et ses pratiques d'animation de l'inanimé. Le second ordre de problème concerne la nature même de ce « comme si » qui constitue la structure de l'expérience métaphorique : comment doit-on comprendre le murmure des eaux, le souffle du vent, la mélancolie d'un paysage, la gaieté d'une couleur, si on considère ces éléments « comme si » ils étaient animés alors qu'ils ne le sont en rien ? Ne pouvons-nous que redire avec Vico que nous les inventons et les croyons vivants et doués d'une âme, tout comme les premiers poètes (vus par un philosophe du XVIIIe siècle) « inventèrent et crurent » à une substance animée de tout l'univers ? Ne pouvons-nous donc qu'admettre que les choses n'ont pas d'âme, et que c'est nous qui leur en prêtons une, et oublions plus ou moins volontairement ce prêt afin de croire – sous un mode fictionnel – que cette âme leur appartient vraiment ? Ou bien existe-t-il d'autres chemins à explorer ?

magies sympathiques et participations mystiques

L'anthropologie ne s'est pas laissée décourager par l'avertissement de Vico, elle a interrogé sans relâche la mentalité des primitifs, les cherchant tantôt en remontant le temps parmi les premiers hommes tantôt parmi les populations plus ou moins étrangères au développement de l'humanité occidentale, tantôt aussi dans les plis oubliés de la culture européenne. Depuis ses fondateurs – Edward Burnett Tylor, avec *La Civilisation primitive*[1] (1871) et Lewis Henry Morgan, avec *La Société archaïque*[2] (1877) – de nombreuses études sur la mentalité primitive se succèdent rapidement : rappelons Émile Durkheim et Marcel Mauss, Franz Boas, Claude Lévi-Strauss, Gerardus van der Leeuw, ou encore Ernesto de Martino et Remo Cantoni. Pour notre sujet, nous nous concentrerons sur deux figures : James Frazer et Lucien Lévy-Bruhl. Ces deux auteurs forgent des notions du

1. E.B. Tylor, *La Civilisation primitive*, Paris, C. Reinwald, 1876-1878.
2. L.H. Morgan, *La Société archaïque*, Paris, Éditions Anthropos, 1971.

vocabulaire anthropologique – respectivement celle de magie sympathique et celle de participation mystique – qui brillent particulièrement par leur proximité avec l'idée d'empathie.

Chez Frazer, il s'agit essentiellement de son célébrissime *Rameau d'or*, paru en deux tomes en 1890 puis complété jusqu'à composer 12 tomes pour la troisième édition (1906-1915), remanié et synthétisé plusieurs fois. Selon Frazer, pour aborder le monde magique, il convient de rester conscient que seul le point de vue du scientifique moderne permet d'explorer ces croyances en tant que « falsification systématique de la loi naturelle », « fausse science » (si l'on en considère l'aspect théorique), ou « règle de conduite fallacieuse »[1] faite pour manipuler le monde et intervenir dans les affaires humaines ou les événements naturels (si l'on en évalue l'aspect pratique). Mais, le magicien primitif ignore toutes ces catégories, il n'analyse jamais abstraitement ses incantations, sa logique est implicite, sa pensée immédiate et non réflexive (exactement comme on digère sans connaître les principes physiologiques de la digestion), sa pratique est pour lui un art et non une science. Il appartient au chercheur moderne de « découvrir la fausse science qui se cache sous l'art bâtard[2] » c'est-à-dire reconstruire cette science préscientifique qui guide le magicien de manière tacite et implicite dans sa pratique, et qui est caractéristique du mode de penser non seulement des sauvages mais aussi des gens ignorants et grossiers.

C'est précisément ce que fera Frazer au chapitre III, intitulé « La Magie sympathique ». L'anthropologue écossais y traite de la nature d'une telle magie comme pratique caractéristique de presque tous les « systèmes de superstition » archaïques. Il la divise en deux sous-espèces fondamentales : la magie homéopathique et la magie contagieuse. Si la loi générale de la magie sympathique est la « *law of sympathy* », les lois particulières des deux sous-espèces de magie sont respectivement la « *law of similarity* » et la « *law of contact* ». La Loi de Similitude se fonde sur le principe selon lequel le semblable

1. J. G. Frazer, *Le Rameau d'or*, 4 vol., Paris, Robert Laffont, 1984, chap. III.
2. *Ibid.*

engendre le semblable, et l'effet ressemble à sa cause. D'une telle prémisse, le magicien homéopathique conclura qu'il peut produire n'importe quel effet qu'il veut simplement en l'imitant. Cependant, appeler cette pratique « imitative » pourrait induire en erreur : il ne s'agit pas d'un acte d'imitation conscient, mais d'une croyance implicite dans le fonctionnement universel de la loi de similitude, loi qui s'étend non seulement aux actions humaines mais aussi au cosmos dans son ensemble. La Loi de Contact pose que les choses ayant été une fois en contact entre elles continuent à agir réciproquement à distance, même une fois que le contact s'est restreint. Le magicien qui opère justement par contagion se conforme à l'idée que toute action faite à un objet matériel aura aussi un effet sur qui a été un moment en contact avec l'objet.

Un cas paradigmatique de magie homéopathique est celui de la tentative de nuire à un individu en blessant ou en détruisant une image (bidimensionnelle ou tridimensionnelle) qui le représente : on pense aux rites vaudous ou à la pratique médiévale de la « peinture infamante ». Mais l'usage de figures ressemblantes n'a pas qu'un but hostile : parfois, quoique plus rarement, la construction de ces images peut servir des intentions bénévoles, comme c'est le cas pour certaines pratiques favorisant la procréation et la grossesse, qui prévoient la confection de poupons (« *make-believe baby* ») à garder en son sein. Parmi les déclinaisons les plus communes de la magie contagieuse, on trouve, en revanche, l'idée assez répandue que des parties du corps ayant appartenu un temps à un individu (par exemple des cheveux ou des ongles) gardent un lien intime avec leur propriétaire, même après avoir été coupées ou séparées de ce corps. Agir sur ces parties signifie donc agir en même temps sur le tout auquel elles ont précédemment appartenu. Parmi les applications possibles de la magie par contiguïté, on trouve l'action faite sur l'arme ayant blessé afin de soulager la souffrance de la victime.

Selon un parallélisme très courant à l'époque, Frazer a tendance à établir une équivalence entre la mentalité primitive et la mentalité infantile, comme à rapporter la pensée des sauvages à celle des enfants de l'humanité. Il parle d'une sorte de croyance infantile (« *a sort of childish make-believe* ») qui pousse le primitif à s'identifier au phénomène qu'il entend produire. Ainsi, si l'effet ressemble à la cause, il suffit de s'assurer de l'effet pour que la cause survienne : si tu veux faire pleuvoir, il faut te baigner ; si tu veux que le temps soit sec, tu dois être toi-même sec. Mais comment interpréter ce « *make-believe* » ? Frazer n'hésite pas à définir comme une « erreur » (*mistake*) les deux formes de magie. La magie fondée sur le principe du semblable se trompe en ce qu'elle retient que deux choses semblables sont une même chose ; la magie fondée sur le principe du contigu se trompe à croire que deux choses un temps en contact continuent à l'être toujours. Ce point de vue lui valut les critiques implacables de Wittgenstein – « Frazer est beaucoup plus "sauvage" que la plupart de ses sauvages » [1], et il est incapable de se représenter un prêtre antique autre que sous la forme du pasteur anglais, son contemporain, stupide et insipide –, mais ne doit pas faire oublier le moment descriptif de son analyse et l'efficacité de ses exemples.

À l'époque où Frazer remaniait la troisième édition du *Rameau d'or*, Lucien Lévy-Bruhl [2], historien de la philosophie moderne à la Sorbonne, décidait, à 53 ans, de se consacrer à l'anthropologie avec le premier d'une longue série de travaux d'ethnologie qui l'occuperont à temps plein dans la seconde période de sa vie intellectuelle. Avec *Les Fonctions mentales dans les sociétés inférieures*, publié en 1910, Lévy-Bruhl tente de redonner à la pensée primitive sa dignité logique propre, qu'il ne faut pas comprendre comme un stade faible, immature, confus, ignorant de la même logique qui, rendue à un stade limpide et achevé, gouverne la pensée rationnelle de l'homme occidental. L'expérience du primitif est plutôt dirigée par sa logique propre *sui generis*, qui suit des principes et des règles spécifiques et que Lévy-Bruhl définit comme « prélogique ». À dire le vrai, ce terme est malheureux, car il semble se référer malencontreusement à une antériorité chronologique par rapport à la logique proprement dite et en figurerait le stade larvaire et rudimentaire, alors que l'anthropologue

1. L. Wittgenstein, « Remarques sur Le Rameau d'Or de Frazer », trad. fr. J. Lacoste, *Agone*, n°23, 2000, p. 13-31. http://agone.org/revueagone/agone23/enligne/

2. L. Lévy-Bruhl, *Les fonctions mentales dans les sociétés inférieures*, Paris, P.U.F., 1951.

avait plutôt en tête une logique autre, orientée en un sens irréductible au nôtre, à soustraire au stigmate de l'irrationalité et à rapporter à une rationalité différente.

Comment cela peut être, c'est ce qu'il nous faut voir. La différence entre « nous » et « eux » doit bien sûr être conservée. La limite de l'école anthropologique britannique, à laquelle appartient Frazer, est qu'elle présuppose une identité substantielle entre la mentalité européenne et celle des soi-disant sauvages : ils ne se différencieraient de nous que par un degré inférieur de développement, mais au fond chercheraient les mêmes choses que nous, par exemple les causes des effets, selon la doctrine frazérienne de la magie comme science infantile erronée. Il importe au contraire de se défaire de ces prémisses universalistes, et d'être disposé à décrire les caractéristiques essentielles des diverses formes de mentalité selon une approche de typologie comparée, telle celle qui renseigne l'analyse comparative des animaux vertébrés et des invertébrés.

De quelle façon raisonne donc l'homme primitif? Avant tout, on se trompe à poser la question en termes de psychologie individuelle. Ce n'est pas en partant de la somme des individus qu'on peut comprendre la mentalité primitive. Au contraire, il convient de descendre à l'individu en partant de la conscience collective et de ce que Lévy-Bruhl appelle les *représentations collectives*. Ce sont des représentations communes aux membres d'un groupe, transmises de génération en génération, des faits sociaux qui obéissent à des lois propres, comme les mythes et les totems, les rites funéraires, les pratiques cultuelles et agraires, la magie sympathique elle-même. Elles existent indépendamment de l'individu singulier (tout comme le langage, parlé par chacun mais préexistant à tous), elles le dominent – de façon plus forte chez le primitif que chez l'homme occidental moderne, qui peut prendre de la distance du fait de sa capacité de discernement –, en modifiant profondément comme un filtre sa propre perception du monde. Certes, le primitif possède les mêmes sens que nous et une structure cérébrale similaire à la nôtre : pourtant, il ne perçoit rien de la même façon que nous.

Son esprit, à la différence du nôtre (désormais rationnel, intellectuel, abstrait), ignore les principes d'identité et de contradiction qui gouvernent nos raisonnements. Il est *mystique* : l'eau qui court, le vent qui souffle, la pluie qui tombe ne sont jamais de simples mouvements de corps physiques, mais les expressions de forces occultes et de puissances maléfiques ou bienveillantes, à craindre ou à désirer, qui peuvent influer sur la vie de l'homme et sur les processus naturels. Ces puissances sont incorporées, et non pas simplement associées, aux phénomènes en question. Si elles leur étaient liées par association, elles en seraient aussi séparables, alors que le primitif les saisit comme un tout inséparable de l'objet, de sorte que Lévy-Bruhl, manquant de mots pour décrire une expérience bien différente de la nôtre, parle d'une « croyance active » dans les pouvoirs mystiques des objets. Une croyance active, qui n'est ni une façon de faire semblant que les choses sont d'une sorte alors qu'elles sont d'une autre, ni une façon de « s'y croire », mais bien une façon de voir et sentir le monde en un sens et une orientation déterminés.

Cela nous amène à un autre terme malheureux du vocabulaire de cet anthropologue : la notion de « représentation » collective, qui nous induit aisément en erreur si on la comprend comme pôle opposé au principe de réalité, comme s'il y avait d'une part le monde, le même pour tous, et d'autre part, les représentations de ce monde. Il en va ici d'une image qui est instantanément la réalité, en une fusion d'éléments perceptifs, moteurs, cognitifs, émotionnels, que nous ne réussissons à penser que comme somme de fonctions diverses, et que le primitif en revanche perçoit comme un tout originairement indistinct. En effet, aucun objet ne lui apparaît comme une chose neutre et précisément « objective » (c'est-à-dire pouvant être partagée intersubjectivement), une émotion pourra l'envahir mais n'aura pas lieu chez quelqu'un d'autre qui serait aussi présent, puisque la possibilité d'apparaître à certains – par exemple aux sorciers – et non à d'autres fait partie des propriétés mystiques de certains êtres.

Quelles sont les possibilités de dialogues entre eux et nous ? Le fait que des explorateurs et anthropologues soient entrés en contact avec les primitifs, aient appris leur langue et aient eu des échanges avec eux montre bien qu'il existe une voie praticable, une communication possible entre les deux mentalités. Lévy-Bruhl nourrit lui aussi une admiration pour la participation empathique de l'anthropologue qui s'immerge dans la culture des natifs, comme nous avons vu Malinowski le faire. L'exemple paradigmatique pour lui est, à cet égard, Frank Hamilton Cushing qui, grâce à sa « souplesse mentale » hors du commun, avait si bien réussi à s'intégrer aux Indiens Zuñi qu'il avait été initié aux rites religieux et admis dans leurs sociétés secrètes. Cependant, son témoignage apporte la preuve que notre mentalité ne pourra jamais complètement s'adapter à celle des Indiens, à partir de notre langage, sans lequel nous n'arrivons pas à penser, et qui suppose des catégories qu'on ne peut superposer aux leurs.

Notre façon de penser ne peut désormais se défaire de l'usage d'une relation de cause à effet. On se tromperait lourdement toutefois à croire qu'il est possible de rapporter le mode primitif de compréhension des phénomènes à un usage grossier et imparfait de cette relation, sur le modèle du sophisme *post hoc ergo propter hoc* (après cela, donc à cause de cela), qui prend pour la cause d'un phénomène le phénomène qui l'a précédé. Selon Lévy-Bruhl, c'est bien plutôt la « loi de participation » qu'il faut prendre en compte pour s'approcher de la mentalité primitive. Par participation, l'anthropologue fait référence à une qualité des entités et des êtres qui permet à chacun d'être et de demeurer ce qu'il est, et d'être en même temps autre que soi-même (ce qui est incompréhensible à notre principe de non-contradiction, qui n'effleure pas le primitif). Par exemple, les hommes qui sont à la fois hommes et animaux, qui se sentent comme tels au nom d'une identité essentielle vécue dans le concret, à la manière de celle qui s'institue entre un groupe et son animal-totem.

D'après Lévy-Bruhl, voici les formes que peut prendre cette participation : contact, contamination, transfert, sympathie, action à distance. Ces opérations composaient chez Frazer les modes de la magie sympathique (et que nous avons fréquemment rencontrés en tant qu'expériences associées aux vécus empathiques) ; chez l'anthropologue français, elles tiennent lieu d'articulations de la participation mystique. En vertu de cette participation, l'image ne représente pas le modèle, l'image *est* le modèle, on peut donc agir sur le modèle en agissant sur l'image, comme le montrent de nombreux récits ethnologiques sur les croyances magiques, présentes sous toutes latitudes et concernant les portraits peints ou sculptés (l'imitation, *mimesis*, est participation, *metexis*).

Lévy-Bruhl ne cessa de reprendre et d'approfondir ces premières conceptions dans ces recherches ultérieures, et finit par les reformuler radicalement, ce qu'il consigna courageusement dans ses *Carnets* à la fin des années 1930 [1], publiés à titre posthume en 1949. Lévy-Bruhl y recadre en effet largement l'opposition entre pensée prélogique et mystique et mentalité logique qui caractérisait ses premiers pas d'ethnologue : il admet que le mode de vie et de pensée mystique ne concerne pas que les seuls primitifs, mais bien l'esprit humain dans son entier, sous divers degrés. Parallèlement, les primitifs ne sont pas du tout étrangers aux préoccupations naturalistes propres à l'homme rationnel. Cependant, malgré ce parcours de franche autocritique, Lévy-Bruhl n'abandonne pas la notion de participation. Au contraire, il la rappelle, l'analyse sans cesse, et la met en rapport avec la « sympathie » en sens étymologique. Et encore dans ses dernières notes de février 1939, un mois avant sa mort, Lévy-Bruhl redit que l'on raterait totalement le sens de l'expérience participative si l'on pense que pour la mentalité primitive, les êtres sont déjà *donnés* et qu'ensuite ils participent d'une puissance surnaturelle déterminée. Il n'y pas d'abord ceci, puis ensuite cela, pour exister, les êtres doivent être participés : la participation est donc une condition de possibilité de leur existence même, elle en est constituée, et cette condition fonde une manière de vivre qui est « sentiment, expérience-croyance ».

« Croyance active », disait-il en 1910. « Expérience-croyance », préfère-t-il dire en 1939. Dans les deux cas, on assiste à la tentative de soustraire la sphère d'expérience du primitif à un « *make-believe* » erroné, à une erreur d'opinion à laquelle Frazer, on l'a vu, cherchait à le réduire. Si ce dernier parlait de « *mistake* » à propos des croyances

1. L. Lévy-Bruhl, *Carnets* (posthume, 1949), Paris, P.U.F., 1998.

de ses sauvages, Lévy-Bruhl répond (en anglais, presque le réprimandant directement) que la croyance est un sentiment « *unmistakeable* » (« sans équivoque ») de contact direct et immédiat avec une force ou un être du monde invisible. Pour reprendre la terminologie de Scheler, il s'agit d'une croyance en une véritable « unipathie » avec ces puissances.

symboles mythiques et symboles esthétiques

Pour construire sa philosophie de la pensée mythique, Ernst Cassirer a beaucoup lu Lévy-Bruhl. Il a mis à profit, notamment, sa notion de participation, rejetant toutefois l'idée d'une hétérogénéité absolue entre la mentalité primitive et la logique occidentale (il meurt en 1945, avant de pouvoir lire l'autocritique de l'ethnologue français, parue à titre posthume en 1949). Dans le second volume de sa *Philosophie des formes symboliques* (1925), le philosophe soutient que pour la conscience mythique, l'image ne représente pas la chose, mais elle *est* en tout et pour tout la chose, elle lui équivaut dans la présence immédiate. Voilà pourquoi si l'on parle de « représentation », d'« analogie », de « symbole » à propos des opérations magiques, c'est toujours de façon imprécise et inadéquate, en introduisant subrepticement (mais on ne peut faire autrement, de notre point de vue non mythique et dans notre langage désormais rationalisé) une relation entre deux éléments : on parle de représentation-de, analogie-entre, symbole-de, là où l'expérience mythique rencontre une totalité et une unité en vertu d'une « sympathie magique originaire ».

Cependant, le symbole comme tenir-ensemble (*symballein*) n'a pas toujours été la relation abstraite entre un signe et le sens auquel le signe renvoie, comme c'est le cas dans le langage hautement formalisé de la logique symbolique. Les processus de symbolisation se sont combinés selon des modalités différentes, ils se sont développés dans le temps, ils ont leur propre historicité. Dans ses études préparatoires à l'élaboration d'une philosophie systématique des formes symboliques, Cassirer travaille à une articulation structurelle du symbole qui puisse en décrire aussi le mouvement interne en termes de philosophie de l'histoire. Il le fait en reprenant deux tripartitions distinctes. Dans la conférence sur le *Concept de forme symbolique dans l'édification des sciences de l'esprit*[1] (1921-1922), après avoir préconisé d'entendre le concept de « *symbolische Form* » dans son sens le plus large, c'est-à-dire comme l'expression d'un élément spirituel dans un signe sensible (symbole donc au sens large comme *Sinn-bild*, comme image, *Bild*, dans laquelle un sens se fait jour, *Sinn*), Cassirer note qu'on peut distinguer dans ce rapport expressif un processus en trois stades : expression « mimique », expression « analogique » et expression « symbolique ». Au premier stade, mimique, le signe adhère le plus étroitement possible à la chose qu'il désigne, la reproduisant et l'imitant au point de se confondre avec elle (pour la forme symbolique du langage, c'est le cas de l'onomatopée). Au deuxième stade, analogique, le rapport entre signe et chose désignée n'est plus immédiat et voulu par la nature de la chose même, mais intervient un principe de médiation subjective introduisant progressivement une marge de liberté. Au troisième stade, *stricto sensu* symbolique, on renonce à l'imitation réelle, et la fonction de la signification pure et autonome survient totalement libérée de toute ressemblance avec la chose désignée (on pense ici au langage de la logique symbolique, complètement abstrait).

Cassirer reprend de manière ponctuelle, et la modifie, la tripartition comme rythmique immanente à la formation symbolique, notamment dans son intervention, lors du congrès d'Esthétique et de Science générale de l'Art en 1927, intitulée *Le Problème du symbole et sa place dans le système philosophique*[2]. Dans ce texte, les trois dimensions de la formation symbolique sont présentées comme des fonctions. La première, la plus simple et originaire, est la fonction d'expression (*Ausdruck*) : dans l'élément sensible extérieur « transparaît » une

1. E. Cassirer, « Le Concept de forme symbolique dans l'édification des sciences de l'esprit », in *Trois essais sur le symbolique*, *Œuvres* IV, Paris, Le Cerf, 1947.

2. E. Cassirer, « Le système symbolique et sa place dans la philosophie », dans H. Cohen, P. Natorp, E. Cassirer, H. Rickert, W. Windelband, E. Lask, J. Cohn, *Néokantismes et théorie de la connaissance*, Paris, Vrin, 2000, p. 199-224.

intériorité qui le comble immédiatement. Après ce stade expressif, on trouve la fonction de représentation (*Darstellung*), où une configuration intuitive s'associe de manière plus libre à ce qu'elle signifie. Cela, cependant, ne flotte dans toute sa pureté et toute son autonomie qu'au troisième stade, celui de la « signification » (*Bedeutung*), fonction où plus rien de concret n'est alors figuré et où la pensée se fie à un ordre purement abstrait.

Au-delà de leurs différences internes, les deux triades « mimique-analogique-symbolique » et « expressif-représentatif-significatif » – qui reviendront dans la *Philosophie des formes symboliques*[1] (respectivement au Ier et IIIe livres) – sont pour Cassirer l'occasion de décrire un mouvement à la fois structurel et historique du rapport qui s'institue entre un signe sensible et un sens d'ordre spirituel, entre un dehors et un dedans. En effet, dans l'expérience du mythe, de l'art figuratif, du langage, le sens n'advient pas toujours de la même manière. La relation entre ce qui est saisi par les sens (le perçu) et ce qui dans ce perçu est saisi par l'esprit comme étant son sens, n'est pas toujours demeuré identique et statique, elle a cependant évolué petit à petit, passant de l'immédiateté à la médiateté, du concret à l'abstrait, de l'identification à la séparation, de l'obscurité à la lumière.

L'idée de ce processus téléologique tripartite n'est pas, en réalité, de Cassirer lui-même : elle lui a été inspirée par l'un des plus importants théoriciens de l'*Einfühlung*, le philosophe Friedrich Theodor Vischer, qui publia en 1887 un essai aussi bref qu'influent sur le concept de symbole[2]. S'il est analogue à la métaphore par sa manière d'établir une ressemblance non explicitée entre deux entités différentes, le symbole s'en distingue toutefois puisqu'il se présente non pas sur le plan du langage mais plutôt sur celui de l'intuition sensible. Voilà ce qui en constitue la difficulté principale : n'étant pas inscrit dans un contexte verbal corroboré par une communauté de parlants, mais se présentant souvent comme image isolée, le symbole nous surprend

1. E. Cassirer, *Philosophie des formes symboliques* : 3 vol., *Le langage*, 1923 ; *La pensée mythique*, 1925, *La phénoménologie de la connaissance*, 1929, Paris, Minuit, 1972.

2. F.T. Vischer, « Das Symbol », in *Philosophische Aufsätze. Eduard Zeller zuseinemfünfzigjährigen Doctor-Jubilaumgewidmet*, Leipzig, Fues's Verlag 1887, p. 151-193.

et nous apparaît comme une énigme. Cette inadéquation du symbole, déjà remarquée par Hegel, consiste à faire concorder, tout en échouant, la simplicité abstraite d'un concept (par exemple, la magnanimité) avec une pluralité de propriétés sensibles (les différentes caractéristiques du lion). Toutefois, Vischer ne règle pas si vite la question du symbole, et il se propose d'étudier les principales formes de connexions entres image et sens.

Vischer définit la première forme comme « obscure et non libre » (*dunkel und unfrei*). C'est typiquement l'expérience du mythe (où le sujet croit au phénomène qu'il perçoit comme exprimant immédiatement son sens immanent, et n'est pas libre devant cette connexion de l'accepter ou la rejeter ; il la reçoit comme nécessaire) et de la croyance religieuse, notamment des religions naturelles. Mais elle peut représenter une forme constante, non seulement parce que les religions naturelles existent encore, mais aussi parce que sous certains de leurs aspects, les religions révélées entretiennent avec la sphère de l'image des rapports analogues à ceux des religions plus archaïques. C'est le cas du catholicisme, pour qui la transsubstantiation témoigne de l'échange advenu entre l'image et son sens (le pain et le vin *sont* le corps et le sang du Christ, ils ne le représentent pas de façon médiate), de même qu'un animal ou une plante peuvent être pris pour leur sens dans les religions naturelles (le taureau en tant que symbole de force et de fécondité, le frêne comme symbole de la vie de l'univers ; mais, encore une fois, le taureau *est* la force, le frêne *est* la vie). Il s'agit, selon Vischer, d'une modalité qui semble consubstantielle à la conscience religieuse en général, qui pourra donc difficilement s'émanciper de cet échange entre le symbole et la chose, et par lequel l'image et l'idée qu'elle représente s'accroissent inextricablement l'un dans l'autre.

À ce premier stade, on ne peut donc pas parler d'une représentation, d'un renvoi de l'image à son sens (en termes linguistiques, d'un renvoi du signifiant au signifié). En effet, image et sens s'entrechoquent l'un l'autre, se confondant et s'identifiant, selon une structure analogue à ce que Lévy-Bruhl décrivait en termes de participation par laquelle une chose *est* aussi une autre. La troisième forme de connexion se situe aux antipodes de cet échange immédiat entre image et sens, Vischer l'analyse de manière assez expéditive. Il s'agit de la forme claire et consciente (*eine helle, freie Symbolik*) du rapport entre image et sens, présent dans l'allégorie. Cette conception de la relation allégorique – que Goethe affirmait déjà et qui fut dominante jusqu'à Benjamin au moins (il y réagit d'ailleurs sévèrement) –, étant ce vers quoi tend la mise en relation volontaire, extrinsèque et univoque d'une figure personnelle avec un concept déterminé, appauvrie à l'extrême et abstraite (on pense ici aux diverses représentations allégoriques des vertus et des vices, à la Fortune comme femme aux yeux bandés, etc.).

Entre ces deux formes opposées de connexions, Vischer caractérise une forme intermédiaire qu'il définit de façon suggestive comme un « *crépuscule* particulier » (*Zwielicht*), à entendre soit au sens de l'aube d'une conscience nouvelle encore à l'état d'ébauche (la troisième forme de connexion) soit au sens du crépuscule d'une conscience ancienne plus tout à fait opérante dans son immédiateté (la première forme de connexion). Cette connexion particulière entre l'image et le sens suppose un rapport plus libre entre phénomène et signification, et corrélativement, une attitude subjective plus consciente – bien que non encore parfaitement consciente – de leur non-identité. C'est ce qui a lieu dans l'animation de la nature, cet acte d'attribution, à la fois inconscient et conscient, par lequel nous attribuons notre propre âme aux choses inanimées. Cette modalité apparaît dans diverses formes de l'expérience : essentiellement dans le mythe, non pas comme dans la première forme obscure de connexion (qui consiste, on l'a vu, en une croyance effective dans les figures du mythe), mais bien de façon « esthétique » comme l'a définie Vischer : les dieux, les esprits, ne sont désormais plus des êtres réels, dont les actions font histoire, ils ne possèdent pas une vérité factuelle, mais ils offrent au sujet esthétique l'occasion de s'identifier à de telles entités, tout en restant bien conscient que les images mythiques sont des œuvres de l'imagination. Cependant pour Vischer, la croyance esthétique, « ce croire et ne pas croire à la fois », n'est pas un jeu ou une pure tromperie. C'est de manière esthétique qu'on croit au mythe, en en reprenant la valeur de vérité non pas historique mais symbolique. Du point de vue de la conscience esthétique, croire esthétiquement équivaut donc à croire symboliquement, c'est-à-dire non historiquement. Ainsi, le patrimoine millénaire des mythes et des symboles qui nous vient des religions primitives, de la culture grecque et nordique, du christianisme, ne se présente pas à nous comme exigence de foi, mais plutôt comme réserve sans fin de sens mis en image, qui nous interpelle à un stade intermédiaire de notre conscience, qui y croit sans y croire.

Cette façon de renvoyer esthétiquement aux figures mythiques est évidemment artistique plus qu'esthétique. En effet, Vischer prend en compte le vaste règne des arts et de ses créations imaginaires pour explorer le champ où se manifeste de la manière la plus complète cette forme de connexion en clair-obscur entre image et sens, et cite de nombreux exemples de personnifications poétiques, notamment goethéennes. Il n'oublie pas non plus de prendre en compte les expressions du sens commun, pleines de sagesse, porté par le langage courant : le sourire du matin, le murmure des arbres, le grondement du tonnerre, le nuage menaçant, les flots sauvages. Les êtres inanimés en tout genre sont compris comme s'ils possédaient une volonté propre : le clou ne veut pas s'extraire de la planche, le paquet ne veut pas rentrer dans le sac. Dans les domaines du mythe, de l'art, du langage courant, une interprétation adéquate de la fonction de symbolisation permet de redonner une dignité pleine à l'expérience de l'illusion, capable de parvenir à la conscience d'une vérité plus haute que celle qu'admettrait, de manière réduite et unilatérale, la conscience rationalisée. La revendication classique d'une vérité esthétique pour défendre son territoire propre face aux ingérences de la vérité logique – ce qui fut la préoccupation des pères fondateurs de la discipline au XVIIIe siècle, Baumgarten le premier – est ici reformulée par Vischer en termes de gravité non grave, sous certains angles paradoxale, par laquelle la croyance esthético-symbolique, qui croit et ne croit pas, opère émettant elle-même des réserves (*Vorbehalten*). Rappelons à ce propos que déjà, en 1817, Samuel T. Coleridge parlait d'une suspension volontaire de l'incrédulité (*willing suspension of disbelief*, au chapitre XIV de sa *Biographia literaria*[1]) pour dépeindre notre rapport esthétique à des êtres fictifs et imaginaires tels ceux que Wordsworth et lui avaient forgés dans les *Lyrical Ballads*[2] (1798). Nous pourrions donc dire en paraphrasant la locution latine *pacta sunt servanda : ficta sunt servanda.*

Nous possédons, rappelle Vischer, un terme technique pour désigner ce croire et ne pas croire, ce croire avec réserve : empathie, *Einfühlung*. Cette croyance *sympathique*, que Frazer juge une erreur (les réalités crues par le sauvage sont « en réalité » inexistantes), et que Lévy-Bruhl défend comme constitutive de la mentalité primitive (croire signifie pour le primitif poser la réalité crue comme effectivement et immédiatement réelle), devient, avec le virage esthétique pris par Vischer, croyance *empathique*. Il amène par là une nuance permettant d'ouvrir de nouveaux horizons. Si, dans les relations intersubjectives, auxquelles nous avons consacré la première partie de cette étude, la différence entre sympathie et empathie regarde une focalisation affective sur autrui et sur le bien d'autrui qui est soit importante (dans le cas de la sympathie), soit plus restreinte (dans le cas de l'empathie) ; dans le cas des relations objectales qui nous occupent ici, le passage de la sympathie à l'empathie présente plutôt un mouvement de la croyance pleine de la pensée mythique vers la croyance réservée de la pensée esthétique.

sentir les formes

Vischer n'aura pas à chercher loin pour trouver son terme technique *Einfühlung*, il l'a pour ainsi dire trouvé sous son toit, puisque c'est son fils Robert qui le lui fournit. Historien de l'art à l'intérêt théorétique prononcé, reconnu par Benedetto Croce puis par les historiens de l'idée d'empathie comme le premier véritable théoricien de la notion, Robert Vischer pose toutes les questions-clés qui deviendront, dans les décennies à venir, les points à l'ordre du jour de l'agenda

1. S.T. Coleridge, *Biographia Literaria*, Oxford University Press, 1965.
2. S.T. Coleridge, W. Wordsworth, *Lyrical ballads*, London, New York, Methuen, 1986.

« empathologique ». Et il le fait dans un essai paru en 1872, que nous avons déjà brièvement cité, intitulé *Sur le sens optique de la forme*[1]. Ce travail doit à la fois aux recherches esthético-logiques antérieures de son père (si bien qu'il est difficile d'établir précisément ce que chacun doit à l'autre) qu'on observera de près avec profit.

Il s'ouvre sur une polémique, que Robert partage avec son père, dirigée contre l'école formaliste inspirée par la philosophie de Johann Friedrich Herbart et emmenée par le philosophe Robert Zimmermann. Ce dernier, dans son œuvre principale *Esthétique générale comme science de la forme*[2] parue en 1865, soutenait l'existence de forme « pures », c'est-à-dire exemptes de tout contenu, privées de signification, les reconnaissant dans le monde de la géométrie. Ces formes pures constitueraient une moitié du monde des formes, l'autre moitié étant composée par les formes auxquelles est associé un contenu (une idée, une représentation, un sentiment). Cependant, d'après Vischer père et fils, par deux fois Zimmermann se trompe. La première erreur tient au fait de croire que le principe d'association suffit pour expliquer comment un contenu se conjugue à une forme. Il existe bien sûr des cas où un contenu est associé à une forme, mais aussi des cas – et ceux-ci sont les plus importants – où se produit une sorte de fusion (*Verschmelzung*) entre les deux facteurs, de telle sorte que le contenu n'est pas simplement situé à côté (*Nebeneinander*) de la forme, mais il la pénètre plutôt intimement (*Ineinander*) en un véritable être l'un dans l'autre, en un embrassement symbolique, en une implication réciproque, que seule une symbolique de la forme peut espérer comprendre. La seconde erreur tient au fait de croire qu'il puisse y avoir réellement un règne des formes pures, exemptes de tout contenu. En effet, toutes les lois de régularité, de symétrie et de proportion ne sont autres que des lois subjectives du corps humain ; nous les apprécions esthétiquement parce qu'elles se rapportent à la façon dont notre corporéité est organisée (par exemple, une ligne horizontale quelconque sera toujours corrélée à l'axe horizontal propre à la

1. R. Vischer, *Sur le sens optique de la forme*, *op. cit.*

2. R. Zimmerman, *Allgemeine Ästhetikals Formwissenschaft*, Hildesheim-Zürich-New York, Olms, 1972.

disposition de nos yeux ; toute ligne verticale sera toujours en rapport à la verticalité de notre posture debout ; les formes rondes correspondent à l'arrondi de nos yeux, etc.). Ainsi, aucune forme ne peut se dire pure, pas même les formes géométriques, puisqu'elle est toujours mêlée au mode d'organisation de notre corps, elle est toujours ramenée à l'organisme que nous sommes.

Robert Vischer tire ici parti du processus de matérialisation de la philosophie transcendantale kantienne promu, vers le milieu du XIXe siècle, par la psychophysiologie nouvellement née de Hermann von Helmholtz et surtout de Wilhelm Wundt [1]. Selon cette discipline, la condition de possibilité de l'expérience ne se trouve pas dans les catégories de l'entendement qui ordonnent les données sensibles structurées par les formes pures de l'intuition, mais bien dans le mode de structuration de notre corps, dans son organisation. En d'autres termes, la corporéité devient le transcendantal de l'expérience. Ainsi, s'écrit aussi un nouveau chapitre de l'histoire philosophique séculaire du concept de beau, qui voit batailler d'un côté l'ancienne conception objective du beau (celle, déjà, des écoles pythagoriciennes antiques selon laquelle le beau résulte d'un rapport, réglé entre les parties de l'objet, rapport mesurable avec précision, s'exprimant numériquement et surtout indépendant du sujet qui, parfois, entre en rapport avec lui), et de l'autre, la conception du beau comme sentiment subjectif qui avait reçu avec Hume et Kant son expression la plus convaincante, bien qu'elle soit déjà apparue dans l'histoire de l'esthétique avec notamment la sophistique. Toute au soutien de cette seconde ligne, la position des deux Vischer veut que le beau soit un acte, ou bien le contact entre sujet et objet, une implication réciproque (*Ineinander*) qui fait que le sujet (qui, en substance, est unité psychophysique) trouve un objet beau quand celui-ci correspond aux lois selon lesquelles l'organisme est structuré, et le trouve laid quand il contredit ou n'observe pas ces lois. Le plaisir esthétique devient, à la lettre, plaisir de l'*aisthesis*, du sentir corporel.

1. W. Wundt, *Principes de psychologie physiologique*, Paris, L'Harmattan, 2005.

Toutefois, ce sentir n'est pas indifférencié, il s'articule en plusieurs stades, que Robert Vischer décrit et désigne, forgeant des néologismes spéciaux difficiles à traduire. La région du sensible se distingue en trois domaines : sensation (*Empfindung*), émotion (*Fühlung*) et empathie (*Einfühlung*). L'*Empfindung* est la simple réponse physique du corps à un stimulus externe. Elle peut être non-accentuée ou accentuée ; dans le premier cas, le stimulus est perceptible de façon inconsciente, il est si vague et faible que le sujet s'en rend à peine compte. Dans le second cas, la sensation est ressentie comme plaisante (elle a un effet bénéfique sur les nerfs et les muscles, et induit des mouvements adéquats et faciles), ou bien déplaisante (elle agit sur un mode inhibiteur, et induit des mouvements non naturels et difficiles). Vischer ne veut s'occuper que des sensations accentuées, soit celles plaisantes ou déplaisantes : c'est précisément parce que le corps dans son intégralité synesthétique d'organisme est mis en cause, qu'il peut dire que toute sensation accentuée conduit en définitive à un renforcement ou à un affaiblissement de la sensation générale de la vie. Kant n'avait-il pas déjà dit, au § 23 de la *Critique de la faculté de juger*[1], que le beau entraîne un sentiment d'épanouissement de la vie, alors que le sublime est produit par un arrêt temporaire de celle-ci, immédiatement suivie par un épanchement encore plus fort des forces vitales ? Vischer offre ici un soutien psychophysique à cette intuition.

Dans le second stade, celui de la *Fühlung*, on passe du plus bas stade de la perception, celui de la simple sensation, à une participation de l'esprit, qui crée des images de chaque événement sensoriel, le combinant avec l'image du Soi. Pour que cela puisse avoir complètement lieu, il faut percevoir dans le phénomène une force vitale. Mais c'est surtout le cas du rapport intersubjectif, dans lequel le sujet est corrélé à un autre sujet. Dans ce seul cas, on peut parvenir à une vraie vie sentimentale, au niveau émotionnel de comparticipation émotive. D'autre part, le sentiment (*Gefühl*) repose aussi sur une activité de promotion ou de perturbation de l'être humain dans son ensemble, pris en tant qu'énergie vitale.

1. E. Kant, *Critique de la faculté de juger*, *op. cit.*

Qu'arrive-t-il, cependant, si nous fait face non pas un autre sujet vivant comme nous, mais une forme inanimée, morte, exsangue? Nous y projetons alors notre propre vie : c'est parce que nous sentons un manque de sang vital, que nous nous représentons la forme morte comme quelque chose de vivant, comme si nous nous trouvions face à quelqu'un d'autre. A lieu un déplacement inconscient de la forme psychosomatique propre dans la forme de l'objet. Nous entrons ici dans le troisième stade, celui de l'empathie (*Einfühlung*), qui se vérifie quand notre Moi spirituel-corporel se projette dans l'objet, se fond en lui, remplit sa forme d'un contenu émotionnel, et donc l'anime. Si l'objet est petit, le Soi se contracte (*Zusammenfühlung*), comme par exemple dans la perception d'une ceinture serrée; si l'objet est grand, il s'étend (*Ausfühlung*), comme par exemple dans la perception d'un manteau large. Contraction et expansion signifient respectivement affaiblissement et renforcement du Moi, et constituent deux possibilités opposées de la personnification, qui se trouve à la base aussi de l'imagination mythique, religieuse et esthétique.

La tripartition *Empfindung*, *Fühlung* et *Einfühlung* se complique avec la distinction ultérieure entre stimuli sensoriels et stimuli moteur. Les premiers concernent le processus passif et involontaire de la fonction sensorielle, soit d'une pure fonction nerveuse. Les seconds concernent le processus actif d'une fonction moteur, musculaire, basé sur un acte de la volonté. La distinction entre, d'une part, « sensoriel-passif-involontaire-nerveux-en repos » (marqué par le préfixe *Zu-*, qu'on peut rendre par « direct », « immédiat ») et, d'autre part, « moteur-actif-volontaire-musculaire-en mouvement » (marqué par le préfixe *Nach*, qu'on peut traduire par « indirect » ou « répondant ») amènera à d'ultérieures articulations. Au niveau de la sensation, on distinguera la sensation immédiate (*Zuempfindung*) et la sensation répondante (*Nachempfindung*) : pour l'illustrer, il s'agit de la différence entre le voir, entendu comme acception passive et inconsciente de stimuli nerveux visuels, et le regarder, entendu comme exploration moteur active et volontaire des formes par l'œil. De manière analogue, au second niveau de l'émotion, on trouvera l'émotion immédiate

(*Zufühlung*) et l'émotion répondante (*Nachfühlung*). Dans la première, on ressent instinctivement une compatibilité ou une incompatibilité avec une image donnée (par exemple quand nous parlons d'une lumière froide ou chaude, de couleurs vives ou pâles) ; dans la seconde, on prend plaisir à parcourir des yeux la découpe d'une montagne ou bien les virages d'une route, nous montons et descendons, exaltés ou déprimés en rythme, prenant part à la perception avec notre plein sentiment de la vie.

Le troisième niveau, plus profond, qui est celui de l'expérience empathique, se compose aussi de deux moments : une empathie sensorielle (*sensitive Einfühlung*) et une empathie moteur (*motorische Einfühlung*). Dans le premier cas, on empathise avec des formes statiques, au repos; on parle alors d'empathie physiognomonique ou d'empathie d'état d'âme (*physiognomische oder stimmungsvolle Einfühlung*). C'est le cas du paysage qui se présente à nous doté d'un ton humoral, d'une atmosphère affective. Dans le second cas, on entre en relation avec un objet en mouvement (réel ou apparent); on aura ici une empathie mimique ou agente (*mimische oder agierende Einfühlung*). C'est la falaise qui se lève, l'arbre qui étire ses branches comme s'il allongeait ses bras. Les personnifications mystiques et religieuses se font sur la base de ces deux formes d'empathie, elles sont à comprendre comme une animation du végétal et une humanisation de l'animal. Il en va de même pour toutes les légendes donnant vie à des objets inanimés (ou de réanimation des cadavres, de corps n'étant plus en vie) qui abondent dans la littérature mondiale.

Vischer lui-même est bien conscient du caractère abstrait de ses distinctions catégorielles. Elles relèvent d'une taxinomie à élaborer sur le plan de l'analyse conceptuelle, mais à saisir dans l'opérativité concrète et vivante du corps propre : en effet, les muscles présupposent les nerfs, regarder implique toujours de voir; et réciproquement, dans le fait général de voir, une focalisation inconsciente opère, due à la position des yeux, de la tête, de tout le corps. Le règne de la vie quotidienne, et plus encore celui de la vie onirique, le montre bien : l'expérience est, dans les faits, « un nœud proprement gordien d'excitations changeantes [1] ». Même le primat du sens de la vue, ce sentiment optique qui donne son titre à son essai, serait à redimensionner sur la base de l'impossibilité d'isoler un domaine sensoriel d'un autre : les sens entretiennent une intime relation réciproque et un rapport d'échange constant avec la sphère spirituelle. C'est comme si, dans les « vicariances mutuelles des sens [2] », existait une métaphoricité, un transfert continuel de sens – sur les voies de l'analogie – non pas seulement entre le corps et le monde (des formes), mais aussi entre le corps et lui-même, entre parties du corps et sens du corps, un renvoi mutuel du sens de la sensation. Par auto-observation, on remarque facilement comment un stimulus visuel peut être éprouvé dans une toute autre sphère sensorielle : les lunettes de soleil, qui soulagent les yeux éblouis, semblent en même temps rafraîchir la peau ; les couleurs dites, non sans hasard, « criardes [3] » provoquent des stimuli acoustiques pénibles. Les plafonds bas nous rendent lourds et nous écrasent. Les vieux murs pas droits attentent à notre équilibre corporel. Le corps dans son entier, conclut Vischer, est remis en cause, expérimentant en toute occasion « que toute sensation accentuée aboutit, soit à une intensification, soit à un affaiblissement de la sensation vitale d'ensemble [4] ». Il veut souligner que l'expérience du sentir procède de l'unité à l'unité : de l'unité originaire (du moi et du monde dans l'indistinction originaire de la sensation) à travers les phases successives et stratifiées de la distinction corrélative de sujet et d'objet dans la saisie perceptive et sentimentale, à l'unité pour ainsi dire conclusive (de moi avec l'autre – objet ou sujet autre – dans l'empathie).

1. R. Vischer, *Sur le sens optique de la forme*, *op. cit.*, p. 72.
2. *Ibid.*, p. 69, note 81.
3. *Ibid.*, p. 67.
4. *Ibid.*, p. 69.

pour approfondir

BERLIN I., *Vico and Herder. Two Studies in the History of Ideas*, London, Hogarth Press, 1976.

CROCE B., « À propos de la prétendue esthétique de l'Einfühlung » (1934), in *Essais d'esthétique*, textes choisis, traduits et présentés par Gilles A. Tiberghien, Paris, Gallimard, 1991, p. 181-189.

DANESI M., *Vico, Metaphor, and the Origin of Language*, Bloomington-Indianapolis, Indiana University press, 1993.

ELIE M., *Aux origines de l'empathie : fondements & fondateurs*, Nice, Ovadia, 2009.

FERRETTI S., *Cassirer, Panofsky, and Warburg : Symbol, Art, and History*, trad. R. Pierce, New Haven (Conn.)-London, Yale University, 1989.

FIMIANI M., *Lévy-Bruhl : la différence et l'archaïque*, trad. N. Le Lirzin, Paris, L'Harmattan, 2000.

FREEDBERG D., *Le pouvoir des images*, trad. A. Girod, Paris, G. Monfort, 1998.

GIRARD P. *et al.* (dir.), *Recherches sur la pensée de Vico*, Paris, Ellipses, 2002.

GLOCKNER H., *Friedrich Th. Vischer und das 19. Jahrhundert*, Berlin, Junker und Dünnhaupt, 1932.

– « Robert Vischer und die Krisis der Geisteswissenschaften imletzten Drittel des neunzehnten Jahrhunderts », *Logos* 14, 1925, p. 297-343 ; 15, 1926, p. 47-102.

HAGELSTEIN M., *Origine et survivances des symboles : Warburg, Cassirer, Panofsky*, Hildesheim, G. Olms, 2014.

KECK F., *Lucien Lévy-Bruhl : entre philosophie et anthropologie, contradiction et participation*, Paris, CNRS Éditions, 2008.

LANDOWSKI E., MARRONE G. (dir.), « La société des objets. Problèmes d'interobjectivité », *Protée*, vol. 29, n. 1, 2001.

LÉVINAS E., « Lévy-Bruhl et la philosophie contemporaine », *Revue Philosophique de la France et de l'Étranger*, 147, 1957, p. 556-569.

LÉVY-BRUHL L., *La Mentalité primitive*, Paris, F. Alcan, 1922.

– *L'Âme primitive*, Paris, P.U.F., 1996.

– *La Mythologie primitive*, Paris, F. Alcan, 1935.

MAIGNÉ C., « Robert Zimmermann, un logicisme esthétique », dans *Les Enfants de Herbart, Des Formalismes aux structuralismes en Europe centrale et orientale. Filiations, reniements, héritages*, X. Galmiche (éd.), *Formalisme esthétique en Europe centrale*. http://www.formesth.com.

MALLGRAVE H.F., IKONOMOU E. (dir.), *Empathy, Form and Space*, Santa Monica (Ca), The Getty Center for the History of Art and the Humanities, 1994.

OELMÜLLER W., *Friedrich Theodor Vischer und das Problem der nach hegelschen Ästhetik*, Stuttgart, Kohlhammer, 1959.

ORTALLI G., *La Peinture infamante du XIIIe au XVIe siècle : "pingatur in Palatio"* (1979), trad. F. Pasquet, D. Arasse, Paris, G. Monfort, 1994.

PINERI R., *Présence de Vico*, Montpellier, Université Paul-Valéry, 1996.

PINOTTI A., « Symbolic form and symbolic formula. Cassirer and Warburg on morphology between Goethe and Vischer », *Cassirer Studies*, 1, 2008, p. 119-135.

SCHNEIDER H., *Historik und Systematik*, Weimar, VDG Verlag, 1996.

SEVERI C., *Le Principe de la chimère. Une anthropologie de la mémoire*, Paris, Éditions de la Rue d'Ulm-Musée du quai Branly, 2007.

VAN VLIET M. (dir.), *Ernst Cassirer et l'art comme forme symbolique*, Rennes, Presses universitaires de Rennes, 2010.

VERENE D. Ph., *Vico's Science of Imagination*, Ithaca-London, Cornell University Press, 1981.

VISCHER R., « Der ästhetische Aktund die reine Form » in *Drei Schriften zum ästhetischen Formproblem*, Halle, Max Niemeyer, 1927, p. 45-54.

ZIMMERMAN R., « Pour une réforme de l'esthétique comme science » (1862), in *Formalisme esthétique. Prague, Vienne au XIXe siècle*, C. Maigné (éd.), Paris, Vrin, 2012, p. 107-159.

chapitre 2
la sphère des arts

mimique et physiognomonie

On ne saurait surévaluer les conséquences de l'essai de Robert Vischer sur le sens optique de la forme. On l'a dit, il pose les questions centrales que l'on retrouvera chez tous les théoriciens de ce qu'on peut appeler l'âge d'or de l'empathie, situé à cheval entre les XIXe et XXe siècles. Sous les traits de l'esthétique des arts figuratifs, la bataille polémique qu'il mène contre le formalisme pur semble compromettre définitivement la possibilité d'admettre des formes libérées d'un rapport à l'organisme corporel. Cette mise hors jeu aura lieu au cœur du formalisme même. Prenons un exemple paradigmatique. Dans *Le Problème de la forme dans les arts plastiques* (1893), le sculpteur et théoricien Adolf von Hildebrand – dont les observations sont très proches de celles de Robert Vischer, sans qu'il s'y réfère clairement pour autant – traite du « rapport général que nous entretenons avec la direction face à la nature[1] », qui explique que l'axe vertical (lié à notre position debout) et l'axe horizontal (rapportée au plan des yeux) nous sont plus congénitaux et fondamentaux que tous les autres. De façon plus générale, Hildebrand admet une « sympathie » entre l'homme et la réalité externe en vertu de laquelle nous rapportons

1. A. von Hildebrand, *Le Problème de la forme dans les arts plastiques*, Paris, L'Harmattan, 2002, p. 71.

tout à nous-mêmes, pénétrant tout avec « la sensation que nous avons de notre propre corps [1] ». On le voit, la position de l'un des porte-drapeaux de la pure visibilité formaliste n'est pas incompatible avec l'esthétique du sentir corporel que représentent les théoriciens de l'empathie, comme les deux Vischer. Elle la rejoint même en bien des points.

En revanche, on remarquera que chez Aby Warburg, le père spirituel de l'iconologie, cette orientation de la théorie des arts visuels qu'on oppose souvent (mais confusément) au formalisme, ce sont les deux Vischer et Hildebrand qui lui offrent les coordonnées fondamentales pour comprendre la nature du symbole iconique et le rapport délicat qui s'instaure entre forme typique ou formule (*Formel*) et affect (*Pathos*). Et cela se retrouve jusque dans ses écrits de jeunesse, préalables à l'élaboration d'une science pragmatique de l'expression [2]. Ce rapport est au centre de la très célèbre notion warburgienne de *Pathosformel*, qu'il faut entendre comme une posture corporelle caractéristique dans laquelle une émotion est immédiatement exprimée (l'exemple classique est la posture typique de l'individu mélancolique immortalisée par Albrecht Dürer en 1514 dans la gravure *Melencolia I*, dans laquelle l'ange a la tête inclinée, reposant dans la paume de sa main).

Dans la perspective d'une histoire générale de l'expression figurative humaine, que signifie – interroge Warburg [3] – le fait qu'au XVe siècle les artistes toscans retrouvent un vif intérêt pour les formes antiques, et particulièrement pour les éléments mobiles comme les rubans et les mèches de cheveux flottants, qui abondent dans leurs œuvres, parfois même sans réel motif dans une scène tout à fait statique ? C'est le cas de la *Naissance de saint Jean-Baptiste* de Domenico Ghirlandaio, tableau exposé dans la chapelle Tornabuoni en l'église Santa Maria Novella à Florence. Une gracieuse servante, portant sur la tête un panier de fruits, entre par la droite dans la chambre de

1. A. von Hildebrand, *Le Problème de la forme dans les arts plastiques*, *op. cit.*, p. 90-91.

2. A. Warburg, *Fragmente zur Ausdruckskunde*, Berlin, Akademie Verlag, 2015.

3. A. Warburg, « L'entrée du style idéal antiquisant dans la peinture du début de la Renaissance », in *Essais florentins*, Paris, Klincksieck, 2003, p. 221-243.

l'accouchée Elisabeth, comme si elle était poussée par un vent soudain qui fait voler son voile et son vêtement et qui contraste de façon flagrante avec la pose calme des autres femmes. L'accessoire en mouvement (*bewegtes Beiwerk*) – ici le voile, ailleurs, la chevelure défaite comme souvent chez Botticelli – permet à l'artiste de donner un effet de mouvement dans l'immobilisme de la scène. Aux yeux de Warburg, c'est là le plus difficile problème des arts figuratifs, qui effleurent alors, fera remarquer Philippe-Alain Michaud [1], les possibilités cinématiques de l'image filmique. C'est l'*Einfühlung*, que Warburg définit explicitement comme une « force constituant le style [2] », qui rend possible une telle animation, et ce en un double sens. D'une part et avant tout, par le rapport empathique que l'artiste de la Renaissance établit avec l'artiste de l'Antiquité : cette forme d'identification permet le réveil des modèles figuratifs classiques après le sommeil du Moyen Âge. D'autre part, par l'animation de l'inerte, « mimiques pathétiques fortement accentuées [3] », qui donne aux objets figés l'apparence du mouvement.

On verra aisément dans cette mimique intensifiée un écho évident de l'empathie mimique agente de Vischer en vertu de laquelle, on l'a vu, le statique est perçu comme dynamique, comme doué de force motrice. Cette question concerne-t-elle exclusivement l'Antiquité ou la Renaissance ? Nous dirions que non, si l'on pense à l'obsession des avant-gardes, quelques années plus tard, pour le problème de la représentation du mouvement. Pensons à l'œuvre de Duchamp *Nu descendant un escalier*, de 1912, ou à la *Dynamique d'un chien en laisse* de Balla, peinte la même année. La passion des futuristes pour la représentation du mouvement peut être rapportée à la possibilité de donner vie à des lignes et des formes. Dans la préface du catalogue de l'exposition des peintres futuristes (inaugurée en 1912 à Paris et en d'autres villes européennes) que signèrent Boccioni, Carrà, Russolo, Balla et Severini, on retrouve ponctuellement reproposées les mêmes

1. P.-A. Michaud, *Aby Warburg et l'image en mouvement*, Paris, Macula, 1998.

2. A. Warburg, « La Naissance de Vénus » et « Le Printemps », de Sandro Botticelli », in *Essais florentins*, *op. cit.*, p. 49.

3. A. Warburg, *Albert Dürer et l'antiquité italienne*, *op. cit.*, p. 161.

acquisitions de la théorie de l'empathie : « On ne s'aperçoit pas que tous les objets inanimés révèlent, dans leurs lignes, du calme ou de la folie, de la tristesse ou de la gaieté. [...] Chaque objet révèle par ses lignes comment il se décomposerait en suivant les tendances de ses forces. Cette décomposition n'est pas guidée par des lois fixes, mais elle varie selon la personnalité caractéristique de l'objet et l'émotion de celui qui le regarde [1] ».

Même s'ils reconnaissent le primat de l'énergie cinétique, les futuristes ne manquent pas de souligner aussi les aspects de la figuration – calme et folie, tristesse et gaieté – qu'on comprendrait, dans la terminologie de Robert Vischer, non pas comme empathie mimique motrice, mais plutôt en terme d'empathie physiognomonico-humorale. Cette distinction d'importance a été bien souvent reprise, notamment par Theodor Lipps, considéré, on l'a vu, comme le théoricien par antonomase de l'empathie. Chez les Vischer père et fils, ce point restait consigné à la dimension de l'essai – bien souvent caractérisé par ailleurs par des intuitions impressionnistes plutôt que par de rigoureuses analyses. Chez le psychologue allemand, il donne lieu à de considérables traités, la grande *Ästhetik* en deux volumes (1903-1906) [2] et *Leitfaden der Psychologie* (1903) [3], puis ensuite un riche ensemble d'études spécifiques. Dans ces textes, l'expérience empathique est étudiée et organisée de manière systématique dans un cadre conceptuaire unitaire. Lipps partage avec les Vischer le rejet du formalisme pur : aucun principe purement formel ne pourra rendre compte de mon expérience esthétique ; l'objet esthétique a toujours un contenu en plus d'une forme, et ce contenu est un contenu psychique qui pénètre l'objet grâce à l'empathie. L'empathie est la condition de possibilité de l'esthéticité. En d'autres termes, l'objet esthétique n'en est un que si un sujet empathise avec lui.

Lipps examine l'empathie « aperceptive » (ainsi nomme-t-il ce que Robert Vischer nommait empathie mimique) en tant que première

1. U. Boccioni, C. Carrà, L. Russolo, G. Balla, G. Severini, *Les peintres futuristes italiens (« Les exposants au public »)*, Paris, Bernheim-Jeune, 1912, p. 6-7.

2. Th. Lipps, *Ästhetik*, *op. cit.*

3. Th. Lipps, *Leitfaden der Psychologie*, *op. cit.*

modalité empathique : celle-ci provient de l'activité du sujet qui saisit l'objet en le percevant. Dans cet acte, un mouvement s'exerce, une activité intérieure qui se tourne vers l'objet et lui confère inconsciemment les caractéristiques de sa propre animation, de son propre faire intérieur. Et déjà, une simple ligne prend vie, bouge, se tend, s'allonge, se limite, débute et s'achève de manière brusque ou délicate, elle glisse, ondoie, se plie, s'incurve, se comprime et s'étend. Et l'observateur avec elle. Robert Vischer l'avait déjà noté, l'aperception d'une simple ligne est en même temps auto-activation, participation du sujet qui anime l'immobilisme des formes linéales, sans en avoir, bien sûr, conscience. En effet, ce mouvement est perçu comme s'il était une propriété de cette ligne. Ce type d'empathie se trouve à la base des illusions optico-géométriques qui font voir une forme plus grande ou moins grande qu'elle n'est en réalité du fait du mouvement d'agrandissement ou de compression inhérent au processus empathique.

L'empathie « empirique ou de la nature » constitue une variante de l'empathie aperceptive : les lignes sont considérées ici non en soi, mais en tant qu'elles appartiennent à des corps naturels réels, à des éléments auxquels nous attribuons des impulsions, des forces, des énergies, de la volonté, des directions, des tendances que nous sentons en même temps en nous. À partir de mes expériences passées, la perception d'un objet provoque en moi des attentes quant à son comportement. Une pierre suspendue dans l'air tend, pousse vers le sol. Mais, je ne peux vivre qu'en moi-même le sens de mots comme tendance, force, activité, et, à partir de mon vécu, le transférer aux objets : partout je « remplis » la nature de forces, d'activités, d'impulsions, qui en réalité m'appartiennent, de telle sorte que le Moi devient objet et l'objet devient le Moi.

Vient donc s'ajouter l'empathie d'« état d'âme », qui confère à l'expérience une atmosphère particulière ou une tonalité affective, que les Allemands et les Anglais rendent par des termes difficilement traduisibles tels que *Stimmung* et *mood*. Dans ce cas aussi, comme pour l'empathie aperceptive et l'activité, l'état d'âme est mien, mais il m'apparaît comme appartenant à l'objet ou à la situation perçue, il me donne l'impression de venir à moi à partir de l'objet. Ainsi, il arrive qu'un paysage devienne porteur de n'importe quel état d'âme humain.

C'est sur cette distinction fondamentale entre activité et état d'âme que les esthétiques de l'empathie se rejoindront dans leurs analyses respectives des formes d'art particulières et des œuvres singulières. Avant toutefois de continuer sur ce plan très varié, une question préliminaire doit être abordée : que signifie, à proprement parler et en général, l'empathie « esthétique » ? Une fois de plus, nous nous tournerons vers Lipps, puisque le psychologue s'est explicitement posé le problème de circonscrire la particularité de ce vécu empathique à des formes non esthétiques d'empathie. Cette particularité saute aux yeux dès lors qu'on la compare à une forme éthico-pratique d'empathie. En effet, se référant implicitement à la distinction kantienne du bon et du beau, Lipps affirme que dans une perspective éthico-pratique l'être effectif réel de ce avec quoi j'empathise est interrogé, ce qui n'est pas le cas dans une perspective esthétique. Le désintérêt pour l'existence de l'objet, que le paragraphe 2 de la troisième *Critique*[1] pose comme condition pour qu'un jugement puisse être dit esthétique (si l'on ne tient pas compte de l'existence effective ou non de l'objet, et qu'on s'en contente comme pure image), prend un sens particulier dans la doctrine lippsienne. En effet, ce sens vient de la différence entre mon empathisation avec un autre être humain de chair et d'os et le fait d'empathiser avec lui quand il est représenté en image et en mot, comme un autre être peint ou raconté.

En premier lieu, on a l'impression – même si Lipps ne l'admet pas totalement – que l'expérience de l'œuvre d'art met hors jeu l'empathie négative que le psychologue reconnaissait possible, on l'a vu, dans le cas de l'*Einfühlung* intersubjective. En effet, même quand j'assiste à un événement négatif représenté dans une œuvre d'art (par exemple la damnation de Faust), je ne peux me soustraire à l'impression de beauté que suscitent en moi la force et le travail intérieur que le sujet emploie pour s'affranchir du mauvais sort ou d'une conjoncture

1. Kant, *Critique de la faculté de juger*, *op. cit.*

hostile. Et même dans l'aperception d'un être humain qui souffre ou qui va mourir, ce sont sa souffrance et sa mort qui me poussent à prendre conscience de son humanité, humanité en souffrance et en passe de mourir, humanité que je partage avec lui. L'expérience de l'art et de l'humain représenté dans l'art, est avant tout expérience de l'écho d'une humanité qui résonne en moi et me pousse à sympathiser.

En second lieu, la représentation artistique du sentiment d'autrui est *seulement* une *représentation* : je ne sombre pas dans le désespoir lorsque j'apprécie la représentation d'un désespoir, je ne me fâche pas lorsque j'apprécie la représentation d'une colère. Ces sentiments sont privés de toute « force motivante » puisqu'ils ne concernent pas mon moi réel qui vit, agit et subit dans le monde réel. Dans l'œuvre d'art, la colère n'est que représentée, par suite, elle appartient à un monde idéal et non à un monde réel. Certes, même la contemplation esthétique du beau naturel, par exemple d'une parcelle de nature qui m'apparaît être un beau paysage, retranche une image ou une apparence aux rapports de réalité, l'élevant à une sphère idéale. Mais, observe Lipps, cela se réalise par contraste avec les relations réelles qui continuent à exister entre moi, en tant qu'objet réel, et le paysage, en tant qu'environnement réel. En revanche, dans la jouissance d'une œuvre d'art, le représenté est *ab origine* idéal, il n'est rien d'autre qu'« image ou apparence ». Par corrélation, le Moi qui vit dans le monde de la représentation artistique est en tout et pour tout soustrait à toute réalité, pur sujet contemplatif, comme le voulait Schopenhauer au livre III du *Monde*[1]. Il ne s'agit pas de deux entités distinctes : le Moi idéal est lui aussi toujours réel (c'est toujours moi qui contemple), cependant il n'est pas engagé au sens d'orienté pratiquement, mais enfoui dans la contemplation. Et l'objet contemplé a bien une existence, qui n'est pas effective et concrète mais bien esthético-artistique. Imaginons que nous assistons à un spectacle de ballet : nous ne pouvons bien sûr pas nous mettre à danser au parterre à l'imitation des danseurs, et nous n'en n'avons pas non plus l'envie.

1. Schopenhauer, *Le Monde comme volonté et comme représentation*, *op. cit.*

En réalité, nous refaisons intérieurement les mouvements des danseurs à un plan virtuel, relatif à l'épisode psychique que j'éprouverais si je me mettais vraiment à danser, sans toutefois passer à l'acte.

C'est pourquoi Lipps peut dire que dans la « jouissance objectivée de soi [1] », en quoi consiste l'expérience esthétique, il n'y a pas de participation de sensations réelles organiques en lien avec les mouvements effectifs de mon corps et les cinesthésies respectives : ce point est décisif, et par là le psychologue allemand, se consacrant à une spiritualisation de l'empathie esthétique, prend ses distances avec la déclinaison physiologico-corporéiste de l'*Einfühlung* vue chez Robert Vischer et chez Adolf von Hildebrand. Pour eux, la dimension esthésique du vécu esthétique est incontournable, et en présence de l'œuvre d'art le corps se fait absolument sentir. Les représentants contemporains de la théorie de la simulation incarnée qui cherchent en Lipps un précédent historique pour leur propre doctrine manquent donc leur cible. C'est précisément dans le texte de 1903 *Empathie, imitation interne et sensations organiques* [2], que Lipps exclut rigoureusement la participation de ces dernières à l'expérience esthétique, montrant qu'il faut entendre la simulation de manière très désincarnée.

la force des lignes

« La ligne est une force », aimait à dire Henry Van de Velde [3] : ligne d'un tracé architectural ou montagneux, d'un corps humain dessiné ou de chair et d'os, ligne d'un griffonnage quelconque. La ligne n'est jamais un pur perçu statique, elle est l'expression dynamique d'énergie, de puissance, de direction, de sens. Elle se plie et se redresse,

1. Th. Lipps, « Empathie et plaisir esthétique », *op. cit.*, p. 129.

2. Th. Lipps, « Einfühlung, innere Nachahmung, und Organ empfindungen », *Archiv für die gesamte Psychologie*, 1, 1903, p. 185-204 ; trad. fr. « Empathie, imitation interne et sensations organiques », dans M. Elie, *Aux origines de l'empathie. Fondements et fondateurs*, Nice, Les éditions Ovadia, 2009, p. 105-124.

3. H. Van de Velde, *Formules d'une esthétique moderne*, Bruxelles, L'Equerre, 1 re édition, 1923, p. 63.

elle s'arque et se courbe, plonge et se relève, elle erre incertaine ou pointe droit vers le milieu. Elle s'embarque dans mille aventures, ou du moins dans toutes celles (véritablement nombreuses) qu'Henri Michaux a énumérées avec passion dans *Aventures de lignes*[1], en décrivant celles de Paul Klee. Léonard de Vinci avait déjà rendu compte de sa façon de « serpenter » dans son *Traité de la peinture*[2].

Mais attention : si elle ondule, elle produit de la beauté; si elle serpente, invitant, séduisante, l'œil à la suivre, elle produit de la grâce, à en croire l'*Analyse de la beauté* de William Hogarth[3], qui présente une apologie de la ligne spirale que nous pouvons suivre à notre tour jusqu'au cœur du XXe siècle, dans la « sympathie mobile » dont parle Bergson[4], et chez Merleau-Ponty[5].

D'où lui vient cette dynamique? Lipps dirait, on l'imagine : de moi-même. La ligne me pousse à la suivre des yeux, et, la suivant dans mon activité perceptive, je glisse dans une nouvelle direction, je m'interromps brusquement, puis je reprends, je suis retenu, j'avance librement, je me tends et me détends : se joue une véritable rythmique perceptive dans laquelle je donne à la ligne ce qui ensuite me semble venir d'elle, à savoir force, énergie, activité, vie. Mais la ligne se prête-t-elle réellement à cette attribution de vie? Est-il possible que dans la ligne la plus simple, comme dans les expériences esthétiques les plus complexes, notre nostalgie ne soit rien d'autre qu'une « nostalgie de la vie » (comme Lipps l'affirme avec emphase en conclusion d'une synthèse de sa doctrine très souvent citée, intitulée *Empathie et plaisir esthétique*[6], parue en 1906 dans la revue « Zukunft »)?

1. H. Michaux, « Aventures de lignes », dans *Passages*, Gallimard, 1963, p. 175-178.

2. Leonard de Vinci, *Traité de la peinture*, présenté par A. Chastel, Paris, Éditions Berger-Levrault, 1987.

3. W. Hogarth, *Analyse de la beauté*, Paris, École nationale supérieure des Beaux-Arts, 1992.

4. Bergson, H., *Essai sur les données immédiates de la conscience*, Paris, P.U.F., 2013, chap. 1, « de l'intensité des états psychologiques ».

5. M. Merleau-Ponty, « La philosophie aujourd'hui » (cours de 1958-1959), dans *Notes des cours au Collège de France*, Paris, Gallimard, 1996, p. 51.

6. Th. Lipps, *Empathie et plaisir esthétique*, *op. cit.*, p. 148.

Cette synthèse deviendra un objet de polémique pour Wilhelm Worringer. Dans *Abstraction et Einfühlung*[1], paru l'année suivante, il se réfèrera à Lipps, en tant que partie représentant la totalité des théories de l'empathie, pour amplifier et en même temps redéfinir le sens et la portée d'une esthétique qui dépende de l'*Einfühlung* et en fasse sa clé de voûte. En effet, le travail de Worringer, une dissertation universitaire republiée en 1908 avec un fort succès, vulgarise pour un large public d'intellectuels, d'artistes et de lecteurs avertis la doctrine de l'*Einfühlung*, grâce à un langage plus incisif et plus sec que la prose lippsienne. Mais, comme le titre de son ouvrage l'annonce – il prend le sens d'un vrai slogan –, l'empathie entre dans un rapport d'opposition dialectique avec une autre impulsion fondamentale, celle de l'abstraction, qui s'avère, pour ainsi dire, « plus » fondamentale que l'impulsion empathique, dès lors qu'elle la précède philo- et ontogénétiquement.

Sa principale intention est de montrer que la notion d'empathie est inefficace pour comprendre de larges secteurs de l'histoire de l'art, qui n'ont rien à voir avec cette nostalgie de la vie dont parle Lipps. L'identification aux formes du monde organique que sous-tend ce type de nostalgie est en réalité un sentiment du monde (*Weltgefühl*) typique de l'homme de la Grèce antique et de la Renaissance italienne. Or, l'humanité primitive, l'humanité nordique, l'humanité orientale, n'ont rien en commun avec les modèles organiques végétaux et animaux. Leur sentiment du monde est plutôt tourné vers l'abstraction, qu'il faut comprendre comme aspiration au monde inorganique, négation de la vie, qui retrouve ses propres paradigmes dans les formes mortes et inertes, géométriques et inorganiques du cristal et du règne minéral (les expressionnistes contemporains de Worringer, quelques siècles plus tard, regarderont le même monde avec leurs poétiques du cristal). Ce n'est pas une nostalgie de la vie qui se manifeste ici, mais bien une nostalgie de la mort, qui est nourrie par un état angoissant d'« agoraphobie spirituelle », un état de crainte originaire

1. W. Worringer, *Abstraction et Einfühlung : contribution à la psychologie du style*, Paris, Klincksieck, 1978.

face à l'espace naturel hostile et menaçant, tel qu'il apparaissait à l'homme primitif à l'aube du monde (philogenèse) et tel qu'il continue à apparaître à tout nouveau-né (ontogenèse). Anticipant les réflexions freudiennes de *Au-delà du principe de plaisir*[1], Worringer postule que la loi de la nature résonne encore comme une réminiscence vague dans notre organisme, qui tend à reconstruire la forme primitive inorganique, c'est-à-dire à régresser de l'organique à l'inorganique, et qui tend donc à se livrer aux bras de *Thanatos*.

Lipps avait lui aussi examiné la possibilité d'une empathie négative, qui s'établit dès lors que j'entre en relation avec une entité hostile à mon sentiment vital. Cependant, dans l'art, on l'a vu, le négatif ne l'est pas de manière immédiate et concrète (il ne peut faire véritablement de mal), il subit une transfiguration dans l'image, et finit toujours par représenter un moment typique de la vie humaine dont on peut jouir esthétiquement. Worringer rejette toutefois cette universalisation hâtive du vitalisme, et sauvegarde la possibilité d'une anti-empathie authentique, qu'il nomme précisément abstraction. Il illustre la différence entre les deux principes grâce à une description typologique de la linéalité : si la ligne égyptienne est complètement abstraite et inorganique, là où la ligne grecque est organico-empathique, la ligne gothique est un hybride inquiétant, une contamination troublante entre abstraction et empathie, qui n'a rien à voir avec la beauté harmonieuse du classique, mais qu'on identifierait plutôt en termes de puissance sublime. Dans *L'Art gothique*[2], Worringer précise que cette typologie ne concerne pas exclusivement l'histoire des arts visuels sous l'angle de la psychologie collective des styles. Car nous pouvons, dans nos expériences quotidiennes, avoir le sentiment classique de la ligne, lorsque nous traçons de belles courbes arrondies, en accompagnant involontairement les mouvements du poignet de notre rythme sentimental. Ou bien nous pouvons ressentir l'élan expressif du gothique lorsque nous dessinons en proie à une forte

1. S. Freud, *Au-delà du principe de plaisir*, Paris, P.U.F., 2013.

2. W. Worringer, *L'Art gothique*, trad. de l'all. par D. Decourdemanche, Paris, Gallimard, 1941.

agitation intérieure qui se transmet à la ligne rigide, anguleuse, dentelée, polygonale, « hystérique ».

Son intérêt pour la linéalité pure conduit Worringer à reconnaître dans l'ornementation le moment originaire même de l'art, dans lequel la volonté stylistique d'un peuple (son *Kunstwollen*, son « vouloir artistique », dirait Alois Riegl) se manifeste dans la plus grande transparence. Selon lui, il ne s'agit pas, comme beaucoup le pensent encore aujourd'hui, d'un moment décoratif secondaire voire de mauvaise qualité puisque pléonastique, de la figuration (c'est-à-dire une sorte d'embellissement de remplissage, à l'exemple des fresques, couvrant les parties périphériques et faisant ressortir le sujet principal). À l'aube de son histoire – qui par ailleurs est purement et simplement l'histoire de l'image –, l'ornement se manifeste dans toute sa valence biologique, se mettant au service du *bios*, de la vie même. L'essai de Worringer « Origines et principes figuratifs de l'ornementation[1] » paru en 1913 le montre bien, le primitif est dominé par le désir de créer quelque chose qui se soustraie à la contingence et à la connexion vitale du sensible. Apeuré par la vie (qui se présente d'abord sous la forme d'un monde chaotique, pas encore rapporté à l'ordre des lois causales, des forces naturelles animées et hostiles, de la bête féroce, de son semblable engagé comme lui dans l'impitoyable lutte pour la survie), le primitif recherche, pour se tranquilliser, ce qui lui manque en une image inerte qui abonnissent ses inquiétudes. De là vient sa prédilection pour la ligne droite, géométrique, c'est-à-dire inorganique, privée de toute association avec la vie et ses formes.

À l'aube du monde, l'homme est donc essentiellement un animal phobique, et *Phobos* le moteur primaire de la figuration. À l'origine, la figuration ne consiste pas dans ce que nous appelons art, mais dans une pratique essentiellement magique à fonction apotropaïque. Car, les lignes ornementales opèrent une sorte d'enchantement protecteur, elles font office de véritables formules de conjuration du sort, par quoi le primitif se protège et protège ce à quoi il tient contre la

1. W. Worringer, « Entstehung und Gestaltungsprinzipien in der Ornamentik », in *Kongress für Ästhetik und allgemeine Kunstwissenschaft, Berlin 7-9. Oktober 1913*, Stuttgart, Enke, 1914, p. 222-231.

destructivité démoniaque. Ces lignes constituent, dans leur être non-vital parce qu'inorganiques mais bien vitales parce que toujours produites par la main de l'homme en vie, un dispositif biologique paradoxal, qui voit la vie, pour survivre, se désamorcer elle-même en image, se privant de la possibilité de l'empathie dans les formes organiques.

Il faut aussi compter Aby Warburg dans cette pléiade de problèmes, notamment les fragments déjà cités sur la science pragmatique de l'expression, et tout particulièrement dans l'introduction à *Entwurf zu einigen Thesen über Kunstpsychologie* (*Ébauche de quelques thèses de psychologie de l'art*, 1888). Une formule tranchante s'impose ici, qui synthétise avec efficacité le sens global du problème : « Tu es vive mais tu ne me feras pas de mal » (*Du lebst und thust mir nichts*) [1]. Dans la formule, « tu es vive » renvoie à la vie qui s'exprime dans l'image artistique (originairement inséparable de l'image cultuelle et symbolique), une vie qui est toutefois mise en image et par là contrôlée et prudemment désarmée (« mais tu ne me feras pas de mal »). Dans l'image, les forces négatives et hostiles de la nature sont neutralisées : on le voit clairement dans l'ornementation primitive, à propos de laquelle Warburg avance l'hypothèse qu'il s'agit de quelque chose se mouvant de manière hostile vers l'observateur, mais sans réel danger. Si l'on regarde l'accessoire en mouvement que nous avons mentionné plus haut, du point de vue vischérien de la croyance esthétique comme d'un croire avec réserve, nous pourrions dire que l'empathie warburghienne (l'accessoire semble bouger alors qu'il ne bouge pas) a pour fonction de désamorcer la charge énergétique de l'image, sa mise en sécurité, à la manière de ce qu'opérait l'abstraction worringérienne.

Ne s'agit-il ici que d'affaires primitives ? Certes non. Nous voyons, sur l'horizon millénaire de l'histoire des images qui apparaît comme une ligne ornementale, que même les créations artistiques les plus abouties ne représentent qu'un moment spécifique de la tentative de l'homme d'ordonner les phénomènes du monde extérieur. Cet effort,

1. A. Warburg, *Fragmente zur Ausdruckskunde*, *op. cit.*

bien loin de constituer une prérogative exclusive de l'humanité primitive, est toujours à recommencer, dès lors que les forces du chaos ne peuvent être une fois pour toutes vaincues, et qu'elles renaissent toujours. Paul Klee le confirme parfaitement : ce lecteur attentif de Worringer avoue son inquiétude, dans son *Journal*, face au chaos d'où il est malgré tout nécessaire et naturel de partir : « Devant la surface blanche, je restais souvent tremblant et timide. Tout de même, je me secouais et me contraignais à l'étroitesse des représentations linéaires [1]. »

Chaos – crainte – représentations linéaires : chaos de la toile blanche, univers (ou néant plein d'avenir) avant la création, avant la cosmogonie. C'est la crainte angoissante de la naissance, de l'ouverture d'un monde parmi l'infini des mondes possibles qui est toujours aussi une exclusion de ce qui n'est pas passé à l'acte et est abandonné, destiné à ne pas naître. C'est la « l'étroitesse » de la sortie des représentations linéaires par laquelle Paul Klee va se réveiller de la paralysie devant la possibilité pure et va se mouvoir vers la forme. Avec la conscience, qui doit à *Abstraction et Einfühlung*, que « plus ce monde (d'aujourd'hui précisément) se fait épouvantable, plus l'art se veut abstrait, tandis qu'un monde heureux produit un art porté vers l'ici-bas [2] » (n. 951).

le sentiment de la couleur

Au sein du cercle du Blaue Reiter, Paul Klee ne fut pas le seul à lire Worringer et à connaître, à travers son interprétation critique, la doctrine de l'empathie de Theodor Lipps (qui dirigeait, rappelons-le, son Institut de psychologie et élaborait sa doctrine de l'empathie à Munich, en ces années porteuses de nouveaux ferments artistiques allemands). L'auteur lui-même le reconnut plus tard : quiconque en cette période étudiait *Abstraction et Einfühlung*, devinait derrière les primitifs, les nordiques et les gothiques des temps révolus, les exigences

1. P. Klee, *Journal*, « Les Cahiers rouges », Paris, Grasset, 2004.
2. *Ibid.*

parfaitement modernes des expressionnistes, pour qui ce texte devint un programme. Les correspondances d'August Macke, de Franz Marc, de Wassily Kandinsky, contiennent d'enthousiastes commentaires à cet égard : « Beaucoup de choses pour nous[1] ! », écrit Macke à Marc en juillet 1911.

Ce dernier employait du reste une terminologie empathique explicite dans un bref texte de 1910, *Les Animaux dans l'art,* où il réfléchissait sur le besoin de saisir le rythme organique du monde, d'opérer une empathisation panthéistique (*ein pantheistisches Sichhineinfühlen*) avec la nature, les arbres, les animaux, l'air. L'animalisation de l'art à laquelle Marc aspire n'est pas une illustration morphologique de l'animal, mais elle consiste à capturer le frémissement de sa vie intime. Rappelons le décentrement du sujet que nous avons posé, dans la première partie de cette étude, comme nécessaire pour assumer le point de vue d'autrui et pouvoir se mettre à sa place. Chez Marc, ce décentrement est poussé jusqu'à l'annulation radicale du sujet humain, jusqu'à un cadre « impersonnel », où l'animal est peint tel qu'il se ressent lui-même, et où le monde qui l'entoure est rendu à partir de sa manière de voir à lui et non la nôtre. S'identifier aux animaux signifie donc tenter de regarder le monde comme le regardent un cheval ou un aigle, un chevreuil ou un chien.

Dans ce projet, l'instrument du chromatisme dynamique s'avère décisif : Marc veut de « nouvelles couleurs » pour ses nouveaux tableaux d'animaux. C'est, cependant, vers Kandinsky qu'il faut se tourner si l'on veut trouver au sein du cercle du Cheval Bleu une élaboration théorético-esthétique achevée de la couleur. Composé à la même époque qu'*Abstraction et Einfühlung*, et publié chez le même éditeur Reinhard Piper, son ouvrage *Du spirituel dans l'art, et dans la peinture en particulier* (1912) en constitue une sorte de contre-chant sur le plan esthétique. L'artiste russe y propose une théorie de la forme et de la couleur d'après le principe de la « nécessité intérieure »,

1. F. Marc, *Écrits et Correspondances*, Paris, École nationale des Beaux-Arts, 2007, p. 324-325.

c'est-à-dire du « contact efficace avec l'âme humaine[1] ». Chaque couleur – indépendamment et préalablement à tout rendu figuratif, c'est-à-dire dans sa valeur abstraite absolue – a un rapport significatif avec l'âme, elle produit des consonances avec le sujet, elle partage avec lui un rythme de vie. Cézanne déjà, Kandinsky le reconnaît, avait réussi à traiter la nature morte comme si elle était vivante (dans sa peinture, les choses qui semblent mortes à l'extérieur, deviennent intérieurement vivantes, une tasse de thé devient un être animé). Il s'agit donc de rester dans son sillage et d'étudier les modalités grâce auxquelles la couleur parvient à influencer directement l'âme et le corps organique ensemble.

Dans ce but, il est nécessaire, pour Kandinsky, de construire une véritable « grammaire de la peinture » qui décrive les connexions entre couleurs et états psychiques, à partir de leur « ressemblance physique et morale[2] ». Par ailleurs, cette grammaire pourra faire office de fondement à la chromothérapie. Par exemple, le jaune est chaleur et ancrage à la terre, mais aussi anxiété ; le bleu est profondeur et quiétude, infinité surnaturelle ; le noir est tristesse et tragique ; le rouge feu excite, mais peut aussi brûler ; le vert ne désire et ne demande rien. Les couleurs interagissent avec les formes de sorte que le sens de l'image surgit de leur action réciproque et de leur façon de se déterminer mutuellement l'une l'autre. Des couleurs identiques produisent des effets différents si elles sont associées à des formes différentes, et des formes identiques expriment des états d'âmes différents si elles sont colorées de façon différente. En effet, un triangle jaune diffère d'un triangle bleu, et un triangle bleu diffère d'un cercle bleu. Dans le nombre infini de combinaisons, la vie de ces formes et de ces couleurs se manifeste comme si elles étaient de véritables sujets avec leur psychisme, avec leur vie spirituelle, et leur « volonté de s'exprimer[3] ».

1. W. Kandinsky, *Du spirituel dans l'art, et dans la peinture en particulier*, Folio-Gallimard, 1989, p. 112.
2. *Ibid.*, p. 140.
3. *Ibid.*, p. 135.

Il s'établit entre couleur et état d'âme une sorte d'« écho » ou de « résonance », tout comme cela arrive – et ici Kandinsky semble paraphraser le passage bien connu de Hume – quand nous touchons certains instruments de musique, et qu'ils sonnent à l'unisson avec d'autres instruments que nous n'avons pas même effleurés. C'est ce qui se passe chez ces individus profondément sensibles, qui vibrent au contact des couleurs comme de vieux violons que caressent à nouveau l'archet. Ou pour les pianos : si la couleur est une touche, l'œil est le marteau, et l'âme le piano tout entier. Sans nous en apercevoir, nous sommes passés des couleurs aux sons : les affinités entre musique et peinture sont certes bien connues, mais désormais peuvent être explorées à partir d'analogies chromatiques et sonores précises. Ainsi, le jaune est une trompette ou une fanfare ; le bleu est un violoncelle, une contrebasse ou un orgue ; le rouge vermillon est un tuba ; l'orange est une cloche ; le violet est un basson. À chaque pôle de la gamme chromatique, on retrouve le blanc et le noir, qui figurent les deux grandes possibilités du silence, soit respectivement de la naissance et de la mort. Naturellement, ces analogies sont à penser dans un *continuum* de gradualité et de tonalité. C'est-à-dire que tout comme le violon peut émettre des sons très différents, le jaune peut se manifester en diverses nuances ; et les variations tonales correspondront à autant d'états d'âme.

Par ailleurs, dans son *Essai sur l'entendement humain*, Locke [1] avait déjà rapporté le cas de l'aveugle qui disait comprendre la couleur rouge comme le son d'une trompette. Mais la relation entre couleur et son n'épuise pas les possibilités synesthésiques du chromatisme, notamment celles que Vischer ramenait aux vicariances mutuelles des sens. La couleur n'est jamais un perçu exclusivement visuel, mais pénètre aussi le sens du toucher. Certaines couleurs paraissent rugueuses ou acérées, d'autres si lisses et satinées qu'elles invitent à la caresse. De même, nous parlons de tons chauds et tons froids, de couleurs liquides et couleurs compactes. Le vert d'un vase de Cézanne

1. J. Locke, *Essai sur l'entendement humain*, Paris, Vrin, 2001, tome III.IV. 11.

– dira Merleau-Ponty[1] en pensant aux valeurs tactiles de Bernard Berenson[2] – n'est jamais un simple vert, mais c'est un vert-céramique, qui me restitue non seulement la couleur mais aussi l'aspect poli du récipient et la dureté du matériau qui le compose.

Ainsi, les pages de Kandinsky replacent dans l'ambiance des avant-gardes artistiques du début du XXe siècle les idées de vicariance des canaux sensoriels et d'analogie synesthésique entre champs perceptifs hétérogènes qui étaient solidement acquises par la psychophysiologie au cours des décennies précédentes. Dans son ouvrage *Principes de psychologie physiologique*[3] (paru entre 1873 et 1874, et souvent remanié en d'autres éditions), Wundt consacrait un paragraphe aux « analogies de la sensation » à travers lesquelles s'établissent des rapports structurels entre des expériences sensorielles différentes, comme entre les sons, les couleurs et les sensations de chaleur, à partir d'une affinité intime entre les tonalités affectives correspondantes (*Verwandtschaft der Stimmung*). Et il ne manquait pas de souligner leur importance considérable au regard des implications sensibles de l'expérience esthétique. Remontant plus avant, on pourrait trouver dans la *Théorie des couleurs* (1810) de Goethe un précédent notoire : en effet, dans la section VI, il parle explicitement d'un « effet [qui] touche directement la nature morale[4] » : la couleur exerce une action sur le sens de la vue et sur l'âme en même temps, et ce, quels que soient les objets que la couleur vient colorer. Ce que Goethe nomme action sensible-morale est ce que l'esthétique psychologique définira plus tard comme un effet psychophysique de l'image. Lipps l'admet clairement quand il affirme que les couleurs ne sont jamais de simples couleurs, mais toujours aussi quelque chose de sérieux ou de léger, de tranquille ou d'enjoué, quelque chose de semblable à une véritable personnalité.

1. M. Merleau-Ponty, *Phénoménologie de la perception*, *op. cit.*, p. 380.

2. B. Berenson, « Les Peintres florentins de la Renaissance », dans *Les Peintres italiens de la Renaissance*, éd. J. Schiffrin, Paris, Editions de la Pleïade, 1926; *Esthétique et histoire des arts visuels*, Paris, Albin Michel, 1953.

3. W. Wundt, *Principes de psychologie physiologique*, Paris, L'Harmattan, 2005.

4. J.W. Goethe, *Traité des couleurs*, Édition du Centre Triades, 3e éd., 1980, p. 258.

Si donc chaque couleur a son état d'âme, sa tonalité affective, son caractère et sa personnalité, peut-on toujours appeler « objet » l'œuvre d'art qui la possède ? Ne faut-il pas plutôt la concevoir comme un alter ego que rejoignent l'ego de l'artiste autant que celui du spectateur ? Il semblerait que cette dernière option soit la bonne : « L'œuvre devient sujet », dira Kandinsky dans *La Peinture en tant qu'art pur*[1] (1913). Et encore, dans *Point, ligne, plan* paru en 1926 dans la collection des livres du Bauhaus (institution où il avait été invité par Walter Gropius pour enseigner quatre années auparavant), Kandinsky évoque les « forces vives[2] » qui entrent en tension dans la composition picturale, et le parallélisme entre ces deux êtres vivants que sont l'artiste et la toile.

Avant Kandinsky, Robert Vischer avançait déjà l'hypothèse que la stricte opposition entre sujet (vivant) et objet (inerte) était dépassée dans le processus empathique – en particulier dans celui concernant l'œuvre d'art – : c'est là que toute œuvre d'art se manifeste en tant qu'« être humain », en tant qu'humanité objective. Mais, cette idée traverse tout le XXe siècle. Pour Merleau-Ponty, un roman, une poésie, un tableau, une œuvre musicale sont des « individus » qui n'admettent pas, à l'instar des êtres humains, que l'expression soit séparée de ce qui est exprimé, de sorte que l'œuvre d'art est comparable à notre propre corps. Pour Mikel Dufrenne, l'œuvre est un « quasi-sujet[3] ». D'ailleurs, la culture esthétique française pouvait compter sur une riche tradition « sympatologique » : très grand connaisseur de la pensée allemande, Victor Basch[4] (premier titulaire d'une chaire française d'Esthétique et science de l'art) évoquait, à la fin du XIXe siècle, une « sympathie symbolique » nous permettant de nous plonger dans les objets, de leur insuffler notre vitalité, de les rendre vivants par

1. W. Kandinsky, « La peinture en tant qu'art pur », *Communication et langages*, n°8, 1970, p. 73-82. http : //www.persee.fr/web/revues/home/prescript/article/colan_0336-1500_1970_num_8_1_4472

2. W. Kandinsky, « Point et ligne sur plan », dans *Écrits complets*, *op. cit.*, p. 130.

3. M. Dufrenne, *Phénoménologie de l'expérience esthétique*, 2 vols., Paris, P.U.F., 1953, vol. II, p. 396.

4. V. Basch, *Essai critique sur l'esthétique de Kant*, Paris, Alcan, 1896.

notre sentiment, de nous donner si généreusement aux choses que nous en oublions notre don et sentons immédiatement son et nuage, vent et ruisseau. Ces sources n'étaient toutefois pas exclusivement allemandes : Théodore Jouffroy, dès son *Cours d'esthétique*[1] de 1822 (paru en 1843) – bien avant l'élaboration des doctrines vischérienne et lippsienne –, avait établi un lien étroit entre sentiment du beau et sympathie d'un côté, sentiment du laid et antipathie de l'autre. Dans son ouvrage *L'Expression dans les Beaux-Arts*[2] (1883), son héritière Sully Prudhomme soulignait le rôle crucial que joue la sympathie dans l'expression humaine en général, et dans l'expression artistique en particulier. Le champ était donc largement connu et prêt à être réinterprété dans un sens phénoménologique par Merleau-Ponty et Dufrenne.

Une telle interprétation – on peut d'ores et déjà l'anticiper – fait entrevoir toutefois des questionnements qui constituent plus un point de rupture qu'un moment de continuité avec les esthétiques psychologiques des XIXe et début du XXe siècles. Ce sujet qu'est l'objet œuvre d'art, avec ses couleurs, ses formes et ses sons qui expriment les états d'âme et les traits d'une personnalité, est-il sujet parce que je le fais devenir sujet (c'est l'option psychologique et subjectiviste), ou bien est-il en soi sujet, par ses propriétés structurelles, abstraction faite de mon intervention (c'est l'option phénoménologique et objectiviste) ? Il faut, pour l'heure, laisser cette question en suspens, qui ne pourra être abordée qu'une fois examiné le rôle joué par l'empathie dans les autres formes d'art.

l'empathie en 3D

Et qu'arrive-t-il quand lignes et couleurs se risquent à quitter le plan et entrent dans la troisième dimension, formant ainsi des volumes et des corps ? En d'autres termes, que se passe-t-il quand l'image d'un dessin ou d'une peinture devient sculpture ou architecture ? Pour

1. T. Jouffroy, *Cours d'esthétique*, Paris, Damiron, 1843.
2. R.F.A. Prudhomme, *L'Expression dans les Beaux-Arts*, Paris, Alphonse Lemerre, 1883.

aborder ce problème, il nous faut reprendre Herder. Nous avions vu qu'il était l'un des premiers philosophes à faire figurer le verbe *hineinfühlen* dans son vocabulaire. Dans son étude *La Plastique*[1] (1778), dans le cadre d'une conception énergétique de la beauté comme force vitale, le philosophe allemand décrit, au long de pages suggestives et écrites avec passion, la rencontre entre la statue et son spectateur. Cette rencontre est réunion symbolique, unification et identification psychophysique. Le corps étranger s'anime par notre âme, et notre âme s'incarne dans le corps étranger. Une véritable effusion de l'âme humaine vers la sculpture se vérifie en vertu d'une « sympathie intérieure », qui fait s'opérer une « transposition » de tout notre Moi dans la figure que nous touchons. La statue et son spectateur prennent ainsi la même « position sympathique » : nous nous incarnons dans la statue, et la statue s'anime avec nous.

Ce n'est certes pas par la vue que cela se produit. En effet, l'œil réduit la statue à une image parce qu'il saisit le corps comme figure, le volume comme superficie, le tridimensionnel comme bidimensionnel, la sculpture comme peinture, la vérité comme songe. Si l'œil la détruit, la main la fait naître (au moment où le sculpteur la crée) et renaître (quand le spectateur la sent – selon l'acception du *fühlen* et du *Gefühl*, qui s'identifie au toucher, au sentir tactile, avant de désigner le sentiment en général ; et c'est sous cette acception qu'Herder les emploie dans *La Plastique*). Dans un rapport de réciprocité et de réversibilité totales entre le touchant et le touché, le spectateur embrasse la statue, et celle-ci l'embrasse. Bien pauvre est le sculpteur qui n'a jamais entouré de ses bras ses statues d'Apollon ou d'Hercule.

Cette expérience du toucher participatif est explicitement définie chez Herder comme « vérité corporelle ». C'est sur elle que ce fonde tout sens de la forme, même de la simple ligne : la ligne droite, horizontale ou verticale, figure en tant que ligne de stabilité la ligne du pied ou du fémur ; la ligne courbe parfaite, le cercle, correspond à la rondeur du corps humain, et spécifiquement du corps féminin. De la ligne droite à la rondeur naît « la ligne de la beauté », qui

1. J.G. Herder, *La Plastique*, Paris, Le Cerf, 2010.

modèle les formes du corps. C'est seulement à partir de ces formes et de leur façon de se mêler en un tout organique, que toute théorie de la proportion et de la symétrie devient compréhensible. C'est l'œuvre noble de la nature, la figure humaine, qui construit le paradigme de toute configuration ultérieure.

Rien de plus simple, se dira-t-on, que de s'identifier à une statue qui représente un corps humain semblable au mien, pour peu qu'il soit grandeur nature. L'épisode n'est pas nouveau : Ovide, dans ses *Métamorphoses*[1] (X, 238-297) le racontait à merveille, imaginant le sculpteur Pygmalion tomber amoureux de sa statue d'ivoire au point de demander à Vénus de l'animer et d'en faire une femme de chair et d'os. D'ailleurs, Herder reconnaît sa dette dans le sous-titre de son ouvrage *La Plastique* : « Quelques perceptions relatives à la forme et la figure tirées du rêve plastique de Pygmalion ». De ce prototype antique émane un ensemble infini de statues qui s'animent (et non des moindres, notamment la Gradiva de Wilhelm Jensen qui retint l'attention de Freud[2]). Victor Stoichita le reconstruisit dans son ouvrage sur les tribulations de l'idée de simulacre à partir de ce mythe ovidien jusqu'au cinéma d'Hitchcock.

Cependant, qu'advient-il quand ce n'est pas un corps de femme aux courbes soulignées que nous regardons? Mais que nous avons devant nous un simple cube noir, tels que le *Die* de Tony Smith (cube d'acier réalisé en 1962) ou la *House of cards* de Richard Serra (plaques d'acier reposant en équilibre entre elles et formant une boîte carrée, réalisée en 1969), ou encore *Le Cube* d'Alberto Giacometti (en réalité, polyèdre complexe plutôt que véritable cube, réalisé en bronze en 1934) ? Qu'advient-il donc quand une sculpture ne présente aucune forme humaine reconnaissable, quand elle demeure face à nous obstinément close dans une autoréférentialité imperméable? Devons-nous réellement exclure toute relation non seulement à l'humain, mais aussi à n'importe quel référent qui soit externe à l'œuvre, ainsi

1. Ovide, *Les Métamorphoses*, Folio-Gallimard, 1992.

2. S. Freud, *Le Délire et les rêves dans la Gradiva de W. Jensen*, suivi de *Fantaisie pompéienne*, Paris, Folio-Gallimard, 1998.

que le veut le « diktat » de la sculpture minimaliste contemporaine ? Certes, non. Devant ce type d'œuvres, comme Georges Didi-Huberman [1] nous invite à le faire, il convient d'avoir de la patience, en ayant le courage de mettre entre parenthèses les lieux communs des poétiques et de la critique d'art, et de s'attarder jusqu'à ce qu'une relation particulière se manifeste, relation qui n'est, bien sûr, pas la ressemblance (impossible) entre le cube et le corps humain, mais n'est pas non plus l'hétérogénéité absolue. En s'attardant, on apprend à se faire sensible à une sorte de *dissemblance*, par quoi nous parvenons à saisir l'identique dans le divers, jusqu'à percevoir l'anthropomorphisme de ce cube. On s'y sensibilise en méditant sur ses dimensions : le cube *Die* mesure en effet 1,83 mètre de haut, soit la taille d'un homme. On s'y sensibilise donc en suivant les concaténations d'images auxquelles il donne lieu, nous faisant passer de la boîte à la maison, de la maison à la porte, de la porte au lit et du lit à la tombe. On le voit, même dans les plus récentes théories de la sculpture contemporaine, la riche idée de Herder d'une identification empathique et anthropomorphe de la statue, fondée sur la possibilité d'entretenir un commerce intersubjectif avec l'œuvre d'art, continue d'opérer, et reste particulièrement vigoureuse.

Et même si le cube *Die* ne ressemble en rien à un être humain, il partage tout du moins avec lui sa taille, cela est certain. Cependant, où s'achève cette dissemblance si l'on oublie l'affinité de taille et que le cube d'1,83 mètre devient un temple, un immeuble, une tour, une cathédrale ? Que devient alors notre capacité à empathiser quand nous ne sommes plus face à la sculpture, mais, pour rester dans la volumétrie tridimensionnelle, face à l'architecture ? Les théoriciens de l'empathie n'ont pas été intimidés par les échelles de grandeurs, et l'*Einfühlung* leur a paru assez solide pour pouvoir faire office de soutien à de puissants édifices aussi.

Prenons l'un des auteurs les plus intéressants à cet égard : le théoricien et historien de l'art August Schmarsow, qui travaille

1. G. Didi-Huberman, *Ce que nous voyons, ce qui nous regarde*, Paris, Minuit, 1992 ; *Le cube et le visage. Autour d'une sculpture d'Alberto Giacometti*, Paris, Macula, 1993.

fin XIXe-début XXe, dans la période phare de l'empathie. Il place au centre de sa réflexion esthétique l'organisation du corps humain lui-même, véritable condition de possibilité du sens. Le corps n'est pas une chose parmi les choses, mais un corps vivant, qui ne se caractérise pas seulement par le sens de la vue, mais par une complexité sensorielle, par sa position debout, par une disposition précise des organes et des membres, qui se distinguent par leur degré de mobilité ou par leur dépendance au tronc, par les conditions de coopération des deux mains avec les deux bras, des deux pieds avec les deux jambes, des deux yeux avec la partie antérieure de la tête. Tous ces rapports déterminent non seulement notre orientation, mais aussi notre façon de concevoir et de produire, toutes les possibilités, les modes de manifestations et les limites de notre activité. Dans sa leçon inaugurale du 8 novembre 1893 à l'Université de Leipzig intitulée *Essence de la création architecturale*[1], comme dans l'essai de 1896 *Sur la valeur des dimensions dans la construction spatiale par l'homme*[2], et dans l'élaboration théorique générale de son ouvrage *Concepts fondamentaux de la science de l'art*[3] (*Grundbegriffe der Kunstwissenschaft*, 1905), Schmarsow pose que c'est l'organisation corporelle qui permet la *Raumgestaltung*, c'est-à-dire la configuration de l'expérience de la spatialité, qui est le cœur du geste architectural. Cette organisation peut être verticale et frontale, celle à laquelle renvoient les coordonnées spatiales (droite/gauche, avant/arrière, dessus/dessous) ; et elle peut être mobile, kinesthésique, celle par laquelle l'homme explore la dimension de la profondeur, en se déplaçant sur l'axe horizontal. L'espace environnant devient lui-même dynamique grâce à un transfert de la motricité du corps et de ses directions.

1. A. Schmarsow, *Das Wesen der architektonischen Schöpfung*, Leipzig, Hiersemann, 1894, trad. fr. « L'essence de la création architecturale », dans H. Bresler *et al.*, *L'Espace du jeu architectural. Mélanges offerts à Jean Castex*, Paris, Éditions Recherches, 2007, p. 127-143.

2. A. Schmarsow, « Über den Werth der Dimensione nim menschlichen Raumgebilde », *Berichteüber die Verhandlungen der königlich Sächsischen Gesellschaft der Wissenschaften zu Leipzig, Philologisch-historische Klasse*, 48, 1896, p. 44-61.

3. A. Schmarsow, *Grundbegriffe der Kunstwissenschaft : Am Übergang vom Altertum zum Mittelalter, mit einem Nachwort zur Neuausgabe von EleftheriosIkonomou*, Berlin, Mann, 1998.

Parcourir un espace en profondeur prend du temps. Or, cette double structure spatio-temporelle, c'est le *rythme*, véritable chronotope de l'architectural, que Schmarsow comprend essentiellement comme spatialité interne d'un bâtiment que le corps emprunte, dans sa déambulation, quand il marche. Dans son travail de 1915-1922 sur les lois composant l'art médiéval [1], le concept de déambulation est lié aux mouvements respiratoires et cardiaques (les dilatations et contractions du muscle cardiaque, le flux sanguin, le pouls de la vie, qui finissent par constituer la base d'une rythmique psychophysiologique de systole et diastole. Tout type de spatialité interne (le temple grec, la basilique paléochrétienne, la cathédrale médiévale, le palais de la Renaissance...) se caractérise par une rythmique spatiale propre qui renvoie à nos fonctions corporelles, aux mouvements de la déambulation, du toucher, des yeux et de la mimique, ainsi que de tout notre état d'âme (*Stimmung*).

Le corrélat direct du rythme architectural dans notre corps est le rythme de la respiration. En effet, la modulation du processus régulier d'inspiration et d'expiration dans le « corps respirant » (*atmenderLeib*) correspond à la respiration de l'espace intérieur d'un bâtiment, de sorte que nous ne respirons pas de la même façon dans des bâtiments différents. Dans *Le Problème de la forme dans l'art figuratif* [2], Adolf von Hildebrand, que Schmarsow a lu attentivement, avait déjà exploré la correspondance entre perception de la spatialité, sentiment général de vie et rythme de la respiration. Mais, avant lui, c'est Wölfflin qui, dans les *Prolégomènes à une psychologie de l'architecture* datant de 1886 – véritable manifeste de l'empathie architecturale –, rattache la respiration (entendue comme notre organe d'expression le plus immédiat) à l'expérience des espaces intérieurs. Ainsi, les grandes pièces nous incitent à respirer profondément, en ouvrant la poitrine comme pour imiter l'ampleur des voûtes. Alors que d'étroites proportions nous donnent l'impression d'être pressé et d'avoir le

1. A. Schmarsow, *Kompositionsgesetze in der Kunst des Mittelalters*, Leipzig, Teubner, 1915-1922.

2. A. von Hildebrand, *Le Problème de la forme dans l'art figuratif*, Paris, L'Harmattan, 2002.

souffle coupé. Le style gothique, lui, nous laisse à peine un espace suffisant pour respirer [1]. Et, ponctuellement, l'argument de la contagion réapparaît : de même que notre respiration peut très facilement adopter le rythme de la respiration de quelqu'un d'autre, nous pouvons participer à la respiration rythmique d'un bâtiment, avec lequel nous établissons une sorte de relation empathique intersubjective.

Comme pour Schmarsow, la compréhension de toute forme physique n'est possible pour Wölfflin que parce que nous possédons un corps. Il ne s'agit bien sûr pas de dire, naïvement, qu'un bâtiment ressemble précisément à un corps humain, mais de sentir son caractère physique avec les « catégories » que nous partageons avec lui. Nous percevons donc de puissantes colonnes comme si elles étaient de solides innervations, nos muscles se raidissent, comme si nous devions porter nous-mêmes leur poids. Déjà deux ans auparavant, dans *Renaissance et Baroque* [2] en des passages paraphrasant presque la logique poétique de Vico, Wölfflin affirmait la nature analogique de notre jugement concernant les corps extérieurs à nous, et concernant donc aussi les corps architecturaux. Nous attribuons d'emblée au corps étranger tête et pied, front et dos, nous l'imaginons peu à son aise s'il est penché ou s'il menace de tomber, et ce même si sa forme est bien différente de notre forme humaine. Ainsi, nous prêtons une vie corporelle et expressive conforme à la nôtre à tout ce qui nous entoure. Dès lors, l'étude des styles artistiques du passé pourrait représenter une source de précieuses informations sur la façon dont les peuples percevaient la spatialité, et la vie en général.

L'idée selon laquelle le corps humain, dans sa structure et ses proportions, doit constituer le mètre et la mesure de l'architecture, idée déjà présente chez Vitruve, réapparaît donc dans les théories de l'*Einfühlung* architecturale de Schmarsow et Wölfflin en tant que possibilité de comprendre le construit à partir du sentir rythmique du corps propre et de son organisation. Il ne s'agit pas seulement

1. H. Wölfflin, *Prolégomènes à une psychologie de l'architecture*, Éditions de la Villette, 2005.

2. H. Wölfflin, *Renaissance et Baroque*, Brionne, Gérard Montfort, 1997.

d'un cadre catégoriel à archiver parmi les volumes poussiéreux de l'esthétique psychologique du XVIIIe siècle, comme le démontre Anthony Vidler, l'une des voix les plus stimulantes du discours théorique contemporain sur l'architecture. Dans son essai *The Architecture Uncanny*[1], sont décrites les expériences corporelles du spectateur des architectures du studio Himmelb(l)au ou de Bernard Tschumi à l'aide d'un vocabulaire explicitement empathique, bien que Lipps parlerait dans ce cas d'empathie négative. Les distorsions et les absences typiques de ces langages architecturaux sont perçues comme des menaces par l'observateur (mais ce terme n'est pas adéquat car trop centré sur le sens de la vue, alors que Vidler parle ici d'un *feeling/sentiment* « viscéral »), qui y répond par une « empathie physique ». Voilà une manifestation radicale de cet esprit anti-humaniste qui caractérise le mouvement postmoderne dans son entier en vertu de quoi le spectateur se sent tordu, blessé, éviscéré, immolé, suspendu dans un vertige instable (rappelons-nous l'acrobate lippsien) comme si la désagrégation de l'objet architectural lui-même participait au démembrement du corps du sujet.

résonance

Les réflexions architectoniques de Schmarsow nous ont initiés au thème du rythme comme articulation de l'espace-temps : c'est donc naturellement que nous glissons vers le domaine de la musique. Si, dans l'expérience de l'architecture, le fait de parcourir un espace interne en un temps donné rythme les vécus empathiques, dans la sphère musicale, nous devons nous en tenir à la pure temporalité, à la dimension de la succession de l'avant et de l'après, appréhendée par notre sens auditif, l'ouïe. L'histoire de l'esthétique et, de manière plus générale, de la réflexion philosophique sur l'art, s'est toujours préoccupée d'un lien intime et essentiel entre musique et affectivité, entre mouvement des sons et mouvement de l'âme. Ce n'est certes

1. A. Vidler, *The Architectural Uncanny. Essays in the Modern Unhomely*, Cambridge, MIT Press, 1992.

pas un hasard que de nombreuses expressions, rencontrées ici précédemment, dépeignant les expériences empathique et sympathique puisent dans la métaphore musicale : résonances, cordes sonnant ensemble, syntonies. Comme en témoigne Jamblique dans son texte *Vie de Pythagore*[1] (XXV, 112-113), l'école pythagoricienne avait déjà théorisé et pratiqué l'efficacité psychosomatique de la musique, cette force puissante, capable de communiquer avec les plus intimes tissus de l'homme de manière immédiate et sympathique, à travers ses rythmes et ses mélodies, et qui est aussi par là apte à guérir les âmes et les corps, les folies amoureuses et les délires meurtriers. Nous trouvons ici, déjà nettement dessinée, l'idée de « catharsis », de purification du corps et de l'esprit ensemble, qu'Aristote développera dans la théorie de la tragédie.

Selon la visée pédagogique de Platon – qu'il expose dans les fameux dialogues *La République* et *Les Lois* (livre VII) – la musique est éducation de l'âme comme la gymnastique est éducation du corps. L'éducation musicale est de la plus grande importance pour le gouvernement des hommes, dès lors que « les rythmes et la musique en général ont pour objet l'imitation des mœurs humaines, bonnes ou mauvaises » (*Les Lois*, 798d[2]). « Le rythme et l'harmonie pénètrent profondément dans l'âme et la touchent fortement » (*République*, 401d[3]). Ainsi, si la pratique éducative est correcte et qu'elle emploie les mélodies adéquates, l'âme sera éduquée à l'honneur et à la dignité, alors qu'un usage incorrect de mélodies inappropriées produira l'effet contraire chez les élèves. Une musique simple et sobre aura un effet tempérant sur l'âme : des mélodies douces et nonchalantes peuvent adoucir avec profit un caractère trop irascible, mais elles risquent d'affaiblir à l'excès si elles sont administrées à une âme portée par elle-même au chagrin. Les rythmes et les mélodies visant exclusivement à procurer du plaisir doivent être bannis de l'État idéal, car adressant

1. Jamblique, *Vie de Pythagore*, Paris, Les Belles Lettres, 2011.
2. Platon, *Œuvres Complètes*, *Les Lois*, livres VII-X, Paris, Les Belles Lettres, 2003.
3. Platon, *La République*, Paris, GF-Flammarion, 2004.

un message hédoniste au corps, ils oublient de façonner l'âme conformément aux vertus les plus hautes et les plus nobles.

Aristote est, lui aussi, resté sur cette ligne pythagorico-platonicienne. Au livre VIII des *Politiques*[1], qui traite la question de l'éducation, il écrit que la musique « peut donner au caractère une certaine qualité » (1339a) et peut influer sur l'âme : « De plus, ceux qui ont écouté des sons imitatifs ressentent tous des affections semblables à ses sons » (1340a). Du fait que les mélodies imitent les caractères, c'est en fonction de leurs modes et de leurs rythmes que « les auditeurs en sont différemment affectés et pas de la même manière pour [chacun d'eux] » (1340a), et ils seront tantôt tristes et graves, tantôt délaissés, tantôt enthousiastes ou mesurés, selon le type de musique qu'ils écoutent. Il apparaît donc qu'il faille admettre une certaine parenté (*sungeneia*) entre la musique et l'âme (1340b).

Les passions excessives peuvent troubler dangereusement l'âme : la musique, par son pouvoir psychagogique, est capable de conditionner en sympathie les caractères des hommes. Comment? Le problème 19, de ce livre des « pourquoi » que sont les *Problèmes*, l'explique bien : on lit, au § 29, que les rythmes et les mélodies semblent « refléter des états d'âme[2] ». Et, dès lors que la mesure (ni trop ni trop peu) est capitale pour notre bien-être psychophysique, nous apprécions les accords, les rythmes et les mélodies qui portent une harmonie entre les diverses forces en jeu, et dans lesquels le désordre est réordonné : « Le mouvement régulier convient mieux à notre nature que le mouvement désordonné[3] » (§ 38). Il existe donc une correspondance analogique entre les modes musicaux et les états et mouvements de l'âme, et il existe un parallélisme sympathique entre le son physique et la sphère éthique. Du reste, nous l'avons vu en première partie de cette étude, n'était-ce pas le problème 7 du même livre qui traitait des « effets de la contagion [*sympatheia*][4] »?

1. Aristote, *La Politique*, trad. fr. J. Tricot, Paris, Vrin, 1995.
2. Aristote, *Problèmes*, t. II, Paris, Les Belles Lettres, 2003, p. 107.
3. *Ibid.*, p. 110.
4. *Ibid.*, t. I, p. 123-127.

Il est impossible de reprendre ici l'histoire séculaire de cette idée. Voyons toutefois, même sommairement, quelques-unes des figures importantes de l'esthétique moderne. Au § 54 de la *Critique de la faculté de juger*, Kant reconnaît à la musique le statut de langage universel des affects ; il sera suivi en cela par Hegel et Schopenhauer, entre autres. Mais, même si l'on ne regarde que ces trois grands auteurs, une différence d'importance apparaît que nous avions déjà rencontrée à propos de l'implication des sensations organiques dans le sentiment de la forme. Kant rapproche la musique, dans l'examen qu'il en fait sous le rapport de l'attrait et de la capacité à mettre l'âme en mouvement, à la plaisanterie en tant que jeu où l'on ne pense à rien, et qui rend possible une « animation »[1] (*Belebung*) uniquement corporelle, un accroissement du « sentiment de santé » qui se manifeste dans l'affect capable d'agiter les entrailles et le diaphragme. Cette ligne d'esthétique physiologique n'est pas celle de Hegel qui décline le lien intime entre musique et affectivité, lien qu'il confirme tout de même, dans le sens spirituel de l'« extrême intériorité » : les sons se déploient en mon intimité la plus profonde, et c'est ce qui confère à la musique le pouvoir caractéristique de ravir l'âme. Hegel pense surtout à la mélodie comme puissance capable d'exprimer la dimension pathémique : en elle, c'est l'âme elle-même qui passe à travers les sons, prodiguant joies et douleurs. Voilà pourquoi la mélodie est l'« âme la plus intime[2] » de la musique.

Schopenhauer[3], pour une fois en accord avec son plus grand adversaire, Hegel, semble tenir une position tout autant spiritualiste. Dans son système des arts, qu'il expose au livre III du *Monde*, la musique se trouve aux antipodes de l'architecture : la pesanteur matérielle de celle-ci contraste radicalement avec la légèreté aérienne de la musique. L'architecture peut exprimer un aspect unique de la volonté – la lutte entre ce qui écrase et ce qui soutient, représentée de la façon la plus simple et la plus originaire par la colonne (§ 43).

1. Kant, *Critique de la faculté de juger*, *op. cit.*, § 54, p. 237.
2. Hegel, *Cours d'Esthétique*, vol. III, Paris, Aubier, 1997, p. 179.
3. Schopenhauer, *Le Monde comme volonté et comme représentation*, *op. cit.*

Nous nous situons là dans les bas niveaux des forces élémentaires de la nature. En revanche, la musique a à sa disposition une gamme extraordinaire de nuances sonores capables de moduler une grande variété de nuances correspondant à des états d'âme compréhensibles par tous, en tant qu'elle est une langue universelle (§ 52). À la différence de tous les autres arts, la musique est une objectité immédiate de la volonté, avec laquelle un rapport d'« analogie » s'établit. Ainsi, dans l'harmonie, les sons les plus graves correspondent à la matérialité brute, les notes de remplissage qui les surplombent expriment le monde végétal et le monde animal des créatures irraisonnées. En fin de compte, la mélodie parvient à donner voix à la vie de l'être humain, elle nous raconte l'histoire de la volonté humaine, chacun de ses élans et impulsions, chacune de ses inhibitions et entraves. Mais elle nous l'offre comme désincarnée, elle nous donne l'âme sans le corps dans ses modulations les plus variées. Et elle le fait dans une économie de moyens : en témoigne l'effet « magique » qui consiste dans le passage du mode majeur au mode mineur. En effet, changer d'un demi ton suffit à provoquer en nous le sens de l'angoisse que le seul retour en mode majeur peut effacer.

Dans son ouvrage *Du beau dans la musique*[1] de 1854, Eduard Hanslick réagit sévèrement contre cette position sentimentaliste, qui inspira en diverses façons Wagner et les wagnériens. Selon lui, la musique n'exprime absolument pas des sentiments humains, elle n'a pas de contenus, elle est pure forme sonore qui ne renvoie qu'à elle-même, dans une pure autoréférentialité (Zimmerman, on l'a vu, affirmera quelques années plus tard la même chose à propos des formes visuelles). En témoigne le fait que sur le même air de l'*Orphée et Eurydice* de Gluck, je peux chanter aussi bien qu'Orphée a perdu Eurydice et est désespéré, ou qu'il l'a retrouvée et est heureux. Mais, à bien y regarder, au-delà de la teneur polémique de son essai, il n'est pas impossible de repérer dans ses pages une concession inattendue faite à l'analogie entre la musique et l'affectivité : certes, aucune passion de telle ou telle sorte ne peut correspondre avec exactitude

1. E. Hanslick, *Du beau dans la musique*, Paris, Christian Bourgois, 1986.

à telle ou telle mélodie. Et cependant, la « dynamique » musicale peut imiter symboliquement la mobilité et l'intensité d'un processus psychique : ainsi des *presto*, *forte*, *piano*, *crescendo*, *diminuendo*. Cette symbolique se fonde, tout comme la symbolique chromatique, sur un « rapport sympathique [1] » avec les dispositions psychiques, sans pour autant pouvoir n'en représenter aucune dans un sens arrêté : il y a bien transport, concède Hanslick, mais pas transport d'un esprit combattif.

Nous arrivons à présent au seuil de l'âge d'or de l'empathie : que disent nos théoriciens à l'épreuve de la musique? Dans les grands traités théoriques d'*Ästhetik* en plusieurs volumes d'un Friedrich Theodor Vischer [2], d'un Theodor Lipps [3], d'un Johannes Volkelt [4] (publiés respectivement entre 1846 et 1857, entre 1903 et 1906, et entre 1905 et 1914), on trouve toujours un chapitre consacré à la musique. Pour Volkelt, l'empathie musicale (genre particulier de l'empathie sonore, qui comprend aussi l'empathie vis-à-vis des sons de la nature et l'empathie vis-à-vis de la voix humaine) a sa source dans une pléiade de sensations (comme les sensations motrices, fondamentales, liées à la perception du rythme, mais aussi les sensations tactiles, optiques, olfactives) qui symbolise une atmosphère émotive, qui est donc capable d'évoquer par analogie une tonalité affective, ou un état d'âme. Pour Lipps aussi, c'est dans la musique que l'empathie des états d'âme se déploie de la manière la plus complète. Hauteur des sons, timbre et force, consonance et dissonance, richesse ou simplicité, passages brusques ou fluides, lenteur ou rapidité, rythme, voilà autant de facteurs particulièrement enclins à obtenir dans l'âme une « résonance » plus ou moins large, traçant ainsi une rythmique de l'excitation intérieure.

1. E. Hanslick, *Du Beau dans la musique, essai de réforme de l'esthétique musicale*, Paris, Brandus, 1877, p. 28.

2. F. T. Vischer, *Ästhetik oder Wissenschaft des Schönen*, 6 vol., München, Meyer & Jessen, 1922-1923.

3. Th. Lipps, *Ästhetik*, *op. cit.*

4. J. Volkelt, *System der Ästhetik*, 3 vol., München, Beck, 1905-1914.

Dans son essai *Übermusikalische Einfühlung* (*Sur l'empathie musicale*) paru en 1906, Hermann Siebeck[1] réaffirme, d'une part, que les sentiments que suscitent l'écoute d'un morceau de musique ne sont pas identiques aux émotions de la vie réelle hors-esthétique, même s'ils en représentent des « images ». Mais il rejette d'autre part l'idée que la musique se limite à restituer leur dynamique, comme le voulait Hanslick. Car, la seule différence entre l'effet d'un accord majeur et l'effet d'un accord mineur nous montre que ce sont aussi des propriétés qualitatives spécifiques qui sont ici en jeu. La musique ne se contente pas de les réveiller, en les rappelant du fond de notre réserve mnésique émotionnelle, dès lors qu'elle peut nous faire éprouver des sentiments que nous ne savons pas nommer, des nuances du vécu que nous n'avons jamais expérimenté dans notre vie. Et elle le fait de manière an-objectale, c'est-à-dire qu'elle exprime les diverses « qualités affectives » sans avoir besoin de les raccrocher à des représentations d'objets (ce que font, au contraire, les arts figuratifs et la littérature), mais en les faisant émerger directement des sons eux-mêmes.

Cependant, et c'est une expérience des plus ordinaires, écouter de la musique ne provoque pas seulement en moi qu'une évocation de paysages intérieurs modulés émotionnellement : ainsi, tel rythme me pousse à me mouvoir d'une certaine façon et tel autre d'une façon différente. C'est dans la marche et la danse qu'on voit le mieux l'effet de la musique sur la motricité du corps. Dans un essai très stimulant sur les *Formes du spatial*[2], le psychiatre et phénoménologue Erwin Straus décrit magistralement les modifications que produit l'écoute de la musique sur notre expérience du mouvement dans l'espace. En effet, une marche militaire est capable de ranimer une colonne de soldats exténués. Comment cela est-il possible ? C'est que la dimension sonore peut transformer profondément notre sentiment de l'espace : dans l'espace optique, je saisis les choses, je tends vers elles, je suis

1. H. Siebeck, *Über musikalische Einfühlung*, Leipzig, Voigtländers, 1906.

2. E. Straus, « Les formes du spatial. Leur signification pour la motricité et la perception », dans J.-Fr. Courtine (dir.), *Figures de la subjectivité*, p. 15-49, Paris, CNRS Editions, 1992.

déterminé à les connaître (moment gnosique), et à les utiliser à des fins pratiques. Dans l'espace acoustique, c'est plutôt moi qui suis pris par les choses, je suis plus sensible au « comment » qu'au « quoi » de ce qui m'arrive (moment pathique), et quand je danse, ce n'est pas que je me déplace pour aller d'un point à un autre, ni que je m'approche ou m'éloigne d'un endroit, et encore moins que je dispose d'un temps donné pour me mouvoir : car, je pourrais continuer jusqu'à l'épuisement et jusqu'à l'extase. Si dans l'espace optico-pratique marcher à reculons est dangereux pour ma sécurité et même contre-productif, cela devient dans la danse un mouvement aussi naturel qu'avancer. Si, dans la première forme de spatialité, le Moi se concentre au niveau des deux yeux, dans la seconde, il redescend au niveau de la poitrine.

Cependant, qu'arrive-t-il que ce n'est pas moi qui réponds avec mon corps aux dynamiques de la musique, mais qu'un autre le fait pour moi ? En d'autres termes, qu'arrive-t-il quand je ne danse pas mais que je regarde danser ? C'est-à-dire quand je me place dans une dimension intersubjective ? À cet égard, les travaux que Beatriz Calvo-Merino et son équipe ont menés en 2005 [1] sur un groupe de danseurs classiques, de maîtres de capoeira et de non-danseurs, sont éclairants. Chacun de ces groupes réagissait bien différemment au visionnage d'une vidéo présentant d'abord une capoeira, puis un ballet classique. Comme en témoignent les résultats de l'imagerie par résonance magnétique fonctionnelle (IRMf), l'activité cérébrale du cortex prémoteur et d'autres aires dédiées à l'élaboration des stimuli moteurs, s'avère plus intense chez les sujets reconnaissant le type de danse comme familier et étant en mesure de la reproduire. Il a aussi été possible d'établir une différence notoire entre les pas exécutés par le danseur, pas que les observateurs hommes ont majoritairement empathisés, et les pas exécutés par la danseuse, majoritairement empathisés par les observatrices femmes. La simulation virtuelle des actions d'autrui que permet le système de miroirs fait concorder ce

1. B. Calvo-Merino, *et al.*, « Action observation and acquired motorskills », *Cerebral Cortex*, 15, 2005, 8, p. 1243-1249.

que font les autres et ce que savent faire l'observateur ou l'observatrice, établissant ainsi des degrés significatifs d'équivalence (ce qui ne veut pas dire d'identification pour autant : grâce à des informations proprioceptives concernant mes mouvements, je réussis à distinguer une action que je suis effectivement en train d'accomplir et une action que je me représente). Ma compétence motrice personnelle constitue donc un bagage qui me rend capable de plus ou moins bien comprendre les mouvements que j'observe d'autrui, en fonction du degré de correspondance qu'ils présentent avec ce que je sais faire.

Bien sûr, ce principe peut s'appliquer à tous types de performances où le moment moteur joue un rôle fondamental. Il devrait donc en être de même pour cette danse très *sui generis* qu'est l'action painting. Quand Jackson Pollock s'affaire autour de ses grandes toiles étalées au sol, laissant couler les couleurs selon une rythmique particulière, qui est une dynamique expressive à l'état pur (comme on peut le voir dans le film réalisé par Hans Namuth en 1950), la condensation finale du dripping retient comme en mémoire les tracés moteurs qu'ont parcourus le bras et le corps entier de l'artiste au cours du processus de laisser couler. Qui observe ces œuvres peut donc les comprendre en refaisant intérieurement ce processus, suivant une simulation virtuelle des mêmes parcours moteurs, « comme si » il les réalisait lui-même. De même, je comprends une entaille de Lucio Fontana parce qu'entailler une toile fait partie de mon encyclopédie motrice. Telle est, brièvement exposée, l'idée de Vittorio Gallese et de David Freedberg, qui, dans un article paru en 2007 intitulé « Motion, emotion and empathy in esthetic experience [1] » (« Mouvement, émotion et empathie dans l'expérience esthétique ») ont uni leurs compétences disciplinaires respectives – la neurophysiologie et l'histoire de l'art – afin de comprendre quelles bases neurales interviennent dans l'expérience des œuvres d'art visuel. Il est donc non seulement possible, comme l'avait déjà vu Warburg, de comprendre empathiquement les corps humains représentés en tant qu'ils sont

1. D. Freedberg, V. Gallese, « Motion, Emotion and Empathy in Aesthetic Experience », *Trends in Cognitive Sciences*, vol. 11, n° 5, May 2007, p. 197-203.

porteurs d'affects expressifs dans les postures de leur corps (les formules de pathos déjà citées) ; mais, les œuvres d'art dit abstrait ou conceptuel peuvent elles aussi être rapportées à leur sens esthétique premier (ou mieux, leur sens esthésique, relative donc à l'aisthesis, à la sensation), à leurs capacités à refléter par simulation la structure empathique du « comme si » (comme si je l'avais fait, ou comme si j'étais en train de le faire). La formule « moi aussi, je peux le faire », par laquelle bien souvent et bien volontiers les ennemis de l'art contemporain, rejettent avec dédain les œuvres non figuratives de l'art abstrait et de l'art conceptuel, prend donc, dans le contexte de la neuromotricité, une signification nouvelle au point de désigner la capacité à participer virtuellement au geste de l'artiste.

On a reproché[1] à Freedberg et Gallese de vouloir naturaliser l'expérience esthétique, la réduisant à la simulation incarnée de traces motrices, ce qui entraverait la possibilité de distinguer une œuvre d'art d'un quelconque griffonnage. En effet, mon cerveau réagit de la même façon devant un dripping de Pollock ou devant un banal gribouillis, qui sont tous deux des cristallisations des mouvements du poignet et du bras. Cependant, les deux chercheurs s'en défendent et affirment clairement vouloir mettre « entre parenthèses » la dimension artistique de l'œuvre d'art. Soutenir que, devant un tableau, une sculpture ou un bâtiment architectural, notre corps et notre cerveau réagissent par une simulation incarnée des forces motrices exprimées dans les corps représentés, ou des forces motrices nécessaires pour produire ces images, ne signifie évidemment pas que le caractère artistique de ces images reposent sur de telles forces et sur leur empathisation (en effet, ces œuvres partagent l'expression des forces et la possibilité de les empathiser avec d'autres catégories d'images non artistiques). Cela ne signifie pas non plus que notre expérience des œuvres d'art visuel soit limitée à nos réponses d'empathie

1. R. Casati, A. Pignocchi, « Mirror and Canonical Neurons Are not Constitutive of Aesthetic Response », *Trends in Cognitive Science*, vol. 11, n° 10, October 2007, p. 410. Voir la réponse de D. Freedberg, V. Gallese, « Mirror and Canonical Neurons Are Crucial Elements in Aesthetic Response », *Trends in Cognitive Science*, vol. 11, n° 10, October 2007, p. 411.

corporelle et affective, ni qu'elle coïncide pleinement avec elles. L'approche neuroscientifique ne nous apprend pas ce qui est de l'art et ce qui n'en est pas en se basant sur nos réactions neurales face à une image. Elle nous fournit plutôt des informations précieuses sur l'opérativité de la base esthésique de notre expérience de l'art qui est toujours aussi un jeu quand nous rencontrons une œuvre.

« personnification »

La danse a beaucoup en commun avec le théâtre, dès lors que se présentent sur la scène des êtres humains en chair et en os comme nous, et non de simples images, comme c'est le cas dans les arts figuratifs. Dans ces conditions, les processus d'identification du public sont largement facilités parce qu'ils s'amorcent en présence de personnes vivantes et non devant des représentations, comme dans le cas des rapports intersubjectifs réels que nous avons abordés dans la première partie de ce volume. Georg Simmel était convaincu que cet aspect constituait un véritable risque pour la nature artistique propre du théâtre. Dans une série de textes courts, rédigés entre 1908 et 1912 [1], le philosophe note que c'est la nature même de l'art théâtral qui pose le plus radicalement la question de la distinction entre la sphère artistique et la sphère vitale, dès lors que l'acteur, à la différence des autres artistes (poètes, peintres, musiciens) met en jeu la sensorialité dans son entier et dans ce qu'elle a de caractéristique de la vie réelle. En paraissant sur scène, l'acteur se présente « en chair et en os », et c'est précisément cette incarnation totale, cette personnification qui menace de supprimer le seuil entre l'art et la vie. On peut voir, sentir, toucher, voire même renifler l'acteur, pour peu qu'on en soit assez proche (pensons au théâtre français du XVII [e] iècle où certains spectateurs étaient assis sur scène). Cette présence en chair et en os amène

1. G. Simmel, *La Philosophie du comédien*, Belfort, Circé, 2001 ; « Über den Schauspieler », trad. fr., « Le Comédien », dans Fr. Thomas, *Le Paradigme du comédien. Une introduction à la pensée de Georg Simmel*, Paris, Hermann, 2013 ; « Der Schauspieler und die Wirklichkeit », *Berliner Tageblatt und Handelszeitung*, 41/2, 1912, p. 5-6.

facilement le spectateur à prendre ce corps en vie pour un sujet réel. Réciproquement, l'acteur peut s'adresser au spectateur en chair et en os assis face à lui de la même façon que tout être humain s'adresse à un autre, selon une relation d'empathie qui n'est plus celle de l'art, mais celle d'un rapport intersubjectif réel. Simmel – au début au XXe siècle – voit dans ce fatal échange la négation du théâtre en tant qu'art, et pose que le spectateur regarde l'acteur comme une « image », un « comme si » ; l'acteur, quant à lui, regarde son public comme un public irréel. Le spectateur irréel est donc le corrélat intersubjectif d'un acteur considéré en tant qu'image. Aujourd'hui, cent ans après, on peut facilement penser au cas contraire du théâtre expérimental de la fin du XXe siècle qui a pratiqué avec insistance l'abolition des dualismes acteur-spectateur et art-vie, en impliquant directement le public dans l'action théâtrale.

Cette question n'est toutefois pas l'apanage du XXe siècle. Elle apparaît plusieurs siècles auparavant, au moment où la philosophie commence à questionner, avec Platon, le statut de la représentation théâtrale. Le livre III de *La République* l'explique[1] (393c) : le poète comique ou tragique sert de véritable *medium* pour les personnages qu'il met en scène, puisqu'il fait croire que ce sont eux, et non lui, qui parlent : « Lorsqu'il rapporte un discours particulier comme s'il était quelqu'un d'autre, ne dirons-nous pas qu'il calque, autant que possible, sa façon de s'exprimer sur celle de chacun de ceux à qui [...] il va donner la parole? » Le poète se moule sur le personnage par la voix et par l'apparence et cela constitue une véritable imitation, une simulation : le poète parle « comme si » il était son personnage, « comme s'il était un autre » (*omoioun*). Mais, précisément parce que la comédie et la tragédie, pour des raisons opposées, représentent des aspects indignes et répréhensibles de la nature humaine (méchanceté, lâcheté, trahison, injure, outrecuidance, raillerie, impudence, et tout ce qui appartient à la face sombre et négative de l'âme), elles ne peuvent être tolérées dans le système éducatif de l'État. En effet, elles invitent les citoyens à s'identifier à des comportements qui ne

1. Platon, *La République*, *op. cit.*

correspondent en rien aux modèles de courage, tempérance, noblesse d'âme, dont l'action pédagogique doit s'inspirer.

Sur ce point, Platon et son élève Aristote s'opposent plus que jamais. La notion de *katharsis*, aussi célèbre que controversée – qui signifie littéralement « purification », terme qui rassemble des implications médico-physiologiques, cognitives, éthico-religieuses – désigne le pouvoir guérisseur et pharmaceutique aussi bien de la musique que de la tragédie, toutes deux forces capables de transformer l'âme des auditeurs et des spectateurs, en vertu de leur valeur sympathique, et de les purger de passions dangereuses qui en perturberaient l'équilibre. La tragédie, est, d'après la définition aristotélicienne (*Poétique*, 1449b [1]), l'imitation d'une action sérieuse et complète, présentée dans un récit agréable, imitation qui « suscitant pitié et crainte, opère la purgation propre à pareilles émotions ». Le spectateur, se projetant dans les événements représentés sur la scène, éprouve de la pitié (*eleos*) et de la crainte (*phobos*) : de la pitié parce que celui qui tombe en disgrâce, en définitive, ne le mérite pas : de la crainte, parce que le personnage tragique lui ressemble, il incarne avec vraisemblance un destin qui pourrait être le sien. Cependant, l'identification n'est que temporaire, partielle (une croyance mise en réserve, dirait Vischer) : elle dure le temps de la représentation, le temps que cette identification rende possible le déversement des passions vécues de manière virtuelle.

Ce n'est pas tout : des mécanismes d'identification émotionnelle s'établissent non seulement entre le personnage et le public, mais aussi entre l'auteur et le spectateur : « ceux-là [les poètes] sont les plus persuasifs qui entrent dans les passions, et il apparaît vraiment en proie à la détresse, celui qui sait se mettre dans la détresse, et vraiment en proie à la colère celui qui sait s'emporter. Aussi l'art de poésie appartient-il à des hommes naturellement bien doués ou à des hommes exaltés : dans le premier cas, ils sont aptes à se façonner à leur gré en personnages, dans le second ils sont aptes à s'abandonner au délire poétique » (1455a). Par conséquent, pour Aristote, à la

1. Aristote, *Poétique*, Paris, Tel-Gallimard, 1996.

différence de son maître, non seulement la mimésis théâtrale est positive (en tant qu'elle nous procure du plaisir et un enseignement, comme tous les types d'imitation humaine), mais elle nous permet aussi, en vertu de ses potentialités empathiques, de nous purger des passions dangereuses afin de pouvoir être de meilleurs citoyens.

Nous ne pouvons ici reconstruire l'histoire des conséquences de ces idées relativement à l'identification au théâtre qui associe en une triade intimement unie spectateur, acteur et personnage. Rappelons seulement, concernant le rapport spectateur-personnage, que Lessing distingue bien, dans la *Dramaturgie de Hambourg* (I, LXXV) l'angoisse que nous éprouvons face à l'infortune qui touche un personnage de la peur propre au théâtre « qui prend son origine en nous, pour nous-mêmes, dans la ressemblance qui existe entre nous et le personnage souffrant : c'est la crainte que les malheurs suspendus au-dessus de ce personnage puissent nous frapper; c'est la crainte pour nous-mêmes de devenir l'objet de cette pitié [1] ». Et concernant la relation acteur-personnage, pensons à la très célèbre méthode Stanislavski [2], qui se fonde sur la notion de « reviviscence » (*perejivànie*), processus par lequel l'acteur s'identifie au personnage, en revivant par analogie ses vécus « comme si » ils étaient siens. Le travail de création de l'acteur consiste alors dans la pratique volontaire et consciente de cette identification, de ce transport total dans le personnage qui n'advient, dans sa forme involontaire, spontanée et inconsciente, que dans de rares moments heureux. Jouer de façon juste signifie donc « revivre un rôle », qui à son tour implique de penser, vouloir, désirer, agir, exister « en communion avec le personnage », dans une totale « compénétration ». Par conséquent, le Moi de l'acteur est le principal pont pour atteindre le Moi du personnage. À cet égard, la capacité de l'acteur à réactiver ce que Stanislavski appelle la « mémoire affective » est fondamentale, c'est-à-dire le souvenir non pas de ce qui a eu lieu, mais de ce qui a été

1. G.E. Lessing, *Dramaturgie de Hambourg*, Paris, Les Belles Lettres, 2011, p. 404.

2. K.S. Stanislavski, *La Formation de l'acteur*, Paris, Payot & Rivages, 2001 ; *La Construction du personnage* (posthume 1957), Paris, Pygmalion, 1983.

éprouvé dans une situation donnée, pour retrouver et pouvoir revivre des sentiments analogues dans la situation où se trouvait le personnage à interpréter. On comprend l'immense influence que cette méthode a exercée, méthode que l'on pourrait à bon droit appeler empathique, si l'on considère l'école qui s'en inspire l'Actors Studio, fondée en 1947 à New York, où des acteurs comme Marlon Brando, Al Pacino, Robert de Niro, Meryl Streep ont été formés.

Cependant, il existe, dans l'histoire du développement du jeu et de ses techniques, un autre point de vue, profondément différent : celui de Diderot. Dans son texte polémique *Paradoxe sur le comédien* (1773) [1], il demande à l'acteur une absence totale de sensibilité ainsi que les qualités d'un observateur froid, qui doit garder la même attitude de détachement dans n'importe quel rôle. Car, s'il s'identifie à tel ou tel personnage, comment pourrait-il passer d'une interprétation à une autre, d'une personnalité à un autre ? Les grands acteurs, tout comme les grands poètes et tous les imitateurs de la nature, sont les personnes les moins sensibles. Les accents qui surgissent du fond des entrailles de la mère, si touchants et douloureux qu'ils vous touchent au cœur, ne sont pas du tout inspirés par le désespoir, mais ils résultent d'une technique savamment appliquée. Ainsi, l'acteur « s'est démené sans rien sentir, et que vous avez senti sans vous démener ».

À partir des années 1930, c'est Bertolt Brecht [2] qui proposera de nouveau et approfondira cette ligne froide de la théâtralité, rejetant l'identification au personnage, de la part de l'acteur comme du spectateur, dans son théâtre épique – une dramaturgie non aristotélicienne centrée sur la poétique de l'éloignement (*Verfremdung*). Si l'acteur doit conserver une distance envers le personnage qu'il interprète (pouvant aller jusqu'à la critiquer ouvertement), le spectateur lui ne peut ni ne doit se laisser aller dans l'*Einfühlung* à des émotions incontrôlées. Comme le dicte le § 47 du *Petit Organon pour le théâtre* (1948), l'acteur doit mettre de côté tout ce qu'il a appris pour

1. Diderot, *Paradoxe sur le comédien*, Paris, GF-Flammarion, 1993.

2. B. Brecht, « Théâtre récréatif ou théâtre didactique ? », dans *Écrits sur le théâtre*, « Bibliothèque de la Pléiade », Paris, Gallimard, 2000, p. 212-223.

permettre au public de s'identifier à son personnage : « Comme il ne vise plus à mettre son public en transes, il ne faut plus qu'il se mette lui-même en transes [1] ». Toutefois, comme le précise le § 53, il ne s'agit pas d'exclure totalement l'empathie du travail de l'acteur : il peut y avoir recours pendant les répétitions, en tant que méthode de construction du personnage parmi d'autres, à condition qu'il ne se limite pas au stade primitif de l'identification subjective (« Comment serais-je s'il m'arrivait ceci ou cela ? »), mais qu'il s'interroge sur l'altérité des expériences (« Comment ai-je déjà entendu quelqu'un dire ceci, ou l'ai-je vu faire cela ? »). La critique brechtienne vise, non seulement Aristote, mais aussi Horace qui exigeait, dans l'*Art poétique* (102), l'identification dans la formule célèbre : « *Si vis me flere, dolendum est primum ipsi tibi* » (« si tu veux que je pleure, pleure d'abord toi-même ») [2]. Dans son texte intitulé *Identification* (1953) [3], Brecht rejette cette prétention en tant que procédé simplement « barbare », qui malmène l'âme afin d'obtenir une larme libératrice. Répugnant à l'identification sentimentale, le théâtre brechtien avance par secousses – comme son ami Walter Benjamin l'a finement observé [4] –, par chocs successifs (à la manière du montage cinématographique), produisant des intervalles continus et des interruptions qui empêchent l'immersion hypnotique du public dans l'illusion scénique, et encouragent une prise de position critique et réflexive active, à partir de la conscience qu'il s'agit d'une représentation, et non d'un pan de la vie réelle.

1. B. Brecht, « Petit Organon pour le théâtre », dans *Écrits sur le théâtre*, « Bibliothèque de la Pléiade », Paris, Gallimard, 2000.

2. Horace, « Art poétique », dans *Œuvres*, Paris, GF-Flammarion, 1967.

3. B. Brecht, « Identification », dans *Notes sur « Katzgraben »*, in *Écrits sur le théâtre*, « Bibliothèque de la Pléiade », Paris, Gallimard, 2000, p. 1034-1035.

4. W. Benjamin, « Qu'est-ce que le théâtre épique », dans *Essais sur Brecht*, Paris, La Fabrique Éditions, 2003.

star, androïdes, avatar

S'il est vrai, comme le suggère Walter Benjamin, que le montage cinématographique (ou le montage théâtral brechtien) produit, au moyen de l'interruption du *continuum* spatio-temporel, une série de chocs qui empêchent l'identification empathique, faut-il penser que le cinéma est, de tous les arts, le plus imperméable à l'expérience de l'*Einfühlung*? La question n'est pas aussi simple et il existe une abondante littérature filmographique pour prouver le contraire. Vivian Sobchack[1], Laura Marks[2] et Torben Grodal[3], entre autres, l'ont démontré : l'expérience cinématographique consiste pour le spectateur à réélaborer les stimuli visuels et sonores jusqu'à parvenir à en faire une véritable incarnation ou incorporation (*embodiment*). Certes, cet *embodiment* est comme mis en réserve, pour employer la terminologie de Vischer qui nous est désormais familière, dans la dialectique particulière entre effet de réalité de l'image cinématographique et conscience de son caractère de représentation fictive, qui garantit la nature virtuelle de l'engagement émotionnel du spectateur.

En 1916, dans son ouvrage sur le cinéma muet, intitulé *Le Cinéma : une étude psychologique*[4], et en particulier dans le chapitre « Les émotions », Hugo Münsterberg posait très tôt la question de l'expressivité émotionnelle dans la représentation filmique, vis-à-vis aussi bien des émotions du personnage que l'acteur exprime (en ayant recours essentiellement à la simple gestuelle et à la physiognomonie du visage, n'ayant pas à sa disposition la couleur et la voix), que du délicat rapport entre les sentiments du personnage filmique et la vie émotionnelle autonome du spectateur qui peut s'accorder ou s'opposer à ces sentiments. Dans le premier cas, une « participation », une « relation d'identité », se produit de telle sorte que nous vivons dans

1. V. Sobchack, *CarnalThoughts*, Berkeley, University of California Press, 2004.
2. L. Marks, *The Skin of the Film*, Durham, Duke University Press, 2000.
3. T. Grodal, *Embodied Visions*, Oxford, Oxford University Press, 2009.
4. H. Münsterberg, *Le Cinéma : une étude psychologique et autres essais*, Genève, Éditions Héros-limite, 2010.

notre corps les effets nerveux, musculaires et physiologiques que nous éprouverions si nous étions dans la situation représentée à l'écran. Dans le second cas, notre réaction devant le personnage est fonction de notre personnalité, de nos tonalités émotionnelles et de nos systèmes de valeurs ; c'est pourquoi nous pouvons, par exemple, trouver ridicule un personnage exagérément hautain et pompeux.

Quelques années plus tard, posant des arguments que nous avons déjà rencontrés dans les réflexions de Warburg autour de l'empathie des formes ornementales et des accessoires en mouvement, Béla Balázs soulignait, dans *L'Homme visible* (1924) [1], la capacité de l'image filmique à générer une réaction émotionnelle chez le spectateur, au moyen non seulement des émotions qui ébranlent les protagonistes humains, mais aussi d'une « mimétique des éléments » non organiques, en vertu de laquelle se voit aussi sur le visage de la matière la colère et la menace, tout comme on les voit sur le visage des hommes ou des animaux. La réponse du spectateur sera d'autant plus forte que la catastrophe lui apparaîtra comme le menaçant directement : un gouffre s'ouvre sous nos yeux, une poutre semble sortir de l'écran et nous tomber sur la tête, « comme si nous y étions ». Cependant, on le sait bien, ce « comme si », est précisément ce qui permet à la fois de s'émouvoir et de garder son calme : car, les implications réelles des risques sont désamorcées dans la virtualité de la perception d'un « danger inoffensif », qu'accompagne un frisson « agréable » car nous savons que rien ne peut nous arriver.

Sergeï Eisenstein a laissé, lui aussi, de belles pages où il traite de la dimension pathétique du cinéma. Dans *La Non-Indifférente Nature* (1945-1947) qui développe des réflexions amorcées dans les années 1930, le pathos est défini comme ce qui fait sursauter le spectateur, ce qui le fait bouger et crier, jubiler et pleurer, bref, « tout ce qui oblige le spectateur à "sortir de lui-même" [2] ». Il s'agit au sens propre de l'extase (*ex-stasis*, en russe *isstuplenie*) c'est-à-dire le fait de sortir de soi provoqué par la puissance psychagogique et contagieuse des

1. B. Balázs, *L'Homme visible et l'esprit du cinéma*, Belval, Circé, 2010.
2. S. Eisenstein, *La Non-Indifférente Nature*, vol. I, Paris, 10/18, 1976, p. 76.

formes cinématographiques qui peuvent, du fait de leur correspondance analogique avec les émotions, réveiller chez le public ces dernières. Les méthodes pour obtenir cet effet pathétique sont diverses : avant tout, mettre en scène un personnage dominé par un pathos déterminé induira un effet pathétique analogue chez le spectateur. Mais, le travail de la composition sur l'environnement propre du personnage est tout aussi efficace (par exemple la frénésie du roi Lear qui devient frénésie de la nature, tempête).

C'est vers la fin des années 1940 que la notion d'empathie, dans son acception lippsienne, est explicitement utilisée dans le discours théorique sur le cinéma, par l'intermédiaire du psychologue expérimentaliste Albert Michotte van den Berck [1]. Avec la complicité du cadre propre à l'expérience cinématographique (la salle obscure qui élimine les repères de la vie réelle, le *focus* visuel de l'écran lumineux qui envahit le champ perceptif, l'immobilité contemplative du spectateur), un *ressentir* s'installe, c'est-à-dire un rapport de participation dans lequel celui qui regarde le film est amené à revivre intérieurement les expériences des personnages filmiques. D'après Michotte, cette participation a lieu selon différents degrés de participation, selon les deux types fondamentaux de relations empathiques que Robert Vischer a développées : l'empathie motrice (en vertu de laquelle j'ai tendance à reproduire les traces motrices et gestuelles que je vois sur l'écran) et l'empathie affective (en vertu de laquelle je m'aligne affectivement sur la tonalité émotionnelle qu'exprime le personnage avec qui j'empathise). C'est à partir d'un plan de simple extranéité et hétérogénéité entre les mouvements et les affects du personnage d'une part et du spectateur d'autre part, qu'une fusion motrice et émotive pleine et entière peut, à l'extrême opposé, être atteinte. Dans cette fusion, on ne peut plus parler de deux actions distinctes ayant lieu en deux agents, le personnage et le spectateur, mais on doit reconnaître une unique action appartenant à deux sujets. Entre ces

1. M. van der Berck, « Le caractère de "réalité" des projections cinématographiques », *Revue internationale de filmologie*, n os 3-4, 1948, p. 249-261 ; « La participation émotionnelle du spectateur à l'action représentée à l'écran », *Revue internationale de filmologie*, t. 4, n o 13, 1953, p. 87-96.

deux pôles, une gamme de nuances caractérise le niveau progressif d'implication.

Cependant, on peut effectivement s'attendre à retrouver au cinéma la contre-tendance que nous avons déjà rencontrée au théâtre (avec Brecht) et dans les arts figuratifs (avec Worringer), à savoir que non seulement l'expérience empathique ne peut pas rendre compte de la totalité des phénomènes filmiques, mais que de plus elle contredit son principe opposé, l'abstraction, à travers lequel on recherche l'identification du public chez le spectateur, plutôt que le regard critique. Susan Sontag, entre autres, en est convaincue : en ouverture de son essai intitulé *Spiritual Style in the Films of Robert Bresson* (1964), elle écrit : « Il y a un art qui implique, qui crée l'empathie. Et il y a un art qui détache, qui produit la réflexion [1] », Bresson serait précisément un maître de ce second art. Le jeune Paul Schrader s'en souviendra pour écrire sa thèse à l'UCLA, publiée en 1972 sous le titre *Le Style transcendantal au cinéma* [2]. Le « style transcendantal » (il convient mieux de dire « transcendant ») a pour but d'arracher l'empathie du public et de la remplacer par l'abstraction de Worringer. Son but n'est pas de nous faire réagir émotionnellement, mais de nous faire comprendre, de nous rendre conscients. En plus de Bresson le « byzantin », Schrader se réfère aux réalisateurs Yasujiro Ozu le « zen » et Carl Dreyer le « gothique ». Trois adjectifs caractérisent ces auteurs, adjectifs qui, dans la psychologie de Worringer correspondent à autant de déclinaisons de l'expressivité non grecque, c'est-à-dire non empathique. Concernant son propre cinéma (dont *The Yakusa*, *Taxi Driver*, *Obsession*, *American Gigolo*), Schrader reconnaissait, dans un entretien accordé à Michael Bliss en 2000 [3], qu'il était bon prêcheur en matière théorique mais moins habile dans la pratique, puisque sa mise en scène se conforme au réalisme psychologique traditionnel et à l'« identification du public au personnage ».

1. S. Sontag, *Spiritual Style in the Films of Robert Bresson*, trad. fr. *L'Œuvre parle*, Paris, Bourgois, 2010, p. 243-74, ici p. 243 (traduction modifiée).

2. P. Schrader, *Transcendental Style in Film : Ozu, Bresson, Dreyer*, University of California Press, 1972.

3. M. Bliss, « Affliction and Forgiveness », *Film Quarterly*, 54, 2000, 1, p. 2-9.

N'allons pas croire pour autant que le rapport entre cinéma et empathie se joue tout entier sur le plan de la mise en scène et des méthodologies d'interprétation. Car l'expérience empathique a su devenir elle-même, pour ainsi dire, personnage et nœud problématique de la narration filmique. La scène est très célèbre et solidement ancrée dans notre imaginaire collectif. Sous les pales du ventilateur qui tentent en vain de rafraîchir les premières scènes de *Blade Runner* (1982 ; *Director's Cut* 1992 ; *The Final Cut* 2007), le réalisateur Ridley Scott a placé en bouts de table se faisant face Mr Holden et Léon Kowalski. On suspecte que Léon ne soit pas un humain, mais l'un des redoutables androïdes Nexus-6, venus sur Terre d'une colonie extraterrestre, qui parcourent Los Angeles avec des intentions peu rassurantes. L'unité spéciale Blade Runner est chargée de « retirer » ces simulacres d'humanoïdes avant qu'ils ne fassent d'autres morts. Or, les identifier n'est pas aisé, puisqu'ils se fondent parfaitement dans l'humanité diverse et variée de la mégalopole post-atomique, et dépassent même les humains en termes de force physique, d'habileté pratique, de capacité cognitive. Toutefois, il est une chose que les Nexus-6 ne savent pas faire, c'est éprouver des émotions, jouir avec qui jouit, souffrir avec qui souffre, s'identifier, se glisser dans la peau d'un être vivant, bref, empathiser. Le test Voigt-Kampff (V-K) a précisément pour but d'établir si un sujet est capable d'empathiser : il consiste en une série de questions visant à produire des réponses émotives, à travers la présentation d'une situation entraînant une émotion, réelle ou fictive. Il s'agit donc d'un examen psychophysique qui permet d'inférer à partir des modifications de paramètres corporels enregistrés par une machine (dilatation capillaire, rougeur épidermique, fluctuation de la pupille, dilation involontaire de l'iris) des changements d'états affectifs du sujet correspondant.

Léon ne réagit pas bien au test, il tue Mr Holden, ce qui provoque l'intervention de Rick Deckard, chargé de le remplacer pour procéder à la suppression des androïdes. Ici, l'affaire se complique : Deckard tombe amoureux, et réciproquement, de Rachel, la secrétaire de la Tyrell Corporation qui ignorait qu'elle était un androïde et qui avait découvert sa véritable nature avec le V-K. L'amour n'est-il pas l'une des plus hautes manifestations de l'empathie ? Dans le combat final qui oppose Roy Batty, le dernier des Nexus-6, et accessoirement le plus fort et le plus intelligent, et Deckard, Batty sauve Deckard d'une chute du toit du Bradbury Building. Cet acte ne révèle-t-il pas chez un cyborg une nostalgie empathique lippsienne inattendue envers tout ce qui vit ? « Je ne sais pas pourquoi il m'a sauvé la vie – dit Deckard dans une voix-off qui sera supprimée des versions postérieures à celle de 1982. Peut-être qu'en ses derniers instants, il a aimé la vie plus que jamais. Pas seulement sa vie, celle des autres, la mienne. »

Finalement, Deckard, cet infatigable chasseur d'androïdes, s'avère être un cyborg lui-même : renversement classique (*peripeteia* : « le revirement de l'action dans le sens contraire ») et reconnaissance (*anagnorisis* : « le passage de l'ignorance à la connaissance ») au sens aristotélicien des termes (*Poétique*, 1452a[1]). Le doute est introduit – dans le *Director's Cut* de 1992 – par l'origami de la licorne à laquelle le chasseur rêve les yeux ouverts (un faux rêve car implanté par les programmateurs), et la vérité confirmée ensuite par les entretiens avec Harrison Ford et Ridley Scott. L'échange des rôles entre l'humain et son simulacre est ainsi total, et il signe le piteux échec du test V-K : car la haine, l'amour, la compassion, la nostalgie, l'empathie sont désormais l'apanage des réplicants et non plus seulement des émotions accessibles à l'homme aliéné des mégalopoles post-nucléaires. De ce point de vue, le réalisateur (et ses scénaristes Hampton Fancher et David Peoples) donne au récit une teneur assez différente de celle du roman original de Philip K. Dick, *Les Androïdes rêvent-ils de moutons électriques ?*[2] Dick est beaucoup plus désenchanté que Scott, pour lui, les androïdes ne sont absolument pas les héros titanesques qui tentent d'échapper au destin fixé par leurs programmateurs, ils sont bien plus prosaïquement de « stupides » appareils électroménagers à retirer du marché dès qu'ils s'avèrent défectueux. Et celui qui les chasse, de manière toute aussi prosaïque, accepte la mission de les

1. Aristote, *Poétique*, *op. cit.*

2. Ph. K. Dick, *Blade Runner : Les Androïdes rêvent-ils de moutons électriques ?*, Paris, J'ai Lu, 2014.

supprimer poussé par le désir de pouvoir enfin acquérir, grâce à la récompense promise, un mouton véritable pour remplacer le mouton artificiel et borné qui broute sur la terrasse de son appartement. C'est un mouton qui ne sait pas même qu'il existe parce qu'il ne peut pas, à l'instar de androïdes, se rendre compte de l'existence des autres. C'est-à-dire qu'il ne sait pas empathiser, il n'accède pas à l'intersubjectivité. L'empathie – selon le récit *The Little Black Box*[1] (la nouvelle de 1964 qui sera à la source du roman) – est pour Dick une forme de religiosité dégénérée en un pseudo-mysticisme de la Côte Ouest, le morceau d'adhésif qui rassemble les membres de la secte du mercérisme, unis au santon Mercer à travers une sorte de télévision appelée « boîte empathique » : une fois les poignées actionnées, on ne regarde plus Mercer, on ressent directement ce que lui ressent. Il s'agit d'un dispositif aussi peu compliqué que les jeux qu'on trouve dans les paquets de gâteaux pour enfants : à un moment de l'histoire, un bon promettant « comment construire une boîte empathique à l'aide de simples appareils électroménagers » tombe d'une boîte de céréales.

Dick avait campé son roman *Les Androïdes rêvent-ils de moutons électriques ?* à San Francisco en janvier 1992. Scott le transfère à Los Angeles en 2019, soit après-demain. Son futur de science-fiction est devenu notre présent biotechnologique appelé désormais par plus d'un post-humain. Hybridation toujours plus sophistiquée d'organisme et de machine ; intégration de prothèses dans le corps vivant de moins en moins invasive (grâce aux nanotechnologies) : on peut légitimement se demander quel destin sera celui de l'empathie dans un monde où la dimension de l'intersubjectivité ne peut plus être totalement rapportée à l'interaction entre deux sujets, ou plusieurs, de chair et d'os, qui se regardent dans les yeux, ces fenêtres de l'âme. Le développement de réseaux sociaux comme Facebook, MySpace ou Twitter, les relations via sms, mms, programmes de messagerie instantanée – dont l'un des plus utilisés s'appelle, quelle surprise !,

1. Ph. K. Dick, « La Petite Boîte noire », dans *Dédales démesurés*, Paris, Casterman, 1982.

Empathy – et les web-cam, les appels (vidéo)téléphoniques VOIP (Voice Over Internet Protocol, comme Skype), les environnements virtuels de type Second Life : voilà tous les horizons apparus avec la troisième révolution industrielle, ils nous placent face au devoir d'encadrer les possibilités de ce qu'Emma Rooksby[1] a appelé une « empathie de CMC » (*empathy in computer-mediated communication*). Il s'agit d'un type d'empathie dans lequel le corps kinestésique et pathémique, qui jouait un rôle crucial dans la fondation de l'expérience empathique, est radicalement redimensionné au profit d'une expérience désincarnée et virtuelle où c'est plutôt l'imagination qui tient le rôle principal. Pensons seulement à notre manière d'interagir dans le cyberespace, de déléguer nos avatars pour nous représenter dans la communauté virtuelle, et nous nous rendrons compte de l'ampleur du travail à réaliser sur ce champ qui se transforme de manière frénétique, et où le réel et le fictif se mêlent dans l'hybridation imaginaire du « comme si ». Comme en ont fait l'hypothèse Bolter et Grusin dans leur ouvrage *Remediation*[2], c'est un domaine où le traditionnel Moi cartésien se dissout, au profit d'une relation d'« immersion » dans la communauté virtuelle qui produit à son tour une empathie *sui generis*.

épreuve écrite et orale

Avec Dick, nous sommes passés du cinéma à la littérature, et devons à présent nous demander si l'art du discours est lui aussi susceptible d'éveiller des comportements empathiques et d'identification. La question est évidemment bien antérieure à l'œuvre de Dick. Dans la culture de la Grèce antique, à l'instar du son et du geste, le discours était regardé comme un instrument très puissant, capable d'exercer une influence sur l'âme, d'en conditionner les états

1. E. Rooksby, « Empathy in Computer-Mediated Communication », in *Email and Ethics*, Routledge, New York, 2007, p. 39-70.

2. J.D. Bolter, R. Grusin, *Remediation, Understanding New Media*, Cambridge, MIT Press, 1999.

et mouvements. Platon, qui en redoutait le caractère néfaste notamment l'influence des mauvais exemples dans l'art dramatique, nous a laissé une description précieuse de la contagion poétique dans le *Ion* (533d-e [1]) : le poète n'est pas un technicien du langage, comme le voudraient certains sophistes, il est un sujet possédé par la folie divine, un individu ravi par une force supérieure, enthousiaste et inspiré, prêt à recevoir les dons du dieu, un intermédiaire pur et simple de sa parole et de son message. Il est, pour nous, très significatif que Platon ait choisi l'image du magnétisme pour décrire son poète, c'est-à-dire une forme de contagion sympathique naturelle. Ainsi, Socrate répond-il au rhapsode Ion : « Ce n'est pas un art [...] qui se trouve en toi et te rend capable de bien parler d'Homère. Non, c'est une puissance divine qui te met en mouvement, comme cela se produit dans la pierre qu'Euripide a nommée Magnétis et que la plupart des gens appellent Héraclée. Car, en réalité, cette pierre n'attire pas seulement les anneaux qui sont eux-mêmes en fer, mais elle fait aussi passer en ces anneaux une force qui leur donne le pouvoir d'exercer à leur tour le même pouvoir que la pierre. En sorte qu'il se forme parfois une très longue chaîne, une chaîne d'anneaux de fer, suspendus les uns aux autres. Mais c'est de cette pierre, à laquelle ils sont suspendus, que dépend la force mise en tous ces anneaux. »

Le premier anneau de la chaîne est donc le dieu, le deuxième le poète, le troisième le rhapsode qui en déclame les vers, et enfin, le quatrième est le spectateur. C'est par l'intermédiaire de l'induction magnétique que le dieu entraîne l'âme de tous les autres anneaux où il veut : par la récitation des vers d'Homère, le rhapsode ébranle profondément l'âme de ses auditeurs, il sort hors de lui-même, son âme croit être présente aux faits qu'il raconte. Et Ion admet : « En effet, chaque fois que je dis quelque chose qui suscite la compassion, mes yeux se remplissent de larmes ; mais, quand c'est quelque chose d'effrayant ou de terrible, la peur me fait dresser les cheveux et mon cœur se met à sauter » (535c). Des effets semblables se produisent

1. Platon, *Ion*, trad. fr. M. Canto, Paris, GF-Flammarion, 1989.

chez le public, le rhapsode le reconnaît clairement avec un sens pratique évident : « Je les vois, à chaque fois, du haut de mon estrade, en train de pleurer, de lancer de terribles regards, tout frappés de stupeur en m'entendant parler. Car il faut que je fasse attention à eux, et même très attention ! En effet, si je les fais pleurer, c'est moi qui serais content en recevant mon argent, mais si je les fais rire, alors c'est moi qui vais pleurer, en pensant à l'argent que j'aurais perdu ! » (535e).

Et, au livre X de la *République* (605d), c'est au verbe « sympathiser » (*sympaschein*) que Platon a explicitement recours, pour décrire l'identification des spectateurs au héros que chantent les poètes comme un souffrir-avec lui : « Quand les meilleurs d'entre nous entendent Homère ou quelqu'autre poète tragique imitant un de ces héros accablés par le malheur qui déclame une longue complainte mêlée de gémissements, ou quand on voit ces héros qui chantent en se frappant la poitrine, tu sais bien que nous éprouvons du plaisir et que nous nous laissons prendre à les suivre et à partager leur souffrance [*sympaskontes*], et que nous mettons tout notre sérieux à faire l'éloge du bon poète, c'est-à-dire de celui qui a le mieux réussi à nous mettre dans un tel état » [1].

Même chez les adversaires de la pensée platonicienne, les sophistes, la force psychagogique du discours (*logos*) est l'objet d'une attention vive et minutieuse. Gorgias nous en a laissé l'un des exemples les plus convaincants dans son *Éloge d'Hélène*, véritable apologie de la femme fatale. Le discours est « un tyran très puissant », capable malgré son corps minuscule de réaliser des travaux divins, tels que rejeter la peur et encourager la passion (*phobos* et *eleos* : Aristote utilisera les mêmes termes), soulager la douleur et insuffler la joie. Mais il est aussi capable d'inspirer la crainte, la douleur et le regret notamment « lorsque sont évoqués les heurs et les malheurs que connaissent les autres dans leurs entreprises ; le discours provoque en l'âme une affection qui lui est propre » il s'agit véritablement de magie : « C'est que la force de l'incantation, dans l'âme, se mêle à

1. Platon, *La République*, *op. cit.*

l'opinion, la charme, la persuade et, par sa magie, change ses dispositions[1]. » Cette fascination est une magie cathartique, comme le redira ensuite Aristote, qui produit sur l'âme des effets analogues à ceux qu'un médicament produit sur le corps : « De même que certaines drogues évacuent certaines humeurs, et d'autres drogues, d'autres humeurs, que les unes font cesser la maladie, les autres la vie, de même il y a des discours qui affligent, d'autres qui enhardissent leurs auditeurs, et d'autres qui, avec l'aide maligne de Persuasion, mettent l'âme dans la dépendance de leur drogue et de leur magie[2]. »

Parmi les théoriciens contemporains de la littérature, Hans Robert Jauss (représentant de l'École de Constance et fondateur de l'esthétique de la réception), qui se réfère directement à la théorie de la catharsis de Gorgias et d'Aristote, est sans doute celui qui insista le plus sur les processus d'identification du lecteur au personnage. Dans son cinglant pamphlet *Petite apologie de l'expérience esthétique*[3] et, de manière plus détaillée dans *Pour une esthétique de la réception*[4] et *Pour une herméneutique littéraire*[5], Jauss revendique, dans le cadre plus général d'une défense de la jouissance esthétique contre les puritains censeurs de l'art (de Platon à Adorno), l'actualité et l'efficience de la notion aristotélicienne de *katharsis* qui est, joint à la *poiesis* (le moment créatif du faire) et à l'*aisthesis* (le moment du connaître intuitif et sensible), le cœur constitutif de l'expérience esthétique. Il serait snob de mépriser et tenir pour vulgaires ces processus d'identification – admiration, choc, émotion, douleur, rire – qui enrichissent l'expérience de l'œuvre et l'expérience de soi de l'expérience de l'autre, en en laissant transparaître la fonction sociale. Comme Aristote l'avait déjà remarqué, le spectateur peut s'identifier au héros par le biais d'un processus d'imagination. C'est grâce à ce processus que la relation avec l'œuvre ne se limite pas à une réflexion froide de

1. Gorgias, « Éloge d'Hélène », dans *Les Écoles présocratiques*, Paris, Folio-Gallimard, 1991, p. 710.
2. *Ibid.*
3. H.R. Jauss, *Petite Apologie de l'expérience esthétique*, Paris, Allia, 2007.
4. H.R. Jauss, *Pour une esthétique de la réception*, Paris, Gallimard, 1978.
5. H.R. Jauss, *Pour une herméneutique littéraire*, Paris, Gallimard, 1988.

type spéculatif, mais a lieu dans un contact chaud du type de l'identification ; toutefois, il n'oblige pas à un comportement donné mais au contraire nous laisse libre – en vertu justement de l'imagination – de suivre le modèle comportemental offert par l'exemplarité du héros, ou bien de l'exorciser, ou de nous en distancier, de façon critique. Pour décrire les multiples possibilités de l'identification, Jauss dresse un tableau qui prévoit les modalités suivantes : l'identification associative (se mettre à la place de chacun des participants, comme dans le jeu ou la fête) ; l'identification admirative (rivaliser avec le héros parfait, le saint ou le sage) ; l'identification cathartique (qui peut être entre émotion tragique pour le héros souffrant ou bien rire comique pour le héros en difficulté) ; l'identification par sympathie (éprouver solidarité et compassion pour le héros imparfait) ; l'identification par ironie (réagir de façon critique et créative à l'anti-héros).

À cet égard, la théorie de la réception développe une série de requêtes déjà abordées par l'esthétique phénoménologique de la littérature, notamment par Roman Ingarden [1], élève polonais de Husserl, qui insistait sur ces « points d'indétermination » du texte (tout ce qui l'auteur ne précise pas) qui intègre l'imagination du lecteur dans une collaboration complémentaire. Cette participation prend une teneur affective, se faisant empathie véritable avec le personnage, un consentement (*Mitgefühl*) qui est un partage de ses joies et de ses douleurs, de son étonnement et de sa haine, et ainsi de suite.

Ingarden ne s'est pas limité à une phénoménologie de la littérature, il a perçu l'exigence d'un questionnement ontologique (c'est-à-dire relatif au statut d'être) de l'œuvre littéraire et du domaine de l'art en général. La question concerne en effet le rapport assez complexe entre le monde de la réalité et le monde de la fiction, et la réaction vraie, très problématique, qui nous prend quand nous participons aux

1. R. Ingarden, *L'Œuvre d'art littéraire*, traduit de l'all. Ph. Secrétan, avec la collaboration de N. Lüchinger et B. Schwegler, Lausanne, L'Âge d'Homme, 1983 ; *Vom Erkennen des literarischen Kunstwerks*, Tübingen, Niemeyer, 1968.

aventures d'êtres fictifs que sont les personnages littéraires, comme par exemple quand nous pleurons pour leur destin malheureux. « *Comment pouvons-nous être émus par le destin d'Anna Karénine ?*[1] », interrogeait un article de 1975. *Qui a peur de M. Hyde ?*[2] se demandait un livre paru en 2010. Dans ce cadre de réflexion, l'empathie entre lecteur et personnage est une réponse envisageable. Dans son ouvrage *Mimesis as Make-Believe*[3], Kendall Walton insistait à plusieurs reprises sur l'importance du rôle de l'identification empathique dans les dynamiques des arts représentatifs. Il soutenait que nous nous identifions autant à de vraies personnes qu'à des personnages fictifs. Pour le spectateur, se mettre à la place du roi Lear ne veut pas dire éprouver réellement une déception devant la trahison de ses filles Goneril et Regan, ou se sentir soi-même trompé par elles. Cela requiert de se mettre dans la peau du personnage du père, comme nous ferions dans le cas d'un père en chair et en os, et éprouver une émotion comme-si, une quasi-émotion. À cet égard, la fiction des arts partage avec les choses qu'on imagine et les jeux des enfants la dimension virtuelle d'un recours à des mondes possibles en partant d'autres perspectives que la sienne propre. Walton a maintes fois traité ce thème notamment dans *Marvelous Images*[4] mais aussi dans son dernier recueil d'essais, dont le titre *In Other Shoes*[5] rappelle à dessein l'expression anglaise pour « se mettre dans la peau d'autrui ».

Gregory Currie, qui partage les vues de Walton, a aussi admis, dans son ouvrage *Arts and Minds*[6] (2004) une empathie qui soit capacité à éprouver une émotion de substitution, une quasi-expérience dans la jouissance d'un texte littéraire (ou bien d'un film) : il s'agit

1. C. Radford, M. Weston, « How Can We Be Moved by the Fate of Anna Karenina ? », in *Proceedings of the Aristotelian Society*, 49, 1975, p. 67-93.

2. C. Barbero, *Chi ha paura di Mr. Hyde ? Oggetti fittizi, emozioni reali*, Gênes, Il Melangolo, 2010.

3. K. Walton, *Mimesis asmake-believe*, Cambridge (MA), Harvard University Press, 1990.

4. K. Walton, *Marvelous Images*, Oxford, Oxford University Press, 2008.

5. K.L. Walton, *In Other Shoes. Music, Metaphor, Empathy, Existence*, Oxford, Oxford University Press, 2015.

6. G. Currie, *Arts and Minds*, Oxford, Clarendon Press, 2004.

non seulement de sentiments et d'émotions, mais aussi d'états mentaux comme des pensées, des intentions, des croyances. La simulation du personnage, même si elle n'a pas complètement lieu, est primordiale pour comprendre toute notre réponse à l'œuvre autant que la structure de l'œuvre et ses stratégies narratives : par exemple, nous avons tendance à plus empathiser si la narration est à la première personne et non à la troisième, et nous empathisons de manière plus intense avec des personnages qui commettent des erreurs (comme nous en commettons nous-mêmes) plutôt qu'avec le narrateur omniscient, extérieur et étranger à l'épisode raconté. Dans *L'Invention des droits de l'homme. Histoire, psychologie et politique*[1], Lynn Hunt attribue à cette forme particulière qu'est le roman épistolaire, forme qui connut un essor au XVIIIe siècle bien que n'ayant pas été inventée à cette période – pensons aux cas célèbres de *Pamela ou la vertu récompensée* de Samuel Richardson, *Julie ou La Nouvelle Héloïse* de Rousseau, *Les Souffrances du jeune Werther* de Goethe ou *Les Dernières Lettres de Jacopo Ortis* de Foscolo –, le pouvoir spécifique de déclencher l'identification empathique chez le lecteur.

En outre, Currie rappelle que nous pouvons empathiser avec un personnage sans pour autant sympathiser avec lui : nous avons déjà abordé la différence et n'y reviendrons pas. Cependant, on ne saurait évoquer une implication empathique à chaque réaction émotionnelle du lecteur. La condition nécessaire pour qu'on puisse légitimement parler d'empathie vis-à-vis du personnage est que les émotions partagées aient le même objet : si j'éprouve un soulagement parce que la protagoniste a enfin accepté la demande en mariage de son soupirant, il s'agira d'empathie vis-à-vis de ce dernier si mon soulagement a rapport à la décision de la femme, et il ne s'agira pas d'empathie si mon soulagement se rapporte au soulagement que ressent cet homme. Par conséquent, pour empathiser avec le personnage, je dois me rapporter au même corrélat que son état mental et émotionnel. Analysant une œuvre tardive d'Anne Brontë,

1. L. A. Hunt, *L'Invention des droits de l'homme, op. cit.*

le roman *La Recluse de Wildfell Hall* (1846) [1], Currie met en évidence les différents niveaux où le texte tente de provoquer une implication de type empathique chez le lecteur, au moyen de techniques narratives spécifiques. Mais, selon lui, le moment empathique, même s'il est décisif, est seulement l'un des nombreux éléments qui structurent notre expérience de l'œuvre. Ce moment est en effet accompagné et modifié par d'autres formes de réponse du lecteur, parmi lesquelles on compte la distance ironique autant devant les personnages que devant nos propres émotions, et la conscience des tentatives entreprises par l'auteur pour manipuler nos réactions.

Pour appuyer son interprétation, Currie s'intéresse au modèle théorique de la Simulation Theory de Gordon, Heal et Goldman. La vérification neuroscientifique de cette perspective a aussi été envisagée, en partant de l'hypothèse qu'au fond notre langage est, à l'instar des activités de nos autres organes, un geste corporel qui suscite en réponse une simulation incarnée. La phrase qu'on lit dans un texte littéraire faisant la description d'une action donnée – il s'agit là des perspectives ouvertes par les expérimentations de Lisa Aziz-Zadeh et ses collaborateurs [2] (2008) –, induit pour nos neurones miroirs de la simuler et de la répéter intérieurement (*re-enactment*) comme si nous l'accomplissons nous-mêmes.

Jauss, Walton et Currie ne sont que trois exemples emblématiques parmi les nombreux théoriciens qu'on peut ici invoquer pour attester d'une reconquête, ces dernières décennies, de la dimension psychologique et de l'implication émotionnelle et participative du lecteur au texte (ce qu'on a appelé « emotional turn »), après des années d'une critique structurelle qui accentua de manière unilatérale les composantes froides, intellectuelles et cognitives de l'expérience de l'œuvre littéraire.

1. A. Brontë, *La Recluse de Wildfell Hall*, Paris, Phébus, 2008.

2. L. Aziz-Zadeh, *et al.*, « Congruent embodied Representations for Visually Presented Actions and Linguistic Phrases Describing Actions », *Current Biology*, 16, 2006, 18, p. 181-1823.

Le saut qui nous a transporté de la Grèce du V-IVe siècle av. J.C. au XXIe siècle peut laisser perplexe, et on se demandera légitimement si l'on ne confond pas tout en négligeant la question non subsidiaire de la différence entre oralité et écriture, et en plaquant une culture antique, celle de Platon, Gorgias et Aristote (pour qui la déclamation orale de la tradition épique par les aèdes et les rhapsodes jouaient un rôle fondamental) sur notre époque convertie depuis des siècles (du moins depuis la révolution typographique du XVe siècle sur laquelle McLuhan[1] a laissé des pages célèbres) à la lecture du texte écrit. Toutefois, sans reprendre la question rebattue de l'opposition entre oral et écrit (opposition sans doute trop sévère par le passé), on peut dire que du point de vue des processus d'identification, le discours écrit aussi bien que le discours parlé sont de puissants facteurs d'amorce de l'empathie. Concernant le discours parlé, Paul Zumthor a étudié, au chapitre XII de son beau livre *Introduction à la poésie orale* (1983), les différentes formes des « rôles de participation » de l'auditeur individuel ou collectif à la poésie orale. Et il expliquait que dans la poésie orale, la distance critique disparaît au profit d'un lien d'identification immédiate entre l'auditeur et l'interprète, qui est porté par la puissance de la parole ressentie comme commune, jusqu'à parvenir, dans certains cas, à une identification avec le discours lui-même.

1. M. McLuhan, *La Galaxie Gutenberg*, Paris, Idées-Gallimard, 1977.

pour approfondir :

ANZ T., « Emotional Turn ? », *literaturkritik.de*, 12, 2006 (http://www.literaturkritik.de/public/rezension.php?rez_id=10267).

BÉLAND J.-P. (dir.), *L'homme biotech : humain ou post-humain ?*, Laval, Presses de l'Université de Laval, 2006.

BLAIR R., *The Actor, Image, and Action : Acting and Cognitive Neuroscience*, New York, Routledge, 2008.

BÖHRINGER H., SÖNTGEN B. (dir.), *Wilhelm Worringers Kunstgeschichte*, München, Fink, 2002.

BREGER C., BREITHAUPT F. (dir.), *Empathie und Erzählung*, Freiburg i. B.-Berlin-Wien, Rombach, 2010.

BRIDGE H., « Empathy Theory and Heinrich Wölfflin : A Reconsideration », *Journal of European Studies*, 41/1, 2011, p. 3-22.

BUDD M., *La Musique et les émotions : théories philosophiques*, trad. de l'anglais et présenté par J. Favier, Paris, Hermann, 2015.

BÜTTNER F., « Das Paradigma "Einfühlung" bei Robert Vischer, Heinrich Wölfflin und Wilhelm Worringer », *in* C. Drude (dir.), *200 JahreKunstgeschichte in München*, Deutscher Kunstverlag, München 2003, p. 82-93.

CALIANDRO S., « Empathie, signification et art abstrait », *Visio*, 4, 2, 1999, p. 48-57.

CAPPELLETTO C., « Théâtre et neurosciences : fiction *versus* naturalisation », in *Épistémocritique : littérature et savoirs*, 2013 http://www.epistemocritique.org/spip.php?article299&lang=fr

CHATELET A.-M., « Aux origines du schéma spatial : la contribution oubliée des August Schmarsow », *in* A.-M. Chatelet (éd.), *L'Espace du jeu architectural : Mélanges offerts à Jean Castex*, Paris, Éditions Recherches, 2008, p. 123-126.

COCHRANE T., FANTINI B., SCHERER K.R. (dir.), *The Emotional Power of Music : Multidisciplinary Perspectives on Musical Arousal, Expression, and Social Control*, Oxford, Oxford University Press, 2013.

COOK A., « For Hecuba or for Hamlet : Rethinking Emotion and Empathy in the Theatre », *Journal of Dramatic Theory and Criticism*, 2011, p. 1-17.

CURRAN A., « Brecht's Criticisms of Aristotle's Aesthetics of Tragedy », *The Journal of Aesthetics and Art Criticism*, 59, 2001, 2, p. 167-184.

CURRIE G.P., « Empathy for objects », A. Coplan, P. Goldie (eds), *Empathy. Philosophical and Psychological Perspectives*, Oxford , Oxford University Press, 2011, p. 82-95.

CURRIE G., RAVENSCROFT I., *Recreative Minds*, Oxford, Oxford University Press, 2002.

CURTIS R., KOCH, G. (dir.), *Einfühlung*, München, Fink, 2009.

DARSEL S., *De la musique aux émotions : une exploration philosophique*, Rennes, Presses universitaires de Rennes, 2009.

DESPRÉS E., MACHINAL H. (dir.), *Post Humains : frontières, évolutions, hybridités*, Rennes, Presses universitaires de Rennes, 2014.

DIDI-HUBERMAN G., *Ninfa moderna. Essai sur le drapé tombé*, Paris, Gallimard, 2002.

DICK Ph. K., « Notes on Do Androids Dream of Electric Sheep ? », *PKDS Newsletter*, n°18, 1988, repris dans *The Shifting Realities of Philip K. Dick. Selected Literary and Philosophical Writings*, New York, Vintage-Random, 1995, p. 155-161.

DIODATO R., *Esthétique du virtuel*, trad. H. Goussebayle, Paris, Vrin, 2011.

DOLEZEL L., *Heterocosmica : Fiction and Possible Worlds*, Baltimore (Md.), Johns Hopkins University Press, 1998.

DONAHUE N., *Invisible cathedrals*, The Pennsylvania State University Press, University Park, 1995.

FIMIANI F., « De l'incorporation et de ses valeurs d'usage », dans A. Gefen, B. Vouilloux (éd.), *Empathie et Esthétique*, Paris, Hermann, 2013, p. 329-349.

FREEDBERG D., « De l'effet de la musique, aux effets de l'image ; ou pourquoi les affetti ne sont pas les modes », in *Le Tasse, Actes du Colloque, Musée du Louvre, 13-14 novembre, 1996*, Paris, La Documentation Française, 1999, p. 311-338.

FRICKE H., *Dashörtnichtauf : Trauma, Literatur und Empathie*, Göttingen, Wallstein, 2004.

FUKUYAMA F., *La Fin de l'homme : les conséquences de la révolution biotechnique* (2002), trad. de l'américain par D.-A. Canal, Paris, La Table ronde, 2002.

GALLAND-SZYMKOWIAK M., « Empathie (Einfühlung) et écriture de l'histoire de l'art chez Heinrich Wölfflin », *Phantasia*, 1, 2015 ; en ligne : http://popups.ulg.ac.be/0774-7136/index.php?id=354

– « Le « symbolisme sympathique » dans l'esthétique de Victor Basch », *Revue de Métaphysique et de Morale*, 2, 2002, p. 211-225.

– « L'Einfühlung comme symbolisme : de l'expérience esthétique à la perception d'autrui », *Philosophie*, 4, 2012, p. 13-30.

– « Wilhelm Worringer », *in* M. Espagne et B. Savoy (éd.), *Dictionnaire des historiens de l'art allemands*, Paris, CNRS Éditions, 2010, p. 372-382.

GALLESE V., GUERRA M., « Embodying Movies : Embodied Simulation and Film Studies », *Cinema : Journal of Philosophy and the Moving Image*, 3, 2012, p. 183-210.

GAZZOLA V., *et al.*, « The Anthropomorphic Brain », *Neuroimage*, 35, 2007, p. 1674-1684.

GEFEN A., Vouilloux B. (éd.), *Empathie et Esthétique*, Paris, Hermann, 2013.

GLON E., « L'Expérience empathique des œuvres d'art visuelles : émotion, simulation et résonance motrice », dans P. Attigui, A. Cukier (éd.), *Les Paradoxes de l'empathie. Philosophie, psychanalyse, sciences sociales*, Paris, CNRS Éditions, 2011, p. 95-115.

GORDON M., *The Stanislavsky Technique : Russia : a Workbook for Actors*, New York, ApplauseTheatre Book Publishers1988.

GRIMES N., SIOBHÁN D., MARX W. (dir.), *Rethinking Hanslick : Music, Formalism, and Expression*, Rochester, NY, University of Rochester Press-Woodbridge, Suffolk, Boydell & Brewer Limited, 2013.

GUNKLE G., « Empathy : Implications for TheatreResearch », *Educational Theatre Journal*, vol. 15, n° 1, 1963, p. 15-23.

HALLIWELL S., « La Psychologie morale de la catharsis », *Les Études philosophiques*, 4, 2003, p. 499-517.

HENRY M., *Voir l'invisible. Sur Kandinsky*, Paris, François Bourin, 1988.

KEEN S., « A theory of Narrative Empathy », *Narrative*, 14, 2006, 3, p. 207-236.

KERMAN J.B. (dir.), *Retrofitting « Blade Runner »*, Bowling Green, Bowling Green State University Popular Press, 1991.

KOSS J., « On the limits of empathy », *The Art Bulletin*, 88, 2006, 1, p. 139-157.

LEROY C., « Empathie kinesthésique, danse-contact-improvisation et danse-théâtre », *Staps*, n° 102, 2013/4, p. 75-88.

MARCHAND S., « Une pièce de théâtre est une expérience sur le cœur humain : empathie spectatrice et théorie du théâtre à l'époque des Lumières », *in* A. Gefen, B. Vouilloux (éd.), *Empathie et Esthétique*, Paris, Hermann, 2013, p. 103-119.

MALLGRAVE H.F., *Architecture and Embodiment. The implications of the new sciences and humanities for design*, Abingdon, Routledge, 2013.

— IKONOMOU E. (dir.), *Empathy, Form and Space*, Santa Monica (Ca), The Getty Center for the History of Art and the Humanities, 1994.

MANNEY P.J., « Empathy in the Time of Technology : How Storytelling is the Key to Empathy », *Journal of Evolution and Technology*, vol. 19, Issue 1, 2008, p. 51-61.

MARTINEAU E., « Worringer ou Fiedler ? Prolégomènes au problème Worringer-Kandinsky », *Revue Philosophique de Louvain*, 77/34, 1979, p. 160-195.

MONTANI P., *Bioesthétique : sens commun, technique et art à l'âge de la globalisation*, trad. J.-Ch. Cavallin, Paris, Vrin, 2014.

MORGAN D., « The Enchantment of Art », *Journal of the History of Ideas*, 57, 1996, 2, p. 317-341.

MORRISON K.F., *I Am You : The Hermeneutics of Empathy in Western Literature, Theology and Art*, Princeton (NJ), Princeton University Press, 1978.

PAGÈS C., « Diversité, langue et sympathie : le problème de la connaissance des individualités éthiques et historiques chez Herder », dans P. Attigui, A. Cukier (éd.), *Les Paradoxes de l'empathie. Philosophie, psychanalyse, sciences sociales*, Paris, CNRS Éditions, 2011, p. 235-252.

PINOTTI A., « Symbolic form and symbolic formula : Cassirer and Warburg on morphology (between Goethe and Vischer) », *Cassirer Studies*, 1, 2008, p. 119-135.

REYNOLDS D., REASON M. (dir.), *Kinesthetic Empathy in Creative and Cultural Practices*, Bristol, Intellect Books, 2011.

ROSENBLATT N., « Empathy and anaesthesia », *Grey Room*, 2, 2001, p. 78-97.

SALVINI R. (dir.), *Pure visibilité et formalisme dans la critique d'art du début du XXe siècle*, Paris, Klincksieck, 1988.

SAUVAGNARGUES A., « L'éthique de l'ornement au tournant des XIXe et XXe siècles : Riegl et Worringer », *Nouvelle Revue d'esthétique*, 2/6, 2010, p. 165-176.

SCHRADER P., *Schrader on Schrader and Other Writings*, Faber, London 2004.

SHAW J.C., « The anatomy lesson », *Leonardo*, 27, 1994, 1, p. 29-38.

STAVRINAKI M., « Le prédicat selon Marc », dans F. Marc, *Écrits et correspondances*, Paris, École Nationale Supérieure des Beaux-Arts, 2006, p. 9-57.

STOICHITA V.I., *L'Effet Pygmalion. Pour une anthropologie historique des simulacres*, Genève, Droz, 2008.

TALON-HUGON C., « L'Expérience empathique des formes architecturales : "Prolégomènes à une psychologie de l'architecture" de Wölfflin », dans A. Gefen, B. Vouilloux (éd.), *Empathie et Esthétique*, Paris, Hermann, 2013, p. 353-369.

VAAGE M.B., « The Role of Empathy in Gregory Currie's philosophy of film », *British Journal of Aesthetics* 49, 2009, 2, p. 109-128.

VARTANIAN A., « Diderot's rhetoric of paradox, or, the conscious automaton observed », *Eighteenth-Century Studies*, 14, 1981, 4, p. 379-405.

VOLTOLINI A., *How Ficta Follow Fiction : a Syncretistic Account of Fictional Entities*, Dordrecht, Springer, 2006.

WALTON K.L., *In Other Shoes. Music, Metaphor, Empathy, Existence*, Oxford, Oxford University Press, 2015.

WOJCIEHOWSKI H.C., GALLESE V., « How stories make us feel. Toward an embodied narratology », *California Italian Studies*, vol. 2, Issue 1, 2011.

WORRINGER W., *Abstraction et Einfühlung*, Paris, Klincksieck, 1978, introduction de D. VALLIER, *Lire Worringer*, p. 5-34.

ZIJLMANS K., HOOGEVEEN J., *Kommunikation über Kunst. Eine Fallstudie zur Entstehung- und Rezeptionsgeschichte des « BlauenReiters » und von Wilhelm Worringers « Abstraktion und Einfühlung »*, Leiden, Alpha, 1988.

chapitre 3
comme une apologie

« stimmung »

Les réflexions de Zumthor sur la voix nous mènent à la dernière étape de notre parcours. *Voix* en allemand se dit *Stimme*, c'est de ce terme que vient le vocable *Stimmung*, que nous avons rencontré à plusieurs reprises dans ces pages. Nous avions déjà mentionné les difficultés à le traduire, et nous pourrions commencer ici par évoquer les termes sémantiquement proches de l'anglais *mood*, du français *ambiance*. Les expressions atmosphère, état d'âme, humeur, physionomie, disposition émotionnelle ou tonalité affective s'en approchent aussi, chacune à leur façon, et toutes de manière imparfaite. Mais, il faut rappeler son sens musical : *Stimmung* désigne aussi l'accordage des instruments, ainsi que l'intonation de la voix. Et, le verbe *stimmen*, qui signifie accorder, peut aussi vouloir dire mettre quelqu'un dans une certaine *Stimmung* (le pousser dans une certaine humeur), être juste et exact (au sens des bons comptes), et encore convenir, s'assortir, s'accorder (au sens de pièces d'ameublement ou de vêtements).

Dans *L'Harmonie du monde*[1], Leo Spitzer en développe les implications à la fois musicologiques et cosmologiques, qu'il fait

1. L. Spitzer, *L'Harmonie du monde. Histoire d'une idée*, Combas, Éditions de l'éclat, 2012. Voir aussi « Milieu and Ambiance : an Essay in Historical Semantics », *Philosophy and Phenomenological Research*, 3, 1942, 1, p. 1-42 ; 3, 1942, 2, p. 169-218.

remonter à la pensée pythagoricienne, montrant que le vocable *Stimmung* (et bien avant, les termes latins *temperamentum* et *consonantia*, dont il serait la traduction allemande) ne désigne pas seulement une condition de l'âme individuelle, mais évoque de concert une correspondance, une syntonisation entre cette condition individuelle et une dimension universelle, un accord entre le sujet et le monde qui l'entoure, une sympathie universelle (il renvoie en réalité à la notion schelerienne d'unipathie cosmique). Notre expérience du paysage nous en offre un exemple : la *Stimmung* se fond dans le paysage qui devient animé par des sentiments humains dans une unité sentimentale pleine et indéfectible. Ici s'esquisse l'expérience d'une partie de la nature que nous ne saurions croire dotée d'une âme, puisque nous ne sommes plus animistes, et que nous n'envisageons toutefois pas comme une zone géographique – ce que fait remarquer Erwin Straus dans *Du sens des sens*[1] –, c'est-à-dire comme une objectivation de notre savoir impersonnel relatif à l'espace rationalisé de la terre, mais que nous envisageons plutôt comme un espace vécu, pathique, enveloppant. Ce n'est pas un objet qui se présente face à nous (*ob-iectum*, *Gegen-Stand*) de manière détachée, mais c'est une dimension dans laquelle nous sommes pris, « à l'intérieur ».

Dans son essai de 1913 *Philosophie du paysage*[2], Simmel désigne notre expérience du paysage précisément en termes de *Stimmung*. Ainsi, de même que nous évoquons la *Stimmung* d'un individu pour désigner la totalité de ses vécus singuliers d'un point de vue de la tonalité affective, nous parlons de la *Stimmung* d'un paysage, soit de la tonalité qui imprègne chacun de ses éléments, sans être déterminée par aucun en particulier. Mais, en vertu de quoi, demande Simmel, parlons-nous de la *Stimmung* « du » paysage ? C'est-à-dire, à quel titre attribuons-nous à un ensemble de choses extérieures privées de conscience et d'âme, la capacité d'exprimer une dimension affective et spirituelle ? Si l'on part du présupposé que le paysage n'est rien

1. E. Straus, *Du sens des sens. Contribution à l'étude des fondements de la psychologie*, Paris, Million, 2000, p. 378-385.

2. G. Simmel, « Philosophie du paysage », dans *La Tragédie de la culture et autres essais*, trad. fr., Paris, Rivages, 1988, p. 231-245.

d'autre qu'un peu de nature, on se prive de la possibilité d'en comprendre la *Stimmung* : pour Simmel, le paysage est, au contraire, une véritable « formation spirituelle », qui naît en même temps qu'il prend forme comme « unité perceptible ». En conséquence, la *Stimmung* du paysage est véritablement sienne, elle a sa pleine objectivité et son fondement objectif, elle est une « qualité » du paysage, elle est *Stimmung* de *ce* paysage-là, et différente de celle d'un autre paysage.

Cependant, nous n'aurons pas encore tout à fait compris la *Stimmung* si nous nous contentons de dire qu'elle prend son origine dans le paysage et non chez le sujet qui le regarde. En effet, le paysage n'est pas un simple assemblage de pierres, de plantes et d'eau, mais bien l'encadrement d'une partie de la nature offrant des analogies significatives avec l'acte du peintre qui le fixe; il n'est ni opération subjective ni tout bonnement objectif. Voilà donc qu'on se représente, chez Simmel aussi, l'idée de *Stimmung* sous forme de consonance, d'accord, d'harmonie entre sujet et objet, entre homme et cosmos : ainsi le paysage n'émerge qu'en vertu de la puissance unificatrice de l'âme, en tant que synthèse entre ce qui est donné et notre créativité. On ne peut ici établir de manière mécanique ce qui est cause et ce qui est effet, étant donné qu'il s'agit là d'un exemple type d'action réciproque. C'est le cas dans la peinture de paysage d'Arnold Böcklin [1] : elle est comme de la musique où le dualisme entre ce qui exprime et ce qui est exprimé est totalement dépassé, et tous les éléments naturels sont métabolisés dans la *Stimmung* à la manière du combustible qui se transforme dans le feu.

Hegel avait déjà dit dans son *Cours d'Esthétique* [2] que la peinture de paysage, loin de se limiter à une simple imitation de la nature, a en réalité pour objet l'« intimité » entre l'âme et la nature par laquelle l'âme perçoit dans la nature un caractère qui lui correspond, et trouve dans les divers éléments naturels autant de facteurs « sympathiques » qui font résonner ses diverses « cordes ». Et Schopenhauer, au § 44

1. G. Simmel, « Les paysages de Böcklin », dans *Esthétique sociologique*, Paris, MSH, 2007.

2. Hegel, *Cours d'Esthétique*, *op. cit.*

du *Monde comme volonté et comme représentation*, répétait que devant un tableau de paysage, nous entrons immédiatement en syntonie, « par sympathie, par contrecoup [1] » (dans *Photoplay* [2], Münsterberg aurait ajouté qu'il n'en va pas autrement pour le cinéma : une modification dans le scénario du paysage peut avoir un effet significatif sur les réactions du spectateur, en provoquant son enthousiasme, sa désapprobation ou son indignation). La peinture moderne a poussé à l'extrême cette relation de sympathie par rapport non seulement au spectateur, mais aussi à l'artiste lui-même, et notamment au plus haut degré avec Cézanne, si l'on en croit les confidences qu'il fit à Gasquet. En effet, le peintre dit ne faire qu'un avec son tableau, être tout entier dans le paysage, il veut se perdre dans la nature et se régénérer avec elle, comme elle être dure comme la roche et tenace comme la montagne, fluide comme l'air et chaud comme le soleil. Il veut se couler dans une toile verte comme la sève monte dans l'arbre. Il opère une identification empathique : qui est en même temps une inversion des rapports traditionnels entre sujet et objet, entre sentant et senti, entre pensant et pensé : « Le paysage se reflète, s'humanise, se pense en moi [3]. »

Ces idées ont, à dessein, attiré l'attention des phénoménologues Merleau-Ponty et Maldiney [4] (qui cherchaient notamment à dépasser les dichotomies métaphysiques traditionnelles sujet-objet, actif-passif, au profit d'une interrelation regardant-regardé interchangeable). Toutefois, au-delà de leur valeur de document historico-artistique, qu'apportent ces idées à notre recherche, c'est-à-dire à notre problème de l'empathie d'état d'âme, de la *Stimmungseinfühlung?* À cet égard, la contribution de Moritz Geiger est la plus éclairante : en effet, il écrivit en 1911 un article dense sur l'empathie des états d'âme vis-

1. Schopenhauer, *Le Monde comme volonté et comme représentation*, *op. cit.*

2. H. Münsterberg, *Le Cinéma : une étude psychologique et autres essais*, *op. cit.*

3. M. Doran, *Conversations avec Cézanne*, Paris, Macula, 1991, p. 110.

4. M. Maldiney, « Cézanne et Sainte Victoire. Peinture et Vérité », dans *L'Art, l'éclair de l'être*, Paris, Le Cerf, 2012.

à-vis des couleurs et des paysages[1]. Geiger rappelle qu'il existe deux modèles théoriques principaux pour rendre compte d'expressions telles qu'une couleur gaie ou sombre, un paysage mélancolique ou plaisant, qui sont la théorie de l'effet et la théorie de la vivification. Concernant la théorie de l'effet, il n'y a, disons-le, rien à comprendre : quand je parle d'un paysage gai, en réalité je dis simplement que je me sens gai devant ce paysage, je parle donc de mon sentiment. Cependant, cette réponse simpliste ne tient pas compte de la grande différence qu'il y a à dire « je me sens gai devant ce paysage » et « ce paysage est gai ». En effet, elle omet d'expliquer en vertu de quoi, dans la seconde phrase, la langue attribue à l'objet, comme étant sa propriété, l'effet qu'il exerce sur nous. La théorie de la vivification résout quant à elle le problème en posant que nous reconnaissons au paysage une vie psychique, certes sub-humaine, mais toutefois semblable à la vie humaine.

Lors d'une expérience sur les couleurs gaies, aucun des sujets qu'interrogeait Geiger ne fit part d'une gaieté personnelle; ils mentionnaient plutôt une propriété objective de la couleur, comme son propre halo, son aura ou son « caractère » qui, bien que n'étant pas placé sur le même plan que la gaieté qu'un être humain exprime sur son visage (c'est-à-dire un « état d'âme »), pouvait néanmoins être comptée parmi les qualités de la couleur comme l'est l'intensité. Il s'agit donc de ce qui est perçu comme venant de l'objet, et non des vécus du sujet comme les sentiments. Cependant, le fait que l'on emploie les mêmes mots que ceux relatifs à des sentiments pour les désigner doit tout de même avoir un sens. Tout comme le fait qu'une couleur ou un paysage au caractère gai puissent conditionner mon état d'âme en me rendant gai, même s'il est vrai qu'ils n'ont pas de lien direct avec lui. Quant à moi, mon sentiment, que je vis du côté du vécu, peut rayonner au-delà de ma sphère psychique et colorer l'objet d'une tonalité ou d'une marque sentimentale qui le rend différent : par exemple, la ville où j'ai vécu, jadis, avec la personne

1. M. Geiger, « Zum Problem der Stimmungseinfühlung », in *Zeitschrift für Ästhetik und allgemeine Kunstwissenschaft*, 6, 1911, p. 1-42.

aimée et où je vis seul à présent qu'elle m'a quitté, m'apparaît objectivement différente : le halo qui entoure ma disposition sentimentale transformée s'étend sur la ville jusqu'à devenir une composante objective, une « tonalité sentimentale » de l'objet.

Or, quel rapport y a-t-il entre le caractère d'une couleur ou d'un paysage avec cette tonalité sentimentale? Interrogeant les sujets de son expérience, Geiger découvre d'une part qu'une différence de position est à faire : en effet, le caractère appartient immédiatement à l'objet, il est partie intégrante de sa structure, alors que la tonalité est imposée de l'extérieur de l'objet, qui est chargé d'un halo, d'une lumière particulière. D'autre part, il faut admettre une « identité qualitative » : le caractère et la tonalité sont « essentiellement contigus », c'est-à-dire qu'une couleur gaie possède un caractère objectif qualitativement identique au caractère qu'un objet laisse voir si je l'observe quand je suis d'humeur gaie. Voilà qui explique que le langage recoure au même terme pour l'un et l'autre. Ces deux composantes entrent en rapport l'une avec l'autre en un « jeu d'alternance » : les caractères conditionnent notre vie sentimentale qui influence à son tour la manière dont nous apparaissent les objets porteurs de ces mêmes caractères. Ainsi, un paysage morose me rendra morose, et cette morosité rendra à mes yeux le paysage gris, et ainsi de suite dans un « aller-retour » éternel.

Qu'a à voir l'empathie dans tout cela? L'attitude d'empathisation est une manière possible – mais certes pas l'unique – de comprendre la correspondance entre le caractère de l'objet et la tonalité sentimentale. Cette attitude n'a pas pour but de constater objectivement et avec esprit critique le caractère objectal (comme ce serait le cas pour l'attitude théorétique), ni de se concentrer sur son état d'âme (comme ce serait le cas pour l'attitude sentimentaliste). Elle concerne plutôt l'état d'âme qui est compris comme mon état d'âme et comme appartenant aussi à l'objet : le moi se trouve ainsi à « vivre-avec » le même état d'âme que celui de l'objet. On retrouve ici aussi deux possibilités, selon que l'empathie soit objectivement ou subjectivement conditionnée : dans le premier cas, je me laisse guider par l'objet, en m'identifiant à lui et en faisant en sorte que mon état d'âme ne fasse qu'un avec le caractère de l'objet ; dans le second cas, c'est moi qui guide et qui fais en sorte que les propriétés qui correspondent à mon état d'âme se dégagent de l'objet. Faire de l'empathie une simple divagation, c'est, pour Geiger, s'empêcher de bien comprendre une réalité et une dynamique psychique qu'on ne peut nier quoiqu'on puisse, bien sûr, en discuter la valence et la portée.

Geiger et ses brillantes analyses n'épuisent évidemment pas la question de la *Stimmung* : en effet, cent ans plus tard, l'ensemble des questions relatives à cette notion atteste d'une vigueur toujours vive. En témoigne le récent ouvrage de Tonino Griffero, *Atmosferologia* [1] (*Atmosphérologie*). L'auteur a reconstruit et, par la suite, réorienté les travaux relatifs au concept d'atmosphère. Apparu dans les années 1960 en Allemagne (et développé dans les travaux de Hubertus Tellenbach, Hermann Schmitz, Gernot Böhme, Michael Hauskeller, Jürgen Hasse), ce concept s'avérant aussi imprécis que prégnant est toujours aujourd'hui actif et productif. Il s'agit d'un domaine où le caractère typique de la perception des atmosphères naturelles spécifiques (crépuscule, heures de la journée, saisons, phénomènes météorologiques, lumière et obscurité) s'ouvre à des sens artificiels et culturellement déterminés (on pense non seulement à *landscape*, mais aussi à *townscape*, et certaines spatialités religieuses ou artistiques, le *soundscape*, créé par des paysages sonores déterminés, et jusqu'à l'atmosphère qui imprègne la marque d'un produit ou qui se dégage d'un leader charismatique).

désenchantement et réenchantement

Dans son essai sur l'empathie des états d'âme, Geiger n'a pas seulement présenté une fine analyse de psychologie phénoménologique, il a aussi expressément reconstruit une généalogie culturelle des théories de l'*Einfühlung*, situant son origine à l'époque romantique qui a célébré, comme on sait, de mille façons l'être-un de l'homme

1. T. Griffero, *Atmospheres. Aesthetics of Emotional Spaces*, trad. S. De Sanctis, Farnham, Ashgate, 2014.

et de la nature, une nature entendue non comme un agrégat d'objets simples, mais comme nature vivante, souvent volontiers comprise de manière panthéistique. De larges pans de ce panthéisme romantique subsistent chez le premier théoricien de l'*Einfühlung*, Robert Vischer, qui parle d'une « tendance panthéiste [1] » à se rattacher au monde. Et c'est par le concept de *Pantheismus* que s'ouvre la thèse d'habilitation de Johannes Volkelt *Der Symbol-Begriff in der neuesten Ästhetik* (*Le Concept de Symbole dans l'esthétique contemporaine*), qui relance la « tendance à l'unité [2] » inhérente à la notion de symbole comme axe principal de l'esthétique (alors) d'avant-garde. Une tendance qui avait inspiré l'idée d'une « animation universelle du monde » à un auteur souvent cité par les théoriciens de l'empathie, Hermann Lotze (voir son chef-d'œuvre d'anthropologie *Mikrokosmos* [3]), et que nous avons retrouvée chez Franz Marc, pour ne prendre qu'un exemple, avec l'empathisation animale.

Nous voici donc comme revenus au point de départ de la seconde partie de cet ouvrage : l'âme des choses et du monde. Mais ce retour, plutôt que de le clore définitivement, rouvre le problème et laisse apparaître un nerf particulièrement sensible qui engage le statut même de l'expérience empathique dans sa globalité. À cet égard, nous avions déjà vu comme Vico parlait du pouvoir merveilleux de la métaphore, qui donne sens et passion aux choses inanimées (il transforme ceux-ci en celles-là – *metapherein*, *transfert*). Et comme Croce expliquait que, selon lui, la poésie se donne comme fin l'animation de l'inanimé. Bien plus tard, on l'a vu, Robert Vischer parlera dans les mêmes termes d'une *Belebung*, d'une animation des êtres inertes à qui l'empathie redonne vie. Et, en somme, dans son sillage, tous les théoriciens de l'*Einfühlung*, les plus grands comme les moins importants, faisant plus ou moins varier ce modèle, de fait le répèteront : c'est l'être humain, sujet vivant, corps doté d'une âme, qui transfère, transporte, insère, insuffle, pénètre, projette, transvase,

1. R. Vischer, *Sur le sens optique de la forme*, *op. cit.*, p. 83 et p. 92.

2. J. Volkelt, *Der Symbol-Begriff in der neuestenÄsthetik*, Dufft, Jena, 1876, p. III.

3. H. Lotze, *Mikrokosmos : Ideen zur Naturgeschichte und Geschichte der Menschheit*, 3 vol., 6 e éd., Leipzig, F. Meiner, 1923.

donne vie, anime. La relation empathique entre la chose et moi consisterait donc dans le rapport entre un sujet actif et un objet passif, le premier étant plein de sens et de sentiment qu'il transmet au second, contenant vide prêt à être rempli.

Très tôt, dans le premier chapitre de son ouvrage *Einfühlung und Association*[1], Paul Stern remarquait, par un fin jeu de mots, qu'ainsi l'empathie (*Einfühlung*) devient plutôt remplissage (*Einfüllung*) de l'objet par nos sentiments. Nous pourrions définir ce modèle comme « hydraulique », il se base en effet sur le schéma des vases communicants. Prenons un exemple simpliste : mettons que plein d'une mélancolie douloureuse, je regarde un paysage, contenant vide et inerte, et lui transmets inconsciemment ma tonalité affective subjective jusqu'à atteindre un équilibre; et là, c'est le paysage qui me regardera d'un air mélancolique, un air que je verrais en lui parce que je l'y aurais mis moi-même. Pour pousser cet exemple à l'extrême, jusqu'à la caricature, imaginons que je m'absente un instant pour prendre un comprimé de Prozac, et reviens peu après, une fois que l'antidépresseur a fait effet : alors, le paysage, qui m'apparaissait auparavant déprimant et déprimé lui-même, se montra dans toute sa gaieté et sa sérénité. Nous sommes ici bien sûr, très loin de l'idée de la *Stimmung*, examinée plus haut, comme concordance harmonique et consonance atmosphérologique entre le Soi et le monde qui précède tout dualisme objet-sujet.

Si le paradigme hydraulique peut sembler paradoxal, notamment si on le pousse à l'extrême, il exerça toutefois une attraction forte même sur les théoriciens les plus subtils. Pour citer encore Theodor Lipps[2], l'empathie consiste toujours, même selon différents modes, dans le remplissage des objets par un contenu différent, mais venant toujours de mon auto-activation. Je ne trouve, dans le monde extérieur, que de simples existences et événements que je « remplis » avec ma force et mon activité. Lipps, nous l'avons vu, s'éloigne de Robert

1. P. Stern, *Einfühlung und Association in der modernen Ästhetik*, Voss, Hamburg-Leipzig, 1898.

2. Th. Lipps, « Ästhetik », in *Systematische Philosophie*, Teubner, Leipzig 1908, p. 351-390.

Vischer dès lors qu'il n'admet pas, contrairement à lui, la participation de sensations organiques dans l'expérience empathique esthétique. Pourtant, tous deux se rejoignent sur la question de l'hydraulique. Même Worringer, par d'autres côtés très critique envers Lipps, ne s'éloigne pas de ce modèle. Carl Gustav Jung, son célèbre lecteur, explicitera plus tard ses présupposés hydrauliques dans *Types psychologiques*[1] : le type abstrait-introverti se retire du monde parce qu'il a préalablement et inconsciemment « transféré » sur lui des contenus psychiques négatifs ; au contraire, le type empathique-extraverti qui s'identifie au monde doit l'avoir préalablement « vidé » de façon à le rendre susceptible de recevoir ses projections subjectives. C'est seulement ainsi que peut avoir lieu la dénivellation nécessaire qui permet à l'identification de faire passer dans l'objet ses propres contenus.

À partir de cette modélisation hydraulique de l'expérience empathique entre sujet et objet, on comprend mieux sans doute la perplexité des critiques de l'*Einfühlung* vis-à-vis de l'empathie intersubjective. Comme on l'a vu en première partie, le risque toujours craint est que la dynamique de projection du sujet empathisant ne tende à réduire l'autre à un simple réceptacle vide, ou, si l'on veut, à un simple écran de projection, soit, au fond, à en faire un épiphénomène du Moi empathique, à le phagocyter dans le Soi, ce qui détruit et la possibilité d'une relation à deux et l'irréductible altérité de l'autre.

S'il en est ainsi, il semble assez problématique de prendre pour racines historiques de la théorie de l'empathie les écrits de Herder, de Novalis et des romantiques. Wilhelm Perpeet[2] en était profondément convaincu, lui qui, dans un essai de 1966, voyait dans cette généalogie une sorte de mythe idéologique des origines. Il s'agirait là d'un véritable quiproquo que les théoriciens de l'*Einfühlung* auraient eux-mêmes alimenté. Les vrais parrains de l'*Einfühlung* ne sont pas les romantiques, avec leur nature cosmico-sympathique et zoomorphe ;

1. C.G. Jung, *Les Types psychologiques*, *op. cit.*, chap. 7.

2. W. Perpeet, « Historisches und Systematisches zur Einfühlungs ästhetik », in *Zeitschrift für Ästhetik und allgemeine Kunstwissenschaft*, 11, 1966, 2, p. 193-216.

mais c'est plutôt le fossoyeur du romantisme, Hegel, qui lui ouvre la voie. Sa philosophie de la nature, qui a réduit le monde naturel à la sphère de simples choses devant quoi l'homme ressent désormais un sentiment maximal d'étrangeté et qu'il conçoit comme « contradiction de l'Idée » (§ 250 de l'*Encyclopédie*[1]), est fixée de manière incisive dans son *Journal d'un voyage dans les Alpes bernoises* (1796) : ces masses « éternellement mortes » n'ont rien de sublime ou de merveilleux, ils lui apparaissent simplement comme une représentation monotone et ennuyeuse du « c'est ainsi[2] ».

Désormais, la nature est *ainsi* : elle a définitivement perdu son caractère sacré, sa puissance mythique, sa force magique (déjà Vico, on l'a vu, mettait en garde ses contemporains contre l'idée de pouvoir réinstaurer un rapport authentiquement sympathique avec elle) : elle est un tas de masses inertes. Et elle est ennuyeuse. L'*incipit* de l'*Esthétique* le rappelle : sa beauté est d'emblée écartée du propos, marginalisée comme un simple « reflet » du beau spirituel, son mode imparfait et incomplet. Que peut-on faire d'autre alors sinon tenter de la réanimer artificiellement par un philtre d'empathie revitalisant ?

Dans la veine de Perpeet, dont il se réclame, Gianni Carchia[3] affirmait le caractère démythifié et sécularisé du concept empathique de nature. En civilisant et rationalisant la nature, le despotisme de l'esprit bourgeois-chrétien l'a anéantie, l'a rendue muette, bloquée dans toute possibilité expressive. En inversant Worringer, il faut dire alors que s'il y a empathie, c'est parce qu'on a fait de la nature une abstraction vidée de sens. L'expérience empathique a donc pour référent objectif non pas la nature romantique, vivante et animée, mais la nature à l'âge de la technique, réifiée et réduite à une simple présence. La dévitalisation du monde qu'opère la modernité rendrait possible le modèle que nous avons appelé « hydraulique » de la théorie de l'empathie.

1. Hegel, *Encyclopédie des sciences philosophiques* II, *Philosophie de la nature*, Paris, Vrin, 2004, § 250.

2. Hegel, *Journal d'un voyage dans les Alpes bernoises*, Paris, Millon, 1998, p. 78.

3. G. Carchia, *Il Mito in pittura*, Milano, Celuc, 1987 ; *Arte e Bellezza*, Bologna, Il Mulino, 1995.

Sous cette lecture, on devine la célèbre thèse du désenchantement (*Entzauberung*) du monde de Max Weber, exposée sous divers angles dans plusieurs de ces travaux, et sans doute au mieux dans l'essai de 1919 *La Science, profession et vocation*[1]. L'homme primitif et le sauvage contemporain connaissent leurs outils et leur monde de manière infiniment plus adéquate que l'homme occidental : en effet, ce dernier, armé de son savoir scientifique et de son progrès technique, voyage en tram sans avoir la moindre idée de comment il fonctionne ; il utilise l'argent, mais ne sait pas ce qu'il devient après l'achat et la vente. L'intellectualisation croissante, la rationalisation grandissante n'impliquent pas pour autant une augmentation proportionnelle des connaissances relatives à nos conditions d'existence. Elles comportent plutôt la conscience qu'en principe, si nous le voulions, nous pourrions savoir. Aucune puissante arcane magique ne gouverne la nature, ni aucun mystérieux esprit capricieux qu'il faille apaiser par des rites et des prières ; et c'est plutôt nous qui sommes capables, grâce à la force de notre faculté à calculer, de soumettre les forces de la nature à la domination de la technique.

Vue sous cet angle, l'empathie au sens hydraulique pourrait consister en une stratégie de ré-enchantement du monde. Ayant irrémédiablement perdu le sens originaire d'une réalité vive et puissante, ayant définitivement réifié, rationalisé et intellectualisé le monde en le vidant de sa plénitude de sens originaire, l'homme occidental envisage de compenser cette perte en réintroduisant dans la nature la vie qu'il a ôtée, pour ensuite s'illusionner lui-même et croire que cette vie est propriété de la nature. L'empathie apparaîtrait donc comme une sorte de travail de deuil, une opération de réparation et de dédommagement qui s'avère toutefois naïve et velléitaire, considérant l'entité perdue.

Dans un tel contexte, Walter Benjamin, si sévère, on l'a vu, vis-à-vis de l'empathie, pourrait bien se révéler, lui aussi, moins radical. Et sa théorie, célèbre voire désormais galvaudée de l'aura comme un « lointain, si proche soit-il »propre à l'image cultuelle, pourrait

1. M. Weber, *La Science, profession et vocation*, *op. cit.*

s'intégrer à juste titre dans cette stratégie de compensation. Comme l'a fait remarquer Jürgen Habermas[1], parmi d'autres, Benjamin a toujours eu une attitude ambivalente quant à la perte de l'aura due au développement de la reproduction technique, avant tout photographique. Il n'a cessé de balancer entre une nostalgie d'un lointain irrémédiablement perdu et une confiance positive dans la proximité des images rendue possible par les moyens techniques de reproduction. Se référant à bon escient à Novalis, Benjamin évoque l'aura, dans « Sur quelques thèmes baudelairiens[2] », en termes de « transfert » à la nature inanimée d'une forme relationnelle typique du rapport intersubjectif : qui est regardé, ou croit l'être, lève les yeux. « Sentir l'aura d'un phénomène, c'est lui conférer le pouvoir de lever les yeux ». Et une note précise que cet octroi est l'apanage de la poésie. Mais, cette référence à Novalis semble ambiguë puisque la notion même d'octroi implique une conception réifiée de la chose comme simple chose, présupposée vide et inerte pour pouvoir recevoir du sujet (le poète), source de sens unique et originaire, le statut d'humanité qui lui serait autrement refusé. Habermas fait remarquer judicieusement que le phénomène de l'aura ne se vérifie que si l'on « prête » à la nature quelque chose qui la rende apte à un rapport d'ego et alter ego. Mais, s'il faut prêter quelque chose à la nature, c'est donc qu'elle ne le possède plus parce que cela lui a été enlevé ; elle doit recevoir une compensation.

Le XXe siècle a vu éclore les processus de dé-sécularisations susceptibles d'inverser la tendance décrite par Weber : nouvelles formes de religiosité, découvertes et redécouvertes de cultures antiques orientales ou « autres » malgré tout, compensations de diverses sortes offertes par l'industrie culturelle et la société de consommation, exotismes à bon marché envers des natures supposées non contaminées, raccourcis passant pour des profondeurs spirituelles accessibles à

1. J. Habermas, « L'actualité de Walter Benjamin. La critique : prise de conscience ou préservation », trad. fr. Marc B. de Launay et C. Perret, *Revue d'esthétique*, n° 1, « Walter Benjamin », 1981, rééd. 1990, p. 107-130.

2. W. Benjamin, « Sur quelques thèmes baudelairiens », in *Œuvres*, III, Paris, Folio-Gallimard, 2000.

tous. À cet égard, dans les années 1960, Edgar Morin [1] parlait d'un « néo-archaïsme ». Plus récemment, Zygmunt Bauman [2] reconnaissait dans le phénomène de ré-enchantement une manière de raconter le phénomène complexe et stratifié qu'on appelle postmoderne. Simon During [3], quant à lui (l'un des théoriciens des *cultural studies* le plus investi dans l'exploration de ce phénomène) employait la formule de « *secular magic* » et de « *modern enchantment* ».

expression et analogie

L'empathie a-t-elle sa place dans cette sphère compensatoire? Oui, en substance, si l'on entend par empathie le modèle hydraulique que l'on a décrit plus haut. En identifiant l'*Einfühlung* à l'*Einfüllung*, c'est-à-dire au remplissage de projection opéré par le sujet vers l'objet, l'attitude empathique se réduit à un geste radicalement subjectiviste, vitaliste et psychologiste. Geste qui avait provoqué des réactions hâtives et radicales. S'inquiétant des droits de l'objet, Max Dessoir reconnaît, dans son *Ästhetik und allgemeine Kunstwissenschaft* [4] que l'empathie joue un rôle d'importance sur de nombreux plans de l'expérience esthétique, mais il conteste qu'elle en soit la condition nécessaire et suffisante. En effet, il rejette l'idée qu'une intervention animatrice du spectateur soit toujours et en toutes circonstances nécessaire, et redoute que dans bien des cas les formules linguistiques par lesquelles nous exprimons des expériences empathiques supposées ne soient que des manières inadéquates et stéréotypées d'hypostasier des métaphores organiques. De plus, comment peut-on distinguer une œuvre d'art d'un gribouillage en se basant sur l'empathie? Tout

1. E. Morin, *L'Esprit du temps : essai sur la culture de masse*, Paris, Grasset, 1962.

2. Z. Bauman, « The Re-Enchantment of the World, or, How Can One Narrate Postmodernity? », in *Intimations of Postmodernity*, London-New York, Routledge, 1992, p. VII-XXVIII.

3. S. During, *Modern Enchantments*, Cambrigde (Mass.), Harvard UniversityPress, 2002.

4. M. Dessoir, *Ästhetik und allgemeine Kunstwissenschaft*, Stuttgart, F. Enke, 1906, p. 83-89.

un chacun peut interpréter les lignes que trace au hasard un crayon tombé des mains comme l'effet de l'action d'une vitalité cachée. Dans un article paru dans la revue fondée par Dessoir, la célèbre *Zeitschrift für Ästhetik und allgemeine Kunstwissenschaft*, Theodor Meyer [1] objectait qu'avant tout une grande œuvre d'art ne permet pas seulement de rendre conscient un sentiment unique, elle consiste, au contraire, dans un entrelacement complexe de dispositions affectives diverses, souvent hétérogènes et contradictoires. En effet, comment un simple sujet empathisant pourrait-il être la source première et exclusive d'un tel enchevêtrement émotionnel ?

Mais, ce sont les théoriciens de l'expression qui formulent l'objection la plus pertinente : si l'on part du présupposé que ce que je perçois sont de simples corps (ce que je trouve dans le monde extérieur n'est rien d'autre que simple existence – comme on l'a lu chez Lipps), mon intervention est nécessaire pour les rendre vivants et leur donner sens et sentiment. Cependant, ce présupposé est à démontrer : comme le disait à raison Simmel [2] à propos des portraits de Rembrandt, tant que nous n'admettons pas que nous ne pouvons percevoir que l'élément physique, il est juste de dire que nous devons inférer ensuite l'élément spirituel. Toutefois, cela reste une pétition de principe. Ne faut-il pas plutôt penser que nous avons une « perception totale » de même que nous vivons une existence totale ? Au contraire, notre propre vie est un « pouvoir de perception », capable de saisir elle aussi son propre objet comme vie où se manifeste une unité psychophysique : il n'est pas nécessaire de conférer quoi que ce soit à l'objet, puisqu'il possède déjà par lui-même tout ce dont il a besoin pour exprimer une âme. Au fond, Herder avait déjà dit dans Kalligone [3] que tout chez l'homme est expressif, significatif et représentatif : son esprit n'est pas en son corps comme en une boîte, mais il se manifeste plutôt dans ses organes, dans ses mouvements et ses gestes. Il s'agit donc de saisir ce tout expressif dans la perception.

1. T.A. Meyer, « Kritik der Einfühlungstheorie », in *Zeitschrift für Ästhetik und allgemeine Kunstwissenschaft*, 7, 1912, p. 529-567.

2. G. Simmel, *Rembrandt*, Saulxures, Circé, 1994, chap. 1.

3. J.G. Herder, « Kalligone », in *Sämtliche Werke*, vol. 22, Hildeheim, Olms, 1967.

Cette thèse est primordiale (nous l'avons déjà montré dans la première partie) dans la perspective phénoménologique de Max Scheler [1], qui soutenait que l'expression est ce que l'homme saisit *avant tout* de ce qui se trouve à l'extérieur de lui. Le phénomène expressif est un véritable phénomène originaire : ce n'est pas d'abord un élément seulement sensible qui m'y serait donné dans la perception, auquel, dans un second temps, j'attribuerais un sens psychique. Au contraire, la préhension d'une totalité unitaire y est immédiate c'est pourquoi je ne perçois pas seulement un visage, mais un visage souriant et joyeux ; les larmes sont des larmes de douleurs ; la rougeur d'autrui est sa honte ; et dans son poing menaçant, je perçois directement sa menace.

Cassirer, qui se réfère directement à ces analyses au tome III de la *Philosophie des formes symboliques* et notamment dans la partie intitulée « Fonction d'expression et monde d'expression », prit lui aussi position contre la théorie de l'identification empathique, y voyant un mirage de la psychologie. Il affirma en effet qu'attribuer la vie à un objet vu au préalable, et de manière subreptice, comme un simple être extérieur dénué de psyché crée une « idole » de notre rapport à la réalité physique. Il conviendrait plutôt d'inverser le point de vue : plutôt que de se demander quels sont les processus d'inférence logique ou de projection esthétique par lesquels le physique se fait psychique, il faut étudier la perception des choses là où elle se manifeste comme « perception d'expression pure [2] », capable de saisir l'interne et l'externe comme une même chose. Ainsi donc, les personnes (Scheler), ces choses spéciales que sont les portraits de personnes (Simmel), et finalement toutes choses (Cassirer), dans tous ces cas, nous avons affaire à des phénomènes pleinement expressifs et autonomes dans leur expression, et non à des contenants vides dans l'attente que nous les remplissions.

L'idée que l'expressivité est consubstantielle à la perception des choses est l'un des axes majeurs de la psychologie de la Gestalt, dont

1. Scheler, *Nature et formes de la sympathie, op. cit.*

2. E. Cassirer, *Philosophie des formes symboliques*, *op. cit.*, t. III, p. 101-102.

les pères fondateurs, Kurt Koffka[1] et Wolfang Köhler[2] avant tout (Scheler et Cassirer en tenaient compte), n'ont cessé de répéter quelle erreur il y a à considérer l'expression comme l'apanage de l'être humain : n'importe quel être, qu'il soit organique ou non organique, animé ou inanimé, est perçu tant par ses qualités physiques (couleurs, formes, dimensions, poids) que par ses qualités expressives. Köhler observe, par exemple, que quand j'entends le tonnerre gronder, je ne perçois pas un son neutre sur lequel je projette mon sentiment d'inquiétude, mais c'est le tonnerre qui, par le son qu'il fait, est menaçant. Ainsi, tout élément expressif constitue un champ de forces avec les autres éléments, expressifs eux aussi, de sorte que les choses entrent en rapport entre elles en faisant interagir leur expressivité respective, dans une dialectique analogue à celle qui existe entre les êtres humains. La possibilité de décrire une véritable inter-objectivité, voisine d'une intersubjectivité, se fait alors jour.

C'est Rudolf Arnheim qui fit de ces remarques un terrain fertile pour la théorie de l'art. Dans l'essai *The Gestalt Theory of Expression*[3], il reconnaît à Lipps le mérite d'avoir entrevu la possibilité de décrire des analogies structurelles et isomorphes entre des phénomènes hétérogènes telles que les forces physiques de l'objet et les dynamiques psychiques de qui les observe, anticipant ainsi la théorie de la forme. Mais, quelques années plus tard, se comparant au psychologue, au chapitre X de son ouvrage *Art and Visual Perception*[4] dédié précisément à l'expression, Arnheim s'exprime sans détour et qualifie d'« erreur pathétique » (*pathetic fallacy*) l'idée que les objets soient des corps inertes revêtus en un second temps de propriétés physiognomoniques par une intervention humaine de type anthropomophiste et animiste. Le contraire est vrai : l'expressivité humaine n'est qu'un cas particulier

1. K. Koffka, *Die Grundlagen der psychischen Entwicklung*, Osterwieck a. Harz, A. W. Zickfeldt, 1921.

2. W. Köhler, *Gestalt Psychology*, New York, The New American Library, 1929, 2 e éd. 1947.

3. R. Arnheim, « La Gestalt theorie de l'expression », dans *Vers une psychologie de l'art : suite d'essais*, trad. de l'anglais par N. Godneff, Paris, Seghers, 1973, p. 60-83.

4. R. Arnheim, *Art and Visual Perception*, Berkeley et Los Angeles, University of California Press, 2 e éd. révisée, 1974.

de l'expressivité universelle, et c'est plutôt la comparaison avec l'état d'âme humain qui s'avère secondaire. Un saule pleureur n'est pas triste parce qu'il ressemble à un homme triste ; ce sont sa forme, le tombé de ses branches et leur direction, qui portent l'expression d'un dépérissement flottant et passif, que nous pouvons seulement par la suite comparer à la structure de l'état psychosomatique humain que nous appelons tristesse. Arnheim rappelle que nous sommes habitués, dans la culture occidentale, à séparer l'animé de l'inanimé, l'humain du non-humain, le physique du mental. De la sorte, nous nous empêchons (à moins d'être poètes ou particulièrement sensibles) de comprendre des analogies structurelles entre les qualités expressives qui rendent vrai le fait, par exemple, que le caractère d'un individu ressemble plus à celui d'une plante particulière plutôt qu'à celui de quelqu'un d'autre.

C'est à John Ruskin qu'Arnheim emprunte l'expression de *pathetic fallacy*, qui avait intitulé ainsi un paragraphe de son texte *Modern Painters*[1]. Ici, le grand poète victorien critiquait les poètes de second ou de troisième ordre qui s'adonnent sans retenue aux animations métaphoriques de la nature inanimée, laissant transparaître un état pathologique de l'esprit. C'est une chose de dire, à la manière de Dante, que les âmes se jettent du rivage de l'Achéron « comme, une à une, en automne les feuilles prennent leur vol » ; c'en est une autre de parler, à la manière de Coleridge, d'une feuille qui danse, car, dans ce cas, le poète, laissant la dimension pathétique contrevenir à la perception ou bien à l'intellect, l'imagine par erreur dotée de vitalité et de volonté : erreur qu'un poète de premier ordre ne doit jamais commettre. Toutefois, Ruskin concède que quand un Charles Kingsley parle d'une « écume cruelle », il suscite notre jugement esthétique, non pas parce qu'il décrit faussement l'écume (qui ne peut être cruelle), mais parce qu'à travers cette image, il exprime fidèlement la douleur du personnage.

1. J. Ruskin, « Modern Painters », in *The Complete Works*, London-New York, George Allen-Longmans, Green, and Co., 1904, vol. III (1856), p. 201-220.

Or, le problème de l'expression n'était pas inconnu des théoriciens de l'empathie. Lipps[1] lui-même prend très au sérieux l'hypothèse que le terme d'« expression » (*Ausdruck*) soit synonyme de *Einfühlung*. En effet, le geste d'autrui me dit la joie ou la tristesse, les formes de son corps me disent la santé ou la maladie, le paysage me dit un état d'âme. La notion d'expression semble toutefois plus étendue que celle d'empathie : je peux dire en effet qu'une proposition m'exprime un jugement, mais pas que j'empathise le jugement dans la proposition. Et cela pour une raison simple : le jugement n'est pas, pour Lipps, une activité qui engage mes forces vitales et mes aspirations intérieures. Au mieux, la proposition que j'entends et qui exprime un jugement d'autrui attend de moi que je formule un jugement, elle exige que je lui fasse confiance, que je reformule en moi-même ce même jugement que dit la proposition. Mais cependant saisir un jugement exprimé dans une proposition et de l'orgueil exprimé dans un geste sont deux choses différentes. Plutôt que de résoudre le problème, ces précisions de Lipps en ouvrent un nouveau : que signifie le fait que la proposition *attende* de moi une reformulation intérieure du jugement qu'elle exprime? Que signifie – cela vaut en effet aussi pour les situations non propositionnelles – qu'une simple ligne *exige* que je la perçoive telle qu'elle est, la suivant intérieurement du regard (regard spirituel, préfèrerait Lipps le spiritualiste; regard corporel dirait un Robert Vischer) ? Comment l'empathie que l'objet demande, à laquelle il a « droit », peut-elle se concilier avec ce modèle hydraulique fondé sur les projections subjectives qui, on l'a vu, réduisent les choses à de simples contenants vides prêts à recevoir les transvasements de l'individu empathisant? L'empathie doit donc ici rendre des comptes aux raisons de l'objet : tous les paysages ne sont pas empathisables de manière mélancolique, toutes les lignes ne sont pas rythmables de manière convulsive, toutes les couleurs ne sont pas susceptibles de recevoir le prédicat « criarde » ou « gaie ». Hume l'avait déjà remarqué (rappelons que Lipps a été son traducteur allemand) et malgré tout son subjectivisme esthétique, il dut reconnaître

1. Th. Lipps, *Esthétique*, *op. cit.*

dans son essai *De la règle du goût*[1] que si la beauté et la laideur, tout comme le sucré et l'amer, ne sont pas des qualités des objets, mais des déterminations du sentiment subjectif, de telles déterminations s'ancrent toutefois toujours sur des qualités particulières des objets.

L'oscillation entre les raisons de l'objet et les impulsions projectives du sujet se manifeste avec éloquence dans certaines incertitudes lexicales et grammaticales. Quand je vois un corps bouger – explique Lipps dans son essai *Esthétique* de 1908 – « j'empathise en lui » ou « je sens en lui » la tendance à continuer dans cette direction. Entre le déplacement vers tel lieu qu'exprime l'accusatif (j'empathise *in ihn*) et la situation dans tel lieu rendu par le datif (je sens *in ihm*), se jouent deux déclinaisons possibles de l'*Einfühlung* : dans le premier cas, comme projection subjective, dans le second comme reconnaissance d'un caractère propre de l'objet et en cela déjà présent en lui sans que j'aie à le lui attribuer. Lipps affirme très vite que le sentiment qui semble provenir de l'objet apparaît comme lié à lui, mais est en réalité mien. Malgré cela, l'oscillation persiste et pose problème.

Robert Vischer manifeste les mêmes incertitudes hydrauliques. Son *Einfühlung*, on l'a vu, est remplissage et transfert du sujet vers l'objet. Et pourtant, on lit que le caractère d'un phénomène – apposé ou dressé, incliné ou brisé – « nous emplit[2] » d'une tonalité affective y correspondant orgueilleuse ou découragée, conciliante ou désespérée. Ou encore, la couleur bleue « nous envahit d'une douce langueur[3] ». Et, en fin de compte, le rapport que nous entretenons avec notre prochain « nous emplit » aussi. Tant dans la relation empathique avec le monde sub-humain que dans la relation intersubjective, c'est moi qui remplis, c'est moi qui suis en même temps rempli.

Ces incertitudes et oscillations ébranlent le modèle hydraulique, et nous permettent d'apercevoir en filigrane un paradigme différent, que nous pourrions qualifier d'*analogique*. Nous avons vu les théoriciens de l'empathie avoir largement recours à l'analogie comme à une

1. D. Hume, « De la règle du goût », in *Essais sur l'art et le goût*, Paris, Vrin, 2010.
2. R. Vischer, *Sur le sens optique de la forme*, *op. cit.*, p. 77.
3. *Ibid.*, p. 81.

relation équidistante entre l'identité et la différence. Le texte de Robert Vischer sur le sentiment formel est empreint du principe analogique qui lie la forme de l'objet externe, celle de son corps et celle de ses vécus psychiques en un tout unitaire : le mode sur lequel le phénomène se structure se présente comme « un analogon de ma constitution propre [1] ». Les mêmes régions sensorielles se remplacent mutuellement dans les analogies synesthésiques. Les ensembles analogiques sont les relations entre le corps propre et l'objet architectonique décrites par Schmarsow et Wölfflin. Et Lipps, on vient de le voir, estime que ce que je projette dans l'objet (*in ihn*) correspond à ce que je trouve déjà en lui (*in ihm*). Mais tout le propos sur l'empathie d'états d'âme qu'a proposé son élève Geiger n'est-il pas précisément explicitement empreint de ce principe d'analogie qui relie couleurs, sons, températures et formes spatiales, en en saisissant la participation commune à un même caractère essentiel ? Une couleur n'a pas de température, un son n'a pas de forme spatiale ; pourtant, je peux dire de l'une qu'elle est chaude ou froide, de l'autre qu'il est large ou étroit. De même, un paysage n'a pas d'âme, pourtant je le trouve joyeux ou mélancolique : nous savons maintenant qu'il ne s'agit pas de mes propres joie ou mélancolie, mais de leur *analogon*.

On entrevoit donc ici la possibilité de comprendre l'empathie comme une modalité permettant d'entretenir avec le monde sub-humain un type de relation assez semblable à celle que j'établis avec un alter ego (qu'Husserl définissait, non sans hasard, comme « analogue » de l'ego). Et, c'est ici que la seconde partie de ce travail, consacrée aux choses, se raccorde de manière idéale à la première, concentrée sur les personnes, en ce qu'elle en vient à contester la séparation stricte de ces deux sphères. Il n'y a pas de prévarication projectionnelle, mais plutôt une dialectique de caractères : à chacun le sien. Cependant aucun caractère n'est isolé et pour soi, chacun est pris dans un réseau d'actions réciproques, qui ne finissent pas forcément par s'accorder en une irénique harmonie universelle, mais qui peuvent

1. *Ibid.*, p. 72.

se montrer dystoniques et opposées, garantissant grâce à l'empathie négative la possibilité de la dissension et de la rupture.

On a judicieusement fait état (notamment Smid [1]) de ce que les concepts d'analogie et de ressemblance ont constitué un thème prégnant et récurrent des travaux des élèves munichois de Lipps, dont un grand nombre se convertira à la phénoménologie husserlienne. Nous n'en donnerons qu'un exemple ici, particulièrement éclairant, tiré d'une étude de Geiger [2] consacrée à la méthode de son collègue Alexander Pfänder [3]. Que signifie réellement dire d'un homme qu'il est « coriace » ou dire d'un amour qu'il « voit grand » ? Pour ne pas tomber dans une homonymie vide, il faut pouvoir retrouver dans le cuir et chez cet homme, dans la grandeur et dans cet amour, une « communion » caractérologique qui ait lieu tant dans le cuir que chez cet homme, tant dans la grandeur que dans l'amour. La mise en relation analogique n'est pas un geste arbitraire du sujet mais elle dévoile des rapports entre les choses et les personnes qui existent de manière latente. Si l'on parle ensuite de participation de l'homme et du cuir au caractère dur, on ne peut toutefois craindre une *methexis* platonicienne des êtres sensibles à l'idée purement intelligible de « dureté ». Les essences – la phénoménologie nous l'a enseigné – n'habitent pas un autre monde, mais elles constituent la trame structurelle de ce monde-ci qui est le nôtre, et ne se donnent que dans la diversité des êtres qui les incarnent.

À l'époque où Geiger entrevoyait un troisième règne de qualité ou *qualia* de caractères, en soi ni subjectifs ni objectifs, Ludwig Klages [4] élaborait une caractérologie générale et s'intéressait tout particulièrement aux classes d'adjectifs qui, employés au mieux pour caractériser des propriétés humaines, sont transférés à des êtres non humains, et vice et versa. Selon lui, aucune projection subjectiviste

1. R.N. Smid, « Ähnlichkeitals Thema der Münchener Lipps-Schule », in *Zeitschrift für philosophische Forschung*, 37, 1983, p. 606-616.

2. M. Geiger, « Alexander Pfändersmethodische Stellung », in *Neue Münchener Abhandlungen (Pfänder-Festschrift)*, E. Heller, F. Löw (dir.), Leipzig, Barth, 1933, p. 1-16.

3. A. Pfänder, *Zur Psychologie der Gesinnungen*, Halle a.d. S., Niemeyer, 1913.

4. L. Klages, *VomWesen des Bewußtseins*, Leipzig, Barth 1921, 3 e éd., 1933.

ne peut espérer rendre compte de telles osmoses, ce que seule peut faire la conscience que, loin de devoir attendre le prince qui réveille d'un long sommeil par un baiser empathisant, le monde de l'inorganique est en soi et de plein droit expressif et porteur de sens.

Vue sous cet angle, la problématique de l'empathie converge à nouveau vers ce qu'on a défini comme la « voie analogique » : une voie antique et noble qui ne naît pas avec la phénoménologie ou la caractérologie, mais s'ouvre avec Platon et Aristote. Mais, c'est là une autre histoire.

pour approfondir

ASSUNTO R., *Retour au jardin. Essais pour une philosophie de la nature, 1976-1987*, Besançon, Les Éditions de l'Imprimeur, 2003.

BENNETT J., *The Enchantment of Modern Life*, Princeton, Princeton University Press, 2002.

BÖHME G., *Atmosphäre. Essays zur neuen Ästhetik*, Berlin, Suhrkamp, 2013.

BRATU HANSEN M., « Benjamin's aura », *Critical Inquiry*, 34, 2008, 2, p. 336-375.

COLIN P., MONGIN O., *Un monde désenchanté ? Débat avec Marcel Gauchet sur le "Désenchantement du monde"*, Paris, Le Cerf, 1988.

DAGOGNET F. (dir.), *Mort du paysage ? Philosophie et esthétique du paysage*, Seyssel, Champvallon, 1982.

DE COSTER M., *L'Analogie en sciences humaines*, Paris, P.U.F., 1978.

CHATEAU D., PARRET H., SALABERT P. (dir.), *Esthétiques de la nature*, Paris, Publications de la Sorbonne, 2007.

GAUCHET M., *Le Désenchantement du monde. Une histoire politique de la religion*, Paris, Gallimard, 1985.

GELL A., « La Technologie de l'enchantement et l'enchantement de la technologie », *in* A. Braito, Y. Citton (dir.), *Technologies de l'enchantement. Pour une histoire multidisciplinaire de l'illusion*, Grenoble, ELLUG, Université Stendhal, 2014, p. 35-67.

GENTNER D., HOLYOAK K., KOKINOV B. (eds), *The Analogical Mind : Perspectives from Cognitive Science*, Cambridge, MIT Press, 2001.

KAUFMANN F., « Die Bedeutung der künstlerischen Stimmung », in *Jahrbuch für Philosophie und phänomenologische Forschung*, Ergänzungsband, Halle, Niemeyer, 1929, p. 192-223.

LANDY J., SALER M. (dir.), *The Re-Enchantment of the World*, Stanford, Stanford University Press, 2009.

LICHNEROWICZ A., PERROUX F., GADOFFRE G. (dir.), *Analogie et Connaissance*, Paris, Maloine, 1982.

LLOYD G.E.R., *Polarity and Analogy*, Cambridge, Cambridge University Press, 1966.

LÖWITH K., *Max Weber et Karl Marx* (1932), trad. de l'all. par M. Dautrey, Paris, Payot & Rivages, 2009.

MAFFESOLI M., *Le Réenchantement du monde*, Paris, La Table Ronde, 2007.

MEITINGER S. (dir.), *Espaces et paysages. Représentations et inventions du paysage de l'Antiquité à nos jours : histoire, philosophie, esthétique et littérature*, Paris-Saint-Denis, L'Harmattan-Université de la Réunion, 2006.

PERELMAN Ch., « Analogie et métaphore en science, poésie et philosophie », *Revue internationale de Philosophie*, vol. 23, n° 87 (1), 1969, p. 3-15.

PINOTTI A., « Stimmung and Einfühlung. Hydraulic Model and Analogic Model in the Theories of Empathy », *Axiomathes. Quaderni del centro studi per la filosofia mitteleuropea*, n.s., vol. IX, n os 1-2, 1998, p. 253-264.

PRZYWARA E., *Analogia entis*, trad. de l'all. par Ph. Secretan, Paris, P.U.F., 1990.

table des matières

SECONDE PARTIE

NOUS ET LES CHOSES

Imprimé en France par CPI
en novembre 2016

Dépôt légal : décembre 2016
N° d'impression : 138757